TRAUNER VERLAG

BILDUNG

Betriebs- organisation, Tourismus, Marketing

PETER KOSMA

FRIEDRICH GLASER

PETER WÖLFL

JOSEF SCHADEN

CHRISTIAN TURISSER-GALA

ELFRIEDE DERFLINGER- TRAXLER

Dieses Buch wurde auf umweltfreundlichem Papier gedruckt: 100 % chlorfrei gebleicht

PEFC

Mit PEFC wird garantiert, dass die eingesetzten Rohstoffe für die Papierproduktion aus nachweislich nachhaltiger Waldwirtschaft stammen.
www.pefc.at

© 2003
TRAUNER Verlag + Buchservice GmbH,
Köglstraße 14, A 4020 Linz
Alle Rechte vorbehalten.

Nachdruck und sonstige Vervielfältigung, auch auszugsweise, nur mit ausdrücklicher Genehmigung des Verlages.

Lektorat: Mag. Karin Gollowitsch
Titelgestaltung und Layout:
Fa. Kiska, Salzburg
Grafik: Teresa Foissner,
TRAUNER Verlag
Schulbuchvergütung/Bildrechte:
© VBK/Wien
Gesamtherstellung:
TRAUNER Druck GmbH & Co KG, Linz

ISBN 978-3-85499-485-5
Schulbuch-Nr. 3.688
www.trauner.at

Impressum

Kosma u. a., Betriebsorganisation, Tourismus, Marketing
13. überarbeitete Auflage 2009, Nachdruck 2010
Schulbuch-Nr. 3.688
TRAUNER Verlag, Linz

Die Autor(inn)en
PETER KOSMA
Dir. i. R. Berufsschule für Tourismus in Altmünster

FRIEDRICH GLASER
Berufsschule für Tourismus in Altmünster

PETER WÖLFL
i. R. Landesberufsschule für Tourismus in Waldegg

JOSEF SCHADEN
Berufsschule für Tourismus in Bad Gleichenberg

CHRISTIAN TURISSER-GALA
Tiroler Fachberufsschule für Tourismus in Absam

ELFRIEDE DERFLINGER-TRAXLER
Höhere Bundeslehranstalt für wirtschaftliche Berufe in Steyr

Frau Christa Sommer danken wir sehr herzlich für ihre Mitarbeit beim Kapitel Betriebe der Systemgastronomie.
Frau Sabine Zeiner danken wir sehr herzlich für ihre Mitarbeit beim Kapitel Veranstaltungsmanagement, Seminare.

Approbiert für den Unterrichtsgebrauch an:
Berufsschulen für die Lehrberufe Koch, Restaurantfachmann/-frau, Koch und Restaurantfachmann/-frau im Unterrichtsgegenstand Betriebsorganisation und Touristik
Berufsschulen für den Lehrberuf Hotel- und Gastgewerbeassistent im Unterrichtsgegenstand Tourismus und Marketing
Berufsschulen für den Lehrberuf Systemgastronomiefachmann/-frau im Unterrichtsgegenstand Betriebsorganisation und Marketing
Bundesministerium für Unterricht und kulturelle Angelegenheiten, GZ 42.477/1-III/D/13/98 vom 23. März 1999.

Dieses Schulbuch wurde auf der Grundlage eines Rahmenlehrplanes erstellt; die Auswahl und die Gewichtung der Inhalte erfolgen durch die Lehrer(inn)en.

Liebe Schülerin, lieber Schüler,
Sie bekommen dieses Schulbuch von der Republik Österreich für Ihre Ausbildung. Bücher helfen nicht nur beim Lernen, sondern sind auch Freunde fürs Leben.

Einleitung

Für alle in der Gastronomie und im Tourismus tätigen Menschen sind neben den einschlägigen Fachkenntnissen in Küche, Service und Etage auch betriebswirtschaftliche und kaufmännische Kenntnisse erforderlich. Es wurden die neuesten Wirtschaftsdaten, die Änderungen bei der Gewerbeordnung und die neuen Klassifizierungsrichtlinien der Hotel- und Gastgewerbebetriebe berücksichtigt.

Am Beginn werfen wir einen Blick auf die Vergangenheit, auf die Geschichte des Reisens. Die Arten und Formen des Tourismus sowie die Voraussetzungen für den Tourismus vermitteln eine solide Basis für Ihre Arbeit in der Tourismuswirtschaft.

Besonders wichtig sind die verschiedensten Verkehrswege und Verkehrsmittel, um entsprechende Auskünfte erteilen zu können. Ebenso im Dienste des Gastes sind Kenntnisse über unsere Tourismusregionen in den einzelnen Bundesländern mit den vielfältigen Angeboten.

Die genaue Beschreibung der verschiedenen Betriebsformen, die übersichtlich dargestellte Betriebsorganisation, die Kenntnis über alle Gast- und Wirtschaftsräume lässt Sie in die einzelnen Betriebe blicken. Einen Schwerpunkt stellt hier das Thema Systemgastronomie dar. Ein großes Kapitel ist auch dem Thema Veranstaltungsmanagement gewidmet. Weiters lernen Sie die neuesten, aber auch die herkömmlichen Abrechnungssysteme kennen.

Im Kapitel Marketing sollen Ihnen die Marketinggrundsätze, -strategien und -ziele und damit viele Maßnahmen zur Verkaufsförderung vermittelt werden.

Folgende Piktogramme haben wir für die verschiedenen Aufgaben gewählt:

 Unsere Ziele

 Fragen, Arbeitsaufgaben

 Wissenswertes, Tipps

 Schreibaufgaben

 Diskussion

 Wussten Sie, dass ...

 Zur besonderen Beachtung

 Download

 Hinweise auf einen anderen Gegenstand oder ein anderes Kapitel

 Gesetze

Viel Freude und Erfolg beim Lernen und selbstständigen Arbeiten wünscht Ihnen Ihr Autorenteam!

Inhaltsverzeichnis

Geschichtliche Entwicklung von Tourismus und Gastronomie

Via Appia bei Rom

Das Kolosseum in Rom

Die Ursprünge des Tourismus, des Reisens und der Verpflegung von Gästen liegen in der von Kultur und Sitte begründeten Gastfreundschaft. Gastlichkeit beruht auf dem den meisten Völkern heiligen Gastrecht früherer Zeiten. Aus den Schriften der Dichter der Antike ist uns dies überliefert.

Zahlreiche europäische Kurorte gehen auf die Gründung durch die Römer zurück.

 Unser Ziel

Nach Bearbeitung dieses Kapitels werden Sie einen Überblick über Geschichte und Entwicklung des Tourismus geben können.

Römisches Bad

Diskutieren Sie mit Ihren Klassenkollegen, welche Gründe die Menschen noch bewegt haben könnten, Reisen zu unternehmen.

Beispiel für rasanten Anstieg des Tourismus

1837 reisten 50 000 Touristen per Kutsche von London in das Seebad Brighton. 1844, nach der Eröffnung der ersten Eisenbahnlinie, waren es bereits im ersten Halbjahr 360 000 Erholungssuchende.

Klöster sind seit Jahrhunderten Herberge und Zufluchtsstätte für Pilger, Reisende, Schutz- und Erholungsuchende

1850 organisierte Thomas Cook die ersten „excursion trains" (eintägige Ausflugsfahrten für Arbeiter) ans Meer. Er war somit der Erfinder der Pauschalreise.

Das Eisenbahnwesen entwickelte sich im letzten Viertel des 19. Jahrhunderts.

1884: Beginn der staatlichen Förderung für den Tourismus.

1862: Gründung des Österreichischen Alpenvereins.

Urgeschichtliche Zeit bis 1 000 nach Christus

Gastrecht beinhaltete nicht nur Unterkunft und Verpflegung, sondern bot dem Gast auch Schutz. Die **Germanen** hielten dieses Gastrecht sehr hoch. Es ermöglichte den Informationsaustausch zwischen den einzelnen Stämmen und wurde unentgeltlich gewährt. Im alten **Ägypten** wurden Bier und Wein, die bei den Kulturvölkern an Euphrat und Tigris schon vor 6 000 Jahren bekannt waren, gewerbsmäßig in Tavernen und Karawansereien verkauft. Die Beherbergung war kostenlos.

In **Griechenland,** das als sehr gastfreundlich galt und heute noch gilt, entwickelte sich durch die Abhaltung der Olympischen Spiele bereits die gewerbliche Gastronomie.

Bei den **Römern** gab es Schankwirtschaften, die als Treffpunkt sehr beliebt waren und die im gesamten Römischen Reich zu finden waren. Vornehme Bürger schätzten Aufenthalte in Thermal- und Heilbädern und verbrachten den Sommer außerhalb der Städte. Dazu waren Einrichtungen für Verpflegung und für die Unterbringung der Besucher notwendig. An den Landstraßen gab es Aus- und Umspannstationen für die Pferde, die auch für die Bewirtung und Beherbergung von Gästen eingerichtet waren.

Mit dem Untergang des Römischen Reiches verschwanden diese Schankwirtschaften wieder und die private Gastfreundschaft gewann wieder an Bedeutung. Die Kirchen stellten entsprechend dem christlichen Gebot der Nächstenliebe Fremden eine Unterkunft kostenlos zur Verfügung.

11. bis 15. Jahrhundert

Im Mittelalter reisten Kaufleute, um Waren einzukaufen oder zu tauschen. Studenten besuchten Universitäten und unternahmen Studienreisen. Handwerksgesellen mussten aufgrund der Zunftordnung oftmals auf Wanderschaft gehen, um anderswo Erfahrungen zu sammeln. Sie gingen auf die „Walz". Wallfahrten wurden im Mittelalter häufig unternommen, entweder in die nähere oder weitere Umgebung oder auch zu weit entfernten Wallfahrtsorten in Europa und bis ins Heilige Land. Die Orden richteten für Pilger und auch für andere Reisende Hospize ein, die meist kostenlos benutzt werden konnten.

Da aber die Reisetätigkeit allgemein zunahm, reichte die **kirchliche und private Beherbergung** nicht mehr. Es wurden **gewerbliche Gasthöfe** mit Rats- und Zunftstuben, Einkehrgasthöfe und Poststationen eingerichtet. Für vornehme Herrschaften gab es gut eingerichtete Gasthöfe mit entsprechenden Räumen und mit Stallungen für die Unterbringung der Pferde. Fuhrleute und Gäste niedrigen Standes wurden in einfachen Gasthöfen untergebracht. Wirtshäuser durften nur Getränke ausschenken, aber keine Gäste beherbergen. Die Landes- oder Grundherren konnten das Recht verleihen, „Tabernen" gegen Pacht zu führen. Im 14. Jahrhundert regelte die „Tabernordnung" Sperrstunden und Ausschankmaße und verbot Karten- und Würfelspiele.

16. bis 18. Jahrhundert

Der Dreißigjährige Krieg unterbrach die Entwicklung des Gastgewerbes und vernichtete es fast gänzlich. In Frankreich, das von diesem Krieg weitgehend verschont blieb, kam es in dieser Zeit zur Verfeinerung der Kochkunst. Die Landadeligen nannten ihre Stadtpalais **„Hotel".** Die Zeit der Aufklärung brachte durch die vermehrte Reisetätigkeit des Adels und des reichen Bürgertums, der Maler, Architekten, Musiker etc. neuen Aufschwung. Bekannt sind uns z. B. die Konzertreisen Mozarts nach Deutschland, Frankreich oder Italien. Heiraten des Adels bedingten oft eine lange, weite Reise mit vielen Begleitpersonen und Gepäckwägen. In diese Zeit fällt auch die Einrichtung der ersten **Kaffeehäuser.**

Ein neues Naturgefühl entwickelte sich zu dieser Zeit, gefördert durch Malerei und Literatur. Die „stürmische" See wurde zum „weiten" Meer. 1730 entstanden an der englischen Südküste die ersten **Seebäder,** um etwa 1800 auch an der deutschen Nord- und Ostseeküste. Ab der Mitte des 19. Jahrhunderts wurde die europäische Mittelmeerküste erschlossen.

19. Jahrhundert

Zu Beginn des 19. Jahrhunderts entdeckte der Adel das Hochgebirge, vor allem die Alpen, als neues Reiseziel. Die Erstbesteigungen des Montblanc 1787 und der Jungfrau 1811 waren anfangs nur von wissenschaftlichem Interesse, doch entwickelte sich daraus sportlicher **Alpinismus.** Ende des 19. Jahrhunderts kam der Wintersport als neue Form des Tourismus hinzu.

Die großen Veränderungen, die sich im 19. Jahrhundert durch Erfindungen, die zunehmende Industrialisierung, die Bevölkerungsentwicklung, die Verstädterung und das Verkehrswesen (die **Eisenbahn** als Massenverkehrsmittel) ergaben, bewirkten eine grundlegende Wandlung im Reiseverkehr. Es wurden die ersten **Reisebüros** gegründet, die geschäftsmäßig Reisen organisierten.

20. Jahrhundert bis heute

Bis zum Ersten Weltkrieg entwickelte sich die Tourismuswirtschaft zu einem starken, eigenständigen Wirtschaftszweig. Aufgrund der Einnahmen aus dem Tourismus gab es eine ausgeglichene Zahlungsbilanz. Der Erste Weltkrieg und der Zerfall der Donaumonarchie beendeten die Weiterentwicklung des Fremdenverkehrs. Die Gäste aus den ehemaligen Kronländern blieben aus.

Nach der Stabilisierung der Wirtschaft, der gesetzlichen Festlegung des Urlaubsanspruches und durch Förderungs- und Werbemaßnahmen setzte Mitte der Zwanziger Jahre ein erneuter Aufschwung ein, der durch die Weltwirtschaftskrise und die 1933 verhängte Tausend-Mark-Sperre an Bedeutung verlor. Die Einnahmen aus dem Tourismus gingen dramatisch zurück und verursachten negative Folgen für Österreichs Wirtschaft. Mit dem Anschluss an Deutschland 1938 wurde Österreich international isoliert und konnte bis zum Ausbruch des Zweiten Weltkrieges nur noch mit Touristen aus dem deutschen Reich und dessen Verbündeten rechnen.

Nach dem Ende des Zweiten Weltkriegs erholte sich die Tourismuswirtschaft in Österreich, bedingt durch die Zerstörungen und die Schwierigkeiten des Wiederaufbaus und durch die Besatzung der Alliierten, nur allmählich. Nach der **Unterzeichnung des Staatsvertrages** im Jahr 1955 und der damit verbundenen Wiedererlangung seiner Souveränität stieg der Tourismus sprunghaft an. Die Gründe dafür waren bessere Einkommensverhältnisse, mehr Freizeit, Erleichterungen der Reisebeschränkungen und bessere Verkehrsbedingungen. Das Auto ermöglichte vielen Menschen, **Urlaubsfahrten und Wochenendausflüge** zu unternehmen. Die großen **Transitrouten** vom Norden zum Mittelmeer wurden ausgebaut. Mit den zunehmenden neuen Urlaubszielen in der Ferne gewannen der **Charterflugverkehr** und der **Pauschalurlaub** an Bedeutung.

Dies zog nach sich, dass sich die heimischen Hoteliers neue Strategien einfallen lassen mussten, um Gäste im Inland halten zu können. Die **Marktforschung** bekam von da an Bedeutung. Die **Gästebefragung** Österreich – die heutige **T-Mona (Tourismus Monitor Austria)** bringt seither wichtige Erkenntnisse für den Tourismusmarkt.

Auch die **politischen Veränderungen ab den späten 1980er-Jahren** hatten Auswirkungen auf den Tourismus. Seit der **Ostöffnung** hat sich ein starker Tourismuszweig im Zwei- und Dreisternebereich in diesen Ländern entwickelt. Auch steigen bei uns die Gästezahlen aus den ehemaligen Ostländern.

Durch ein höheres Realeinkommen und mehr Freizeit hat sich in den letzten Jahrzehnten ein **neues Reiseverhalten** entwickelt. Ein Hauptmerkmal dieses neuen Reiseverhaltens ist die **kürzere Verweildauer, dafür die Planung mehrerer verschiedener Kurzurlaube** mit ganz unterschiedlichem Programm. Ebenso stieg der Anteil jener, die im Alter von 50+ gebildet, wohlhabend und reisefreudig sind und sich damit mehrere Kurzurlaube ermöglichen können.

Dieser gesellschaftliche Wandel erfordert heute eine hohe Flexibilität der gesamten Tourismusbranche. Der zukünftige Reisende will individuelle und abwechslungsreiche Aktivitäten. Er will Anspruchsvolles und Einzigartiges gleichzeitig, wird aber auch „hybri-

Die Eisenbahn als erstes Massenverkehrsmittel beeinflusste die Entwicklung des Reiseverkehrs

Tausend-Mark-Sperre =
1933 erließ die deutsche Reichsregierung folgendes Gesetz: Jeder deutsche Staatsbürger musste vor einer Reise nach Österreich 1 000 Reichsmark bezahlen. Der Anteil deutscher Touristen in Österreich betrug 1932 ca. 40 %, weshalb es zu spürbaren Auswirkungen auf die österreichische Wirtschaft kam. 1936 wurde diese Tausend-Mark-Sperre wieder aufgehoben.

der" d. h., er ist **sparsam und verschwenderisch zugleich.** Er fliegt mit einer Billigfluglinie auf Urlaub, leistet sich aber dafür einen Aufenthalt in einem Hotel der gehobenen Kategorie. Zwischen Luxus und Billigurlaub verliert der Pauschal- und Mittelklasseurlaub künftig an Bedeutung.

Der moderne Urlauber bucht zudem verstärkt eigenständig ohne Unterstützung eines Reisebüros und man rechnet, dass der Anteil der **Online-Buchungen** bis 2015 auf 50 Prozent ansteigen wird. Prestigereisen ins ferne Ausland verlieren an Bedeutung, die Entdeckung von Neuem in der Nähe nimmt nicht zuletzt wegen der hohen Spritpreise zu. Neben der ständig steigenden Nachfrage nach Städtereisen bietet dieser **„Abschied von der Ferne"** gute Chancen für sämtliche Tourismusregionen in Österreich, allerdings müssen sich diese für maßgeschneiderte Angebote neu orientieren.

Es verändern sich nicht nur die Anforderungen der heutigen Urlauber, sondern auch die **Zielgruppen**. So steigt die Zahl der asiatischen Urlauber mehr als doppelt so schnell wie jene aus anderen Regionen. Eine weitere stark wachsende Gruppe ist die der über 60-Jährigen. Bis 2040 wird sich diese Gruppe von aktuell 20 Prozent der Gesamtreisenden auf fast 40 Prozent erhöhen.

Die Tourismusbranche reagiert flexibel auf all diese Veränderungen. Das Angebot geht heute weit über die Erfüllung der Aufgaben Beherbergung und Bewirtung hinaus, um dem Markt gerecht zu werden.

Ein wachsendes Zielgruppensegment – die über 60-Jährigen

(?) Arbeitsaufgaben

1. Seit wann ungefähr gibt es gewerbliche Gasthöfe?
2. Welche Veränderungen führten im 19. Jahrhundert zum Aufschwung des Tourismus?
3. Mit welchen Veränderungen im Reiseverhalten ist in der Zukunft zu rechnen?
4. Erarbeiten Sie ein abwechslungsreiches Urlaubsangebot für eine Zielgruppe in Ihrer Region. Wählen Sie dafür aus folgenden Zielgruppen: Singles, Paare, Familien mit Kindern, Vereine, Pensionisten, Großstädter, Inländer, Europäer, Asiaten. Es kann auch aus sogenanten Akronymen (speziellen Abkürzungen) gewählt werden:

DINKS	double income, no kids
DOBIES	daddy older, baby younger (ausgabefreudige Kunden, in zweiter Lebensgemeinschaft mit Kleinkind)
SELPIES	second life people
WOOPIES	well off older people
YOLLIES	young old leisurely living people
YETTIES	young entrepreneurial, tech-based twentysomething
YIFFIES	young, individualistic, freedom-minded and few
YINDIES	young independent
YUPPIES	young urban professional people

Tourismus

Das Bild zeigt Hallstatt in Oberösterreich.

Tourismus umfasst alle Einrichtungen und Angebote für unsere Gäste, die einen vorübergehenden Aufenthalt an einem anderen Ort zur Erholung, Bildung, zum Erlebnis und Vergnügen, zu geschäftlicher, beruflicher oder sportlicher Betätigung sowie aus Anlass besonderer Ereignisse oder Veranstaltungen nehmen. Tourismus ist aber auch als Reiseverkehr in seiner individuellen und organisierten Form zu verstehen.

Unsere Ziele

Nach Bearbeitung dieses Kapitels werden Sie

- die Arten des Tourismus benennen und beschreiben können;
- die Formen des Tourismus nennen und beschreiben können;
- Gästegruppen darstellen können;
- Tourismuseinrichtungen den Gästezielgruppen zuordnen können.

Österreich ist ein beliebtes Urlaubsland. Etwa 31 Millionen Menschen, davon zwei Drittel aus dem Ausland, wählen jährlich Österreich als Urlaubsziel.

1 Arten des Tourismus

Aus den verschiedenen Reisemotiven ergeben sich die Tourismusarten.

Tourismusarten	Unterarten/Charakteristik	Voraussetzungen
Erholungstourismus: Der Tourist sucht körperliche und geistig-seelische Regenerierung.	**Naherholung:** kurze Aufenthaltsdauer; geringe Saisonabhängigkeit	Natur, gute Verkehrslage, Sportanlagen …
	Ferienerholung: längere Aufenthaltsdauer; saison- und witterungsabhängig	Gebirge, Wasser, Klima, Vegetation, Tierwelt …
	Kurtourismus: lange Aufenthaltsdauer; geringe Witterungs- und Saisonabhängigkeit	Heilvorkommen, Klima, Kuranstalten und -heime, Einrichtungen für Bewegungstherapie
	Gesundheitstourismus: kurze bis mittlere Aufenthaltsdauer	Spezielle Wohlfühlangebote; Wellnessbetriebe
	Biotourismus: mittlere bis längere Aufenthaltsdauer	Einsatz naturbelassener Materialien und Lebensmittel; Betreuung durch eigene Biotrainer
Kulturtourismus: Der Tourist will sich weiterbilden, an kulturellen Events teilnehmen oder religiöse Stätten besuchen.	**Bildungstourismus:** kurze Aufenthaltsdauer; geringe Saison- und Witterungsabhängigkeit; hoher Anteil an Gruppenreisenden	Kulturelle Attraktionen; alte Stadtkerne, historische Schauplätze, Museen …
	Weiterbildung: kürzere Aufenthaltsdauer	Einrichtungen für künstlerische Tätigkeiten (Malen, Musizieren …) oder für Meditation, Yoga …
	Eventtourismus: Teilnahme an Festspielen; meist kurze Aufenthaltsdauer	Festspielhäuser, Freiluftarenen (z. B. Mörbisch), Seebühnen (z. B. Bregenz)
	Wallfahrten: kurze Aufenthaltsdauer	Religiöse Stätten, Kirchen
Sporttourismus: Der Tourist will aktiv verschiedene Sportarten ausführen bzw. an Sportveranstaltungen teilnehmen und dies evtl. auch mit Erholung verbinden.	**Aktiver Sporttourismus:** saison- bzw. witterungsabhängig	Gewässer, Sportanlagen, Wanderwege, Seilbahnen, Ski-, Segel- oder Tauchschulen
	Passiver Sporttourismus: Besuch von Olympischen Spielen, Europa- und Weltmeisterschaften etc., meist kurze Aufenthaltsdauer	Stadien, Sporthallen …
Naturtourismus: Der Tourist sucht Naturgenuss, oft verbunden mit Bildungsmotiven.	Sehr von Saison und von Witterung abhängig; meist lange Aufenthaltsdauer, oft in Verbindung mit Erholung	Gebirge, Gletscher, Flüsse, Wasserfälle, besondere Fauna und Flora
Gesellschaftlicher Tourismus	**Besuche bei Verwandten, Freunden:** unterschiedlich lange Aufenthaltsdauer	
	Besuche gesellschaftlicher Veranstaltungen	Veranstaltungsgebäude, Ballsäle

Tourismusarten	Unterarten/Charakteristik	Voraussetzungen
Wirtschaftstourismus: Die Reise erfolgt nicht aus privaten, sondern aus beruflichen Gründen.	**Geschäftsreisen:** meist kurze Aufenthaltsdauer	Firmenstandorte, Verwaltungszentren ...
	Tagungs- und Kongresstourismus: meist kurze Aufenthaltsdauer	Kongressgebäude, gute Verkehrsanbindung
	Messe- und Ausstellungstourismus: meist kurze Aufenthaltsdauer	Ausstellungsgebäude und -hallen
	Seminartourismus: meist kurze Aufenthaltsdauer	Beherbergungsbetriebe mit Seminarausstattung, gute Verkehrsanbindung
Politischer Tourismus: Reisen im Zusammenhang mit der Staatsverwaltung, Meinungsbildung in politischen Parteien etc.	**Diplomatentourismus:** meist kurze Aufenthaltsdauer und hohe Durchschnittsausgaben	Nationale und internationale Verwaltungszentren
	Politische Großveranstaltungen: meist kurze Aufenthaltsdauer	Kongresseinrichtungen

✏️ Ordnen Sie die Bilder von Seite 12 mit den Buchstaben den verschiedenen Tourismusarten zu:

☐ Erholungstourismus

☐ Kulturtourismus

☐ Sporttourismus

☐ Naturtourismus

☐ Gesellschaftlicher Tourismus

☐ Wirtschaftstourismus

Österreichischer Tourismus im Kalenderjahr 2008 – Nächtigungen

Bundesländer	gesamt	Inländer in Mio.	Ausländer in Mio.
Burgenland	2,8	2,2	0,6
Kärnten	13,0	4,6	8,4
Niederösterreich	6,6	4,3	2,3
Oberösterreich	6,9	4,0	2,9
Salzburg	24,5	5,7	18,8
Steiermark	10,6	6,6	4,0
Tirol	43,8	3,6	40,2
Vorarlberg	8,3	0,9	7,4
Wien	10,2	2,0	8,2
Summe	126,7	**33,9**	**92,8**
Österreich gesamt	**126,7**		

Entwicklung der Übernachtungen

Jahr	Gesamt in Mio.	Davon aus dem Ausland
2002	117	86
2003	118	86
2004	117	86
2005	119	88
2006	119	87
2007	121	88
2008	127	93

Quelle: Statistik Austria, www.statistik.at

Übernachtungen und Ankünfte 2008

	Nächtigungen in Mio.	Ankünfte in Mio.
Ausländer	92,8	21,9
Inländer	33,9	10,7
Österreich gesamt	**126,7**	**32,6**

Quelle: Statistik Austria, www.statistik.at

💡 2008 gab es in Österreich insgesamt 126,5 Nächtigungen.

Österreichs wichtigste Gästenationen in %

1. Deutschland
2. Österreich
3. Niederlande
4. Großbritannien
5. Schweiz
6. Italien
7. Belgien
8. Frankreich
9. USA
10. Dänemark
11. Sonstige

Nächtigungsanteil der Bundesländer in %

1. Tirol
2. Salzburg
3. Kärnten
4. Steiermark
5. Vorarlberg
6. Wien
7. Oberösterreich
8. Niederösterreich
9. Burgenland

Deutschland, die Niederlande, Italien, die Schweiz, die USA, Frankreich, Großbritannien und Belgien sind die wichtigsten Gästenationen (Quellmärkte).

Transitverkehr = Durchreiseverkehr.

Incoming-Tourismus = ausländische Gäste besuchen Österreich. Die Einnahmen aus dem Tourismus bleiben in Österreich.

Outgoing-Tourismus = Österreicher reisen ins Ausland und geben dort ihr Geld aus.

2 Formen des Tourismus

Die Tourismusformen ergeben sich aus

- der **Herkunft der Gäste:** Inländer- oder Ausländertourismus, der Auslandstourismus beträgt ca. 70 % aller Ankünfte,
- der **Jahreszeit:** Sommer- oder Wintertourismus,
- der **Aufenthaltsdauer:** kurz (Naherholung, Ausflüge, Wochenende, Städtereisen, Geschäftsreisen, Transittourismus) oder lang (mehr als vier Nächtigungen; z. B. Kur- und Gesundheitstourismus, Ferienerholung),
- der **Beherbergungsform:** Tourismus in Hotels oder in der Parahotellerie (Ferienwohnung, Ferienappartement, Privatzimmer, Campingplatz, Stellplatz),
- den verwendeten **Verkehrsmitteln:** Bahn-, Auto-, Bus-, Flug- oder Schiffstourismus,
- dem **Alter** der Touristen: **Kinder** in Feriencamps oder in Kinderhotels; **Jugendliche** (bis etwa 26 Jahre) in Feriencamps, bei Sportevents, Maturareisen, Cluburlauben, Sprach- oder Studienreisen; **Senioren** (sogenannte 50-plus-Generation),
- der **Zahl der Reiseteilnehmer:** Individual-, Kollektiv- (organisiert durch Reisebüros) oder Massentourismus,
- der **Auswirkung auf die Zahlungsbilanz:** aktiver (Incoming-Tourismus) oder passiver Tourismus (Outgoing-Tourismus).

 Arbeitsaufgaben

1. Nennen Sie die Formen des Tourismus.
2. Beschreiben Sie die Herkunft der Gäste.
3. Skizzieren Sie die Altersgruppen Ihrer Gäste und erstellen Sie ein entsprechendes Angebot.

Unsere Ziele

Nach Bearbeitung dieses Kapitelabschnittes werden Sie

- die volkswirtschaftliche Bedeutung des Tourismus für Österreich beschreiben können;
- einige Großlandschaften Österreichs nennen und die Tourismusarten diesen Großlandschaften zuordnen können;
- die Klimazonen Österreichs beschreiben können;
- Schutzgebiete in Österreich aufzählen können.

3 Voraussetzungen für den Tourismus in Österreich

Tourismus in Österreich bedeutet das Reisen zu bzw. den Aufenthalt an einem Zielort (Destination) in unserem Bundesgebiet.

Voraussetzungen für den Tourismus

- Politische und rechtliche Verhältnisse
- Wirtschaftliche Voraussetzungen
- Geografische Gegebenheiten
- Geschichtliche und kulturelle Verhältnisse
- Ökologische Voraussetzungen
- Qualität der Infrastruktur

Für den Tourismus bedeutsam sind vor allem

- **Verkehrswege:** Autobahnen, Straßen, Bahn- und Flugnetze, Rad- und Wanderwege,
- **Transportanlagen:** Seilbahnen, Lifte,
- **Ver- und Entsorgungseinrichtungen:** Wasser, Elektrizität, Telekommunikation, Abwasserklärung, Abfallentsorgung und
- **Freizeiteinrichtungen:** Hallenbäder, Tennisanlagen, Golfplätze, Erlebnisparks.

3.1 Politische und rechtliche Verhältnisse

Dazu zählen Sicherheit, wenig Kriminalität, stabile Kaufkraft der Währung, kein genereller Visumszwang für einreisende Ausländer usw. Die rechtlichen Verhältnisse legen auch fest, unter welchen Voraussetzungen Tourismusbetriebe geführt werden können (Gewerbe-, Arbeits- und Steuerrecht).

Österreich ist Mitglied der **UNO,** es befinden sich mehrere Teilorganisationen der UNO in Wien. In der **WEU** hat Österreich einen Beobachterstatus. Die Mitglieder der WEU haben sich verpflichtet, sich gegenseitig im Falle einer militärischen Aggression beizustehen, und wollen so den Frieden in Europa sichern.
Österreich ist kein **NATO**-Mitglied, hat aber durch die Mitgliedschaft in der „Partnerschaft für den Frieden" ein Naheverhältnis zur NATO.

UNO = United Nations Organization (Vereinte Nationen).

WEU = Westeuropäische Union.

NATO = North Atlantic Treaty Organization (nordatlantischer Verteidigungspakt).

Österreich und seine Nachbarn

✏️ Tragen Sie in diese Liste die Nachbarländer Österreichs ein:

Deutschland

Hauptstadt: Berlin
Einwohnerzahl: 82,37 Mio.
Internationales Kennzeichen: D
Vorwahl nach D: 0049
Personaldokumente: gültiger Reisepass (kann bis zu fünf Jahre abgelaufen sein) oder gültiger Personalausweis.
Versicherungen: grüne Versicherungskarte.
Geld: Euro.
Verkehrsbestimmungen:
Gurtenanlege- und Sturzhelmpflicht, Warnweste; spezielle Kindersicherung bis 12 Jahre; Umweltzonen in einigen Städten; Punkteführerschein.
Erlaubter Blutalkohol: bis 0,5 Promille; Fahranfänger bis 21 Jahre: 0,0 Promille.
Richtgeschwindigkeit auf Autobahnen: 130 km/h für Motorräder und PKW.
Höchstgeschwindigkeit auf Freilandstraßen: 100 km/h für Motorräder und PKW.
Höchstgeschwindigkeit im Ortsgebiet: 50 km/h für Motorräder und PKW.

Tschechische Republik

Hauptstadt: Prag
Einwohnerzahl: 10,25 Mio.
Internationales Kennzeichen: CZ
Vorwahl nach CZ: 00420
Personaldokumente: gültiger Reisepass oder gültiger Personalausweis.
Versicherungen: grüne Versicherungskarte; Abschluss einer kurzfristigen Vollkaskoversicherung wird empfohlen.
Geld: 1 Tschechische Krone = CZK = 100 Heller.
Mittelkurs: CZK 100,00 = EUR 4,03; EUR 1,00 = CZK 25,00 (2008).
Verkehrsbestimmungen:
Gurtenanlege- und Sturzhelmpflicht; Warnweste; spezielle Kindersicherung bis 12 Jahre; Licht am Tag; Ersatzlampenset; Punkteführerschein.
Vignettenpflicht auf Autobahnen und Autostraßen für alle Kfz außer für Motorräder.
Erlaubter Blutalkohol: 0,0 Promille.
Höchstgeschwindigkeit auf Autobahnen: 130 km/h für Motorräder und PKW.
Höchstgeschwindigkeit auf Freilandstraßen: 90 km/h für Motorräder und PKW.
Höchstgeschwindigkeit im Ortsgebiet: 50 km/h für Motorräder und PKW.

Prag

Pressburg

Budapest

Laibach

Slowakei

Hauptstadt: Pressburg (Bratislava)
Einwohnerzahl: 5,46 Mio.
Internationales Kennzeichen: SK
Vorwahl nach SK: 00421
Personaldokumente: gültiger Reisepass oder gültiger Personalausweis.
Versicherungen: grüne Versicherungskarte; Abschluss einer kurzfristigen Vollkaskoversicherung wird empfohlen.
Geld: Euro.
Verkehrsbestimmungen:
Gurtenanlege- und Sturzhelmpflicht; Warnweste; Licht am Tag; Ersatzlampenset.
Vignettenpflicht auf Autobahnen und Autostraßen für alle Kfz außer für Motorräder.
Erlaubter Blutalkohol: 0,0 Promille.
Höchstgeschwindigkeit auf Autobahnen: 130 km/h für Motorräder und für PKW.
Höchstgeschwindigkeit auf Freilandstraßen: 90 km/h für Motorräder und PKW.
Höchstgeschwindigkeit im Ortsgebiet: 50 km/h für Motorräder und PKW.

Ungarn

Hauptstadt: Budapest
Einwohnerzahl: 9,93 Mio.
Internationales Kennzeichen: H
Vorwahl nach H: 0036
Personaldokumente: gültiger Reisepass (kann auch bis zu fünf Jahre abgelaufen sein) oder gültiger Personalausweis für einen Aufenthalt bis zu 90 Tagen.
Versicherungen: grüne Versicherungskarte; Abschluss einer kurzfristigen Vollkaskoversicherung wird empfohlen.
Geld: 1 Forint = HUF = 100 Filler.
Mittelkurs: HUF 100,00 = EUR 0,42; EUR 1,00 = HUF 240,00 (2008).
Verkehrsbestimmungen:
Gurtenanlege- und Sturzhelmpflicht; Warnweste; Kindersicherung; Licht am Tag (außerorts); Ersatzlampenset; Vignettenpflicht auf Autobahnen.
Die Mitnahme von Treibstoff im Reservekanister ist verboten.
Abblendlicht am Tag.
Die Mitnahme eines Feuerlöschers ist vorgeschrieben.
Erlaubter Blutalkohol: 0,0 Promille.
Höchstgeschwindigkeit auf Autobahnen: 130 km/h für Motorräder und PKW.
Höchstgeschwindigkeit auf Schnellstraßen: 110 km/h für Motorräder und PKW.
Höchstgeschwindigkeit auf Freilandstraßen: 90 km/h für Motorräder und PKW.
Höchstgeschwindigkeit im Ortsgebiet: 50 km/h für Motorräder und PKW.

Slowenien

Hauptstadt: Laibach (Ljubljana)
Einwohnerzahl: 2,01 Mio.
Internationales Kennzeichen: SLO
Vorwahl nach SLO: 00386
Personaldokumente: gültiger Reisepass (kann auch bis zu 5 Jahre abgelaufen sein) oder gültiger Personalausweis.
Versicherungen: grüne Versicherungskarte; Abschluss einer kurzfristigen Vollkaskoversicherung wird empfohlen.
Geld: Euro.
Verkehrsbestimmungen:
Gurtenanlege- und Sturzhelmpflicht; Warnweste; Kindersicherung; Licht am Tag; Ersatzlampenset; Punkteführerschein; Vignettenpflicht auf Autobahnen und Schnellstraßen.
Abblendlicht am Tag.
Erlaubter Blutalkohol: 0,5 Promille.
Höchstgeschwindigkeit auf Autobahnen: 130 km/h für Motorräder und PKW.
Höchstgeschwindigkeit auf Schnellstraßen: 100 km/h für Motorräder und PKW.
Höchstgeschwindigkeit auf Freilandstraßen: 90 km/h für Motorräder und PKW.
Höchstgeschwindigkeit im Ortsgebiet: 50 km/h für Motorräder und PKW.

Italien

Hauptstadt: Rom
Einwohnerzahl: 58,16 Mio.
Internationales Kennzeichen: I
Vorwahl nach I: 0039
Personaldokumente: gültiger Reisepass (kann auch bis zu fünf Jahre abgelaufen sein) oder gültiger Personalausweis.
Versicherungen: grüne Versicherungskarte; Abschluss einer kurzfristigen Vollkaskoversicherung wird empfohlen.
Geld: Euro.
Bei der Ausreise ist bei Mitnahme von mehr als EUR 10.000,00 eine Deklaration erforderlich.
Verkehrsbestimmungen:
Gurtenanlege- und Sturzhelmpflicht; Warnweste; Kindersicherung; Licht am Tag; Punkteführerschein.
Mautpflicht auf Autobahnen.
Bei überragender Ladung ist hinten eine Warntafel anzubringen.
Motorräder bis 149 ccm dürfen auf Autobahnen nicht fahren.
Mitnahme eines Feuerlöschers ist vorgeschrieben.
Erlaubter Blutalkohol: bis 0,5 Promille.
Höchstgeschwindigkeit auf Autobahnen: 130 bzw. 150 km/h, wenn dreispurig, für Motorräder und PKW.
Höchstgeschwindigkeit auf Schnellstraßen: 110 km/h für Motorräder und PKW.
Höchstgeschwindigkeit auf Freilandstraßen: 90 km/h für Motorräder und PKW.
Höchstgeschwindigkeit im Ortsgebiet: 50 km/h für Motorräder und PKW.

Verona

Schweiz

Hauptstadt: Bern
Einwohnerzahl: 7,58 Mio.
Internationales Kennzeichen: CH
Vorwahl nach CH: 0041
Personaldokumente: gültiger Reisepass (kann auch bis zu fünf Jahre abgelaufen sein) oder gültiger Personalausweis.
Versicherungen: grüne Versicherungskarte wird empfohlen.
Geld: 1 Schweizer Franken = CHF = 100 Rappen.
Mittelkurs: CHF 100,00 = EUR 62,70; EUR 1,00 = CHF 1,60 (2008).
Bei der Ausreise sind Bargeldbeträge über EUR 10.000,00 zu deklarieren.
Verkehrsbestimmungen:
Gurtenanlege- und Sturzhelmpflicht; Kindersicherung.
Vignettenpflicht auf Autobahnen.
Erlaubter Blutalkohol: bis 0,5 Promille.
Höchstgeschwindigkeit auf Autobahnen: 120 km/h für Motorräder und PKW.
Höchstgeschwindigkeit auf Schnellstraßen: 100 km/h für Motorräder und PKW.
Höchstgeschwindigkeit auf Freilandstraßen: 80 km/h für Motorräder und PKW.
Höchstgeschwindigkeit im Ortsgebiet: 50 km/h für Motorräder und PKW.

Zürich

Liechtenstein

Hauptstadt: Vaduz
Einwohnerzahl: 34 500.
Internationales Kennzeichen: FL
Vorwahl nach FL: 00423
Personaldokumente, Versicherungen und Geld siehe Schweiz.
Verkehrsbestimmungen:
Gurtenanlege- und Sturzhelmpflicht; Warnweste.
Erlaubter Blutalkohol: bis 0,8 Promille.
Höchstgeschwindigkeit auf Schnellstraßen: 100 km/h für Motorräder und PKW.
Höchstgeschwindigkeit auf Freilandstraßen: 80 km/h für Motorräder und PKW.
Höchstgeschwindigkeit im Ortsgebiet: 50km/h für Motorräder und PKW.

Das Rheintal in Liechtenstein

! Es wird bei Fahrten in das Ausland empfohlen, sich vor Antritt der Reise über die entsprechenden Bestimmungen und Vorschriften zu informieren.

EWR = Europäischer Wirtschaftsraum, bestehend aus EU- und EFTA-Staaten mit Ausnahme der Schweiz.

Exkurs – Schengen-Länder

In Schengen-Ländern herrscht Reisefreiheit ohne Grenzkontrolle. Dies kann bei wichtigen Veranstaltungen (EM, W M) eingeschränkt werden. Ein Ausweisdokument (meistens Reisepass) muss jedoch mitgeführt werden. Es gibt gemeinsame Regeln für Kontrollen an den Außengrenzen, eine gemeinsame Visa-Politik und eine verstärkte Zusammenarbeit von Polizei und Justiz.

Mit 1. Jänner 2008 gehören folgende Staaten dem Schengen-Abkommen an: Belgien, Dänemark, Deutschland, Estland, Finnland, Frankreich, Griechenland, Island, Italien, Lettland, Litauen, Luxemburg, Malta, Niederlande, Norwegen, Österreich, Polen, Portugal, Schweden, Slowakei, Slowenien, Spanien, Tschechien, Ungarn und Vatikanstaat. Die Schweiz ist im November 2008 dem Schengen-Abkommen beigetreten.

3.2 Wirtschaftliche Voraussetzungen

Europa wird durch den EU-Binnenmarkt (seit 2007 gehören 27 Staaten der EU an) und durch den **EWR** bestimmt.

Die europäische Integration (Stand 2008)

EU

Rest-EFTA

Die vier Grundfreiheiten des EU-Binnenmarktes

Freier Warenverkehr: keine Zölle, keine Kontingentierungen, Harmonisierung von Normen, größeres Warenangebot.

Freier Personenverkehr: ohne Pass oder Visum, freie Wahl des Arbeitsplatzes und Wohnsitzes, gegenseitige Anerkennung von Ausbildungsabschlüssen.

Freier Kapitalverkehr: keine Devisenbeschränkungen, gemeinsame Eurowährung seit 1. Jänner 2009 in 22 Staaten: Andorra, Belgien, Deutschland, Finnland, Frankreich, Griechenland, Irland, Italien, Kosovo, Luxemburg, Malta, Monaco, Montenegro, Niederlande, Österreich, Portugal, San Marino, Slowakei, Slowenien, Spanien, Vatikanstaat, Zypern.

Freier Dienstleistungsverkehr: private und öffentliche Aufträge in und aus allen EU-Staaten, freies Geld- und Versicherungswesen, Niederlassungsfreiheit.

Volkswirtschaftliche Bedeutung des Tourismus für Österreich

- Beitrag zu einer positiven Handelsbilanz.
- „Stiller Export" durch Ausgaben ausländischer Gäste in Österreich.
- Durch inländische Gäste ergibt sich eine Verlagerung der Kaufkraft in andere, manchmal wirtschaftlich schwächere Regionen.
- Existenzbasis für ca. 300 000 selbstständig und unselbstständig Beschäftigte.
- Wirtschaftliche Stärkung von Regionen mit alpiner Agrarstruktur.
- Verringerung der Abwanderung der Landbevölkerung (Privatzimmervermietung, Urlaub am Bauernhof, Dorfurlaub, Feriendörfer, Camping, Saisonarbeit im Tourismus).
- Erhaltung der Kulturlandschaften sowie Ortsbild- und Brauchtumspflege.
- Verbesserung der Umweltschutzeinrichtungen.
- Verbesserung der Infrastruktur.

Handelsbilanz: In der Handelsbilanz werden die Importe Österreichs seinen Exporten gegenübergestellt:

Jahr	Importe in Mrd. €	Exporte in Mrd. €
2006	106,9	106,8
2007	114,3	114,7

Quelle: Statistik Austria, www.statistik.at

Diskutieren Sie mit Ihren Mitschülerinnen und -schülern die Auswirkung positiver bzw. negativer Veränderungen in der Handelsbilanz auf ihre Branche.

3.3 Geografische Gegebenheiten

Österreich ist ein Binnenstaat, d. h. ohne Zugang zum Meer im Zentrum Europas gelegen. Seine Reichhaltigkeit an unterschiedlichen Landschaftsformen, wie Bergen, Ebenen, Wäldern, Flüssen und Seen, sowie die Vielfalt der klimatischen Verhältnisse auf kleinem Raum sind für den Tourismus von großer Bedeutung. Da viele Urlaubs- und Freizeitaktivitäten in der freien Natur stattfinden, ist eine intakte Umwelt bedeutsam. Deshalb werden laufend Verbesserungsmaßnahmen zum Schutz bzw. zur Erhaltung der Umwelt getroffen, z. B. die Einrichtung von Schutzgebieten, die Ortsbildpflege, Lärmbekämpfung, Luft- und Wasserreinhaltung, Abfallrecycling etc.

Das Landschaftsangebot wird durch Kur- und Heilbäder ergänzt, deren Grundlagen natürliche Heilwasservorkommen und ein besonders günstiges Klima bilden.

Österreichs Großlandschaften

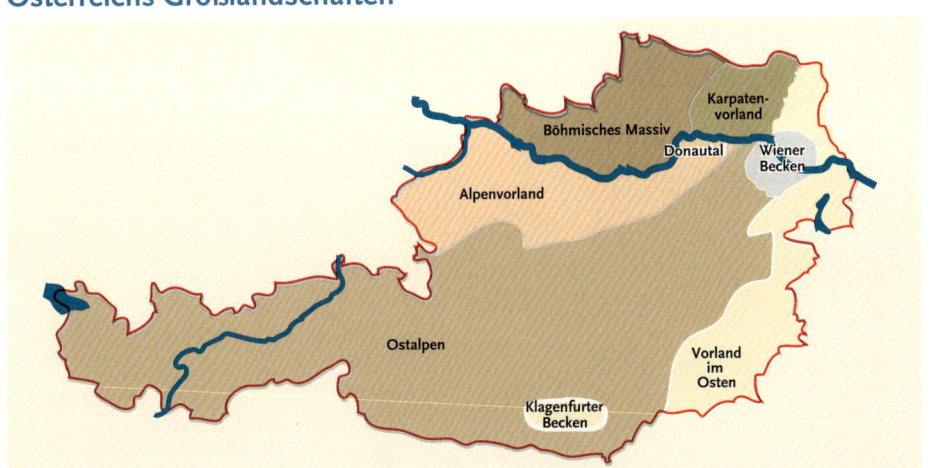

Ostalpen

Alpenvorland

Böhmisches Massiv

Donautal

Vorland im Osten

Ostalpen

Mehr als zwei Drittel Österreichs sind von den Ostalpen bedeckt. Alle Formen des Wintersports, des Erholungs- und Erlebnistourismus von extrem bis beschaulich können in den Alpenregionen angeboten werden.

Alpenvorland

Zwischen den Alpen und der Donau gelegen befinden sich im Alpenvorland die wichtigsten Verkehrswege und die zahlreichen Seengebiete von Salzburg bis Oberösterreich. Die Vielfalt touristischer Möglichkeiten reicht vom Städte-, Gesundheits-, Sporttourismus bis zum Kultur-, Wirtschafts- und Erholungstourismus.

Böhmisches Massiv

Es umfasst nördlich der Donau die Gebiete des Mühl- und Waldviertels. Der Waldreichtum, die Kulturschätze und die geringe Industrialisierung sprechen speziell den Individualisten an.

Karpatenvorland

Das Karpatenvorland nordöstlich der Donau ist eine flachwellige Hügellandschaft. Bedeutende Weinbaugebiete und romantische Weinorte üben einen besonderen Reiz auf die Besucher aus.

Donautal

Die abwechslungsreiche Landschaft an der Donau bildet mit ihren Engen und Weiten, ihren zahlreichen Burgen und Klöstern und der Vielfalt romantischer Orte eine große Touristenattraktion. Besonders bekannt ist die Wachau. Neben der regionalen Donauschifffahrt und den Flusskreuzfahrten hat sich das Donautal zu einem beliebten Ziel für Biking und Trekking entwickelt.

Wiener Becken

Es umfasst im Süden das Steinfeld, nördlich der Donau das Marchfeld und Teile des Weinviertels. Am Westrand befindet sich die Thermenlinie mit vielen Möglichkeiten für den Gesundheitstourismus. Sommerfrische und idyllische Weinorte sind für die Erholung der Wiener Bevölkerung von großer Bedeutung. Die Großstadt Wien im Zentrum des Wiener Beckens hat eine führende Rolle im internationalen Städtetourismus.

Vorland im Osten

Das Burgenland und der südöstliche Teil der Steiermark gehören zur **Pannonischen Tiefebene.** Das Gebiet um den Neusiedler See mit seinen zahlreichen Weinbauorten und seinen günstigen klimatischen Bedingungen bietet alle Formen des Sommer-, Erholungs-, Natur- und Erlebnistourismus.

Klagenfurter Becken

Das Klagenfurter Becken mit seinen zahlreichen Seen ist das Zentrum des Sommersports in Österreich.

Österreichs Klima

Das Klima beeinflusst stark das Wohlbefinden des Menschen. Günstige Witterungseinflüsse bilden die Basis für das touristische Angebot. Bei ungünstiger Witterung sind Schlechtwetterprogramme erforderlich, um dem Gast entsprechende Alternativen für sein Bleiben zu bieten.

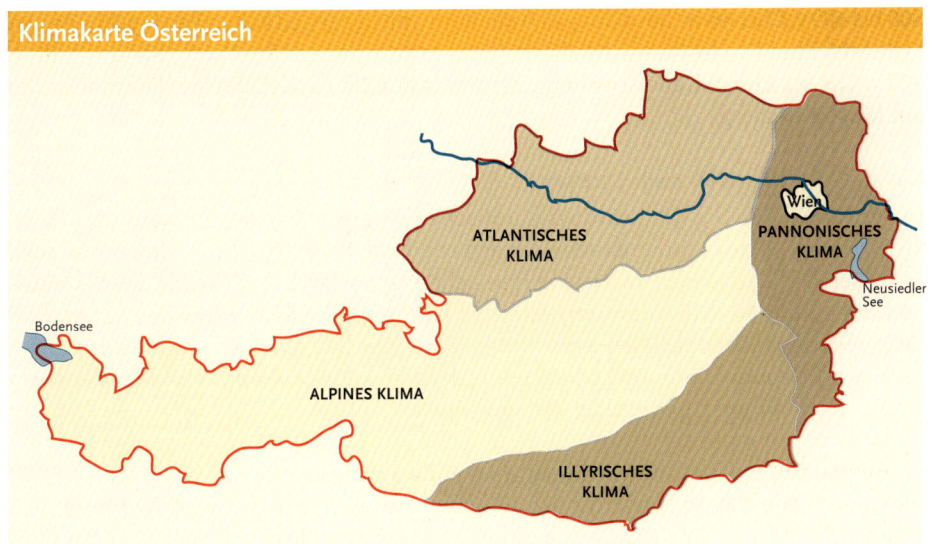

Klimakarte Österreich

Mitteleuropäisches Übergangsklima (atlantisches Klima)

Bereich: Alpenvorland, Böhmisches Massiv und Teile des Donautales.
Eigenschaften: vorherrschendes Westwetter mit Niederschlägen zu allen Jahreszeiten. Im Sommer am Alpenrand Gewitterfronten mit anschließendem Landregen. Im Böhmischen Massiv raues Klima mit kühlem Sommer und schneereichem Winter.

Alpines Klima

Bereich: Ostalpen.
Eigenschaften: kurzer Sommer, schneereicher Winter mit langen sonnigen Abschnitten.
Besonderheiten: Besonders im Frühling und im Herbst tritt Föhn auf. Es ist dies ein warmer, trockener Fallwind, der im Frühling eine vorzeitige Schneeschmelze mit Lawinengefahr und im Herbst Trockenheit hervorruft. Bei winterlichem Schönwetter bilden sich in den Alpentälern Kaltluftseen mit Nebeldecken und sehr tiefen Temperaturen, während oberhalb der Nebeldecke die Temperatur durch die Sonneneinstrahlung wesentlich höher ist. Man spricht von einer Temperaturumkehr.

Pannonisches Klima (kontinentales Klima)

Bereich: Karpatenvorland, Wiener Becken, Vorland im Osten.
Eigenschaften: langer, heißer Sommer und kalter Winter mit wenig Niederschlägen.

Illyrisches Klima

Bereich: Klagenfurter Becken, südliches Vorland im Osten.
Eigenschaften: heiteres, warmes Wetter im Sommer. Im Winter ist dieses Gebiet vom pannonischen Klima beeinflusst.

Im Wiener Becken herrscht pannonisches Klima vor

3.4 Geschichtliche und kulturelle Voraussetzungen

Geschichte, Kunst und Kultur eines Landes sind für den Tourismus von zentraler Bedeutung. Österreich bietet hier sehr viel. Ein Grundwissen unserer Geschichte und über bedeutende Kunstwerke der einzelnen Epochen ist für jeden im Tourismus tätigen Menschen notwendig.

Geschichtliche und kunstgeschichtliche Entwicklung

Urgeschichtliche Zeit bis Christi Geburt

Zeugen **urgeschichtlicher Kultur** im Gebiet des heutigen Österreichs sind die Funde aus der Stein- und Bronzezeit: z. B. Mixnitz, Willendorf, Pfahlbausiedlungen an den Salzkammergutseen ...

Pfahlbausiedlung

800–400 v. Chr.
Hallstattzeit

450–15 v. Chr.
La-Tène-Kultur

15 v. Chr.
Römerzeit

6. und 7. Jahrhundert n. Chr.
Frühchristliche Kunst

750–950 n. Chr.
Karolingische Kunst:
Tassilokelch in Kremsmünster,
Martinskirche in Linz,
Stift St. Florian in Oberösterreich

950–1250
Romanik:
Beispiele in Gurk, Heiligenkreuz,
Klosterneuburg, Lilienfeld, Pulkau, Schöngrabern, St. Paul im Lavanttal, Seckau, Tulln, Wiener Neustadt

1250–1500
Gotik:
Klosterneuburg, Franziskanerkirche in Salzburg, St. Stephan in Wien, Heiligenblut,
Kornmesserhaus in Bruck an der Mur,
Bummerlhaus in Steyr

16. Jahrhundert
Spätgotik; Frührenaissance, Renaissance;
Schallaburg,
Schloss Porcia,
Hofkirche in Innsbruck

17. Jahrhundert und erste Hälfte des 18. Jahrhunderts
Barock:
viele Kirchen, Klöster und Schlösser Österreichs, wie z. B. Schönbrunn

800 bis 400 v. Chr.: norisches Königreich der Illyrer mit der ersten kulturellen Hochblüte, der Hallstattkultur. Fundstätten in Hallstatt (Oberösterreich) und Strettweg (Steiermark).
400 v. Chr. bis Christi Geburt: Kelten; La-Tène-Kultur mit Fundstätten am Dürrnberg und am Magdalensberg.

Christi Geburt bis 1000 nach Christus

In den Jahren 16/15 v. Chr. wurde das norische Königreich von den **Römern** annektiert, als Provinz Noricum dem Imperium eingegliedert und bis ins 5. Jahrhundert beherrscht. In dieser Zeit entstanden zahlreiche römische Legionslager und Städte, die bis heute von Bedeutung sind. Carnuntum/Petronell ist die größte archäologische Landschaft Österreichs. Vindobona/Wien weist Reste römischer Baukunst auf. Lauriacum/Lorch, Juvavum/Salzburg, Virunum/Zollfeld sowie der archäologische Park am Magdalensberg sind Zeugen für unsere römische Vergangenheit.

Zu Beginn des 6. Jahrhunderts gelang es den **Bayern,** vom Westen her im Donau- und Alpenraum (westliches Niederösterreich, Oberösterreich, Salzburg und Nordtirol) Fuß zu fassen. Salzburg war das früheste bayrische Kulturzentrum (St. Peter, 696; Erzbistum ab 798) und entwickelte sich in der Folgezeit zum bedeutendsten Kulturzentrum des gesamten Donau- und Alpenraumes.

11. bis 15. Jahrhundert

Die Babenberger wurden im Jahr 976 mit der Mark an der Donau belehnt und traten in der Kunst bald zum Konkurrenzkampf mit Salzburg an. In der Regierungszeit Herzog Leopolds VI. wird Wien zum Zentrum der Künste. Bis zum Ende der Babenbergerzeit im Jahre 1246 erlebte die **Romanik** in Österreich ihre Blütezeit. Viele Stifte verschiedener Orden wurden in dieser Zeit gegründet. Im Jahr 1282 belehnte **Rudolf von Habsburg** seine Söhne Albrecht und Rudolf mit Österreich und der Steiermark. Die Vormachtstellung Wiens wurde weiter gefestigt. Die Kunst um 1400 hatte europäische Bedeutung.

In der Mitte des 15. Jahrhunderts zeichnete sich ein allgemeiner Stilwandel ab, der aus der harmonischen Ausgewogenheit der **Hochgotik** („weicher" oder „schöner" Stil) zur Spätphase überleitete. Dieser drückt sich in einem kräftigen Realismus, vor allem in gedrungener Körperplastik, kantiger Faltengebung, vertieftem Bildraum und stimmungsvoller Naturschilderung aus. 1452 wurde Friedrich III. zum Kaiser des Heiligen Römischen Reiches Deutscher Nation gekrönt. In der zweiten Hälfte des 15. Jahrhunderts verlagerte sich der Schwerpunkt des Kunstgeschehens in die Grafschaft Tirol. Innsbruck wurde unter Erzherzog Sigismund und unter seinem Erben Maximilian I. zur wichtigsten Habsburgerresidenz. Michael Pacher, ein Tiroler, errang durch die Verschmelzung deutscher und niederländischer **Gotik** mit Stilelementen der italienischen **Frührenaissance** europäische Bedeutung.

St. Stephan, Wien – Gotik

Schallaburg, NÖ – Renaissance

Schloss Schönbrunn, Wien – Barock

16. bis 18. Jahrhundert

Der Aufschwung des 15. und 16. Jahrhunderts wurde in Mitteleuropa durch den Dreißigjährigen Krieg unterbrochen. Kulturell richtungweisend wurde die Malschule des Donauraumes, **Donauschule** genannt. Die Zentren waren Wien, Klosterneuburg, Krems und der Raum Salzburg. Auch in der Architektur wurden die neuen malerischen Elemente aufgenommen und grenzten so die „Donaustilarchitektur" von der Spätgotik ab.

Mit Beginn der **Reformation** endete die Blütezeit der sakralen Kunst, die Profanbaukunst übernahm die führende Rolle. Durch den Einfluss der heimischen Tradition vollzog sich die „Wiedergeburt der Antike" – **Renaissance** – nicht in dem Ausmaß wie im Süden. Eine besondere Förderung erfuhr der neue Stil an den Höfen des Kaisers (Wien,

Innsbruck, Wiener Neustadt) und der Erzherzöge (Graz, Innsbruck, Linz). Durch die Gegenreformation bedingt, bekam zu Beginn des 17. Jahrhunderts der Sakralbau wieder stärkere Bedeutung und übernahm im Frühbarock wieder die Vormachtstellung. Bodenständige Stileinflüsse prägten mehr und mehr die Architektur und führten so zur Blütezeit des österreichischen **Barock.** Unter Leopold I. wurde Wien zum Zentrum europäischer Kunst.

Mitte des 18. Jahrhunderts entwickelte sich ein Spätstil, das „maria-theresianische Barock", eine Form des **Rokokos.** Im ausklingenden 18. Jahrhundert erfolgte die Hinwendung zum **Klassizismus,** der in Österreich im Unterschied zum Empirestil in Frankreich einfachere und schlichtere Formen aufwies.

2. Hälfte des 18. Jahrhunderts
Rokoko:
Innenausstattung von Schloss Schönbrunn
Innenausstattung der Stiftskirche Wilhering

Stiftskirche Wilhering, OÖ – Rokoko

Parlament, Wien – Historismus

Kirche am Steinhof, Wien – Jugendstil

19. Jahrhundert

Im 19. Jahrhundert wurde die Kunst vielgestaltig. Es lösten sich mehrere Stilrichtungen in kurzen Zeiträumen ab. Der schlichte, gemäßigte Klassizismus ging stufenlos in das **Biedermeier** über. Der Schwerpunkt dieses typisch österreichischen Stils lag in der Malerei. In der zweiten Hälfte des 19. Jahrhunderts prägte der Rückgriff auf die verschiedensten Stile der Vergangenheit, der **Historismus,** die Kunst. Ende des 19. Jahrhunderts wurde der Historismus vom **Jugendstil** abgelöst.

20. Jahrhundert

Ab dem Ersten Weltkrieg entwickelte sich in der Kunst die sogenannte **Moderne.** Das Wesen der modernen Kunst ist durch die Vielfalt gegensätzlicher Richtungen gekennzeichnet. Die Zwischenkriegszeit ist vom **Nachimpressionismus** geprägt, neben dem sich der **Expressionismus** entwickelte.

Die Architektur dieser Zeit war von der „Ästhetik des Funktionalismus" bestimmt und fand im sozialen Wohnbau der Zwischenkriegszeit in Wien ihren Niederschlag.

Nach dem Zweiten Weltkrieg bestimmen in Österreich der **Kubinismus,** der **Surrealismus** und die **Wiener Schule des phantastischen Realismus** das Geschehen in der bildenden Kunst. Die Architektur versucht, Funktion, Material, Konstruktion und Formschönheit in Einklang zu bringen.

Ende des 18. Jahrhunderts/ Beginn des 19. Jahrhunderts
Klassizismus

1815–1850
Biedermeier

1850–1900
Historismus:
Wiener Ringstraßenbauten

1890–1920
Jugendstil:
Kirche am Steinhof

1918
Moderne,
„Neue Sachlichkeit"

1945
Postmoderne

Weltkulturerbestätten

Die UNESCO hat mit ihren Vertragsstaaten Vereinbarungen getroffen, das vorhandene **Kultur- und Naturerbe** zu schützen und zu bewahren. Bei der Auswahl werden die Einzigartigkeit und die Unversehrtheit des Weltkulturerbes berücksichtigt. In Österreich zählen folgende Bereiche zum Weltkulturerbe: Altstadt von Salzburg, historisches Zentrum von Wien, Schloss und Park von Schönbrunn in Wien, Kulturlandschaft Hallstatt-Dachstein/ Salzkammergut (OÖ), Kulturlandschaft Wachau (NÖ), Semmeringbahn mit umgebender Landschaft (NÖ, Stmk.), Altstadt von Graz, Kulturlandschaft Neusiedler See (Bgld).

Hallstatt zählt zum Weltkulturerbe

Österreichs Bevölkerung und Brauchtum

Das Brauchtum war seit jeher im Dorf verwurzelt. Es handelt sich um das Bedürfnis, die traditionellen Anlässe im Leben eines Menschen zu feiern. Diese sind vielfach in den Jahresablauf integriert. Heidnische und christliche Symbolik kennzeichnen viele Volksbräuche und Veranstaltungen.

Berichten Sie von besonderen Brauchtumsveranstaltungen in Ihrem Heimatort.

Welche Bedeutung haben diese Veranstaltungen im touristischen Angebot Ihrer Region?

Brauchtumsveranstaltung

Jahresbeginn
Vertreibung der Dunkelheit und Kälte: Glöcklerlauf, Perchtenlauf, Aperschnalzen; Sternsingen. Vor dem Beginn der Fastenzeit gibt es viele Faschingsveranstaltungen mit Bällen und Umzügen.

Frühling
Österliche Bräuche, Maibaumsetzen, Almauftrieb, Feste zu Christi Himmelfahrt (Ausseer Narzissenfest), Feste zu Fronleichnam (Seeprozessionen am Traunsee und am Hallstätter See).

Sommer
Sonnwendfeiern, Weinlesefest, Erntedankfest, Almabtrieb.

Herbst
Leopoldifest, Martinifest, Kathreintanz.

Jahresende
Adventsingen, Nikolo- und Krampusumzüge, Krippenausstellungen, Weihnachtsbräuche, Silvesterfeste.

Ökologie = Wechselbeziehung zwischen den Lebewesen und ihrer Umwelt; Natur und Wirtschaft im Einklang.

3.5 Ökologische Voraussetzungen

Eine natürliche Umwelt spielt in der Freizeitgestaltung (Wandern, Reiten, Bergsteigen, Mountainbiking, Trekking, Wintersport, Naturerlebnis ...) eine wesentliche Rolle. Das Bedürfnis des Menschen nach Natur zeigt sich in der Errichtung von Landschaftsschutzgebieten, Naturlehrpfaden, Reservaten sowie in zahlreichen Maßnahmen, die Umwelt möglichst intakt zu erhalten.

Österreich versucht, den ökonomischen und ökologischen Anliegen der Bevölkerung zu entsprechen.

Umweltschutzmaßnahmen

Auch die Gäste sind aufgefordert, im Urlaub an den Umweltschutz zu denken

- Erhaltung der natürlichen Umwelt in der Land- und Forstwirtschaft,
- Erhaltung und Verbesserung der Wasser- und Luftqualität,
- Abfallrecycling,
- Lärmbekämpfung,
- Raumordnung und Raumplanung,
- Ortsbildpflege,
- Verringerung des Schadstoffgehalts in der Nahrung,
- Ausbau des öffentlichen Verkehrs,
- Errichtung von Schutzgebieten für die Natur.

Schutzgebiete

Die Alpen bilden mit ihren vielfältigen Naturgegebenheiten eine der wichtigsten Tourismusregionen der Welt. Die Schutzgebiete haben eine außergewöhnliche Bedeutung beim Erhalt des Natur- und Kulturgutes sowie der Besucherlenkung. Man unterscheidet verschiedene **Schutzgebietsformen:**

Nationalparks

Schutzgebiet

Nationalparks sind großräumige Naturschutzgebiete mit einem ursprünglichen Charakter, in denen eine menschliche Nutzung weitgehend ausgeschlossen ist. Man versteht darunter Landschaften, die die ökologische Unversehrtheit eines oder mehrerer Ökosysteme für heutige und kommende Generationen schützen sowie Forschungs-, Bildungs- und Erholungsangebote für Besucher schaffen sollen.

Der Naturschutz in Österreich ist Ländersache. Das Bundesministerium für Land- und Forstwirtschaft, Umwelt und Wasserwirtschaft fördert die Nationalparks und schließt mit den einzelnen Bundesländern Verträge ab, in denen die Finanzierung geregelt wird.

Nationalparks in Österreich

1	Neusiedler See – Seewinkel	**5**	Kalkalpen
2	Hohe Tauern	**6**	Gesäuse
3	Nockberge (Naturpark)	**7**	Thayatal
4	Donauauen		

1 **Neusiedler See – Seewinkel:** Burgenland; 325 km^2, grenzüberschreitend mit Ungarn.
2 **Hohe Tauern:** Kärnten, Salzburg, Tirol; 1 800 km^2; größtes Schutzgebiet der Alpen und größter Nationalpark Mitteleuropas.
3 **Nockberge:** Kärnten; 184 km^2 (ohne internationale Anerkennung).
4 **Donauauen:** Wien, Niederösterreich; 93 km^2.
5 **Kalkalpen:** Oberösterreich; 210 km^2.
6 **Gesäuse:** Steiermark; 110 km^2.
7 **Thayatal:** Niederösterreich; 76 km^2; grenzüberschreitend mit Tschechien.

Kalkalpen

Gesäuse

Thayathal

Geplante Nationalparks: Tiroler Lechtal, Kalkhochalpen in Salzburg (Fortsetzung des Berchtesgadner Nationalparks).

Naturparks (Regionalparks)

Naturparks sind Großgebiete mit einer traditionellen Berglandwirtschaft oder Forstwirtschaft, die touristisch gut erschlossen sind. Diese Räume dienen aber auch der Erholung und der Wissenvermittlung über die Natur. **Beispiele:** Dreiländer-Naturpark (Bgld.), Dobratsch (Ktn.), Hohe Wand, Ötscher-Tormäuer, Blockheide (NÖ), Mühlviertel (OÖ), Riedingtal in Zederhaus (Sbg.), Sölktäler, Südsteirisches Weinland (Stmk.), Alpenpark Karwendel, Naturpark Zillertaler Alpen, Tiroler Lech (Tirol).

Naturschutzgebiete

Dies sind Landschaftsräume unterschiedlicher Größe mit einer selten gewordenen Flora und Fauna, die einem strengen Schutz unterliegen. In Österreich gibt es ca. 400 solcher Gebiete. **Beispiele:** Hallegger Teiche, Wolayersee, Koralm (Ktn.), Lechnergraben (NÖ), Katrin, Koppenwinkel, Zellersee, Irrsee (OÖ), Fuschlsee, Tennengebirge, Trumer Seen, Wallersee/Wenger Moor (Sbg.), Altausseer See, Grundlsee/Toplitzsee, Ramsau/Dachstein (Stmk.), Ahrnspitze, Kaisergebirge (Tirol), Gadental, Hirschberg, Rheindelta (Vbg.).

Die **IUCN** (International Union for the Conservation of Nature) ist eine Organisation nichtstaatlicher und staatlicher Einrichtungen von derzeit 125 verschiedenen Nationen. Eine Expertengruppe der IUCN hat im Auftrag der UNO eine Definition für Nationalparks erstellt. Österreich ist seit 1992 Mitglied der IUCN.

Neusiedler See

www.nationalpark.co.at
www.naturparke.at
www.alparc.org

Hohe Tauern

Diskutieren Sie mit Ihren Klassenkollegen die Auswirkungen eines Nationalparks auf den Tourismus in den betroffenen Gebieten.

Nockberge

Donauauen

Naturdenkmäler, wie dieser stattliche Birnbaum, werden als solche gekennzeichnet

✎ Tragen Sie in diese Liste Themenwege in der Umgebung Ihres Wohn- bzw. Arbeitsortes ein:

⬇ www.oeamtc.at/reise/laender

Biosphärenreservate

Biosphärenreservate sind großflächige Schutzformen, die den Bestimmungen der UNESCO unterliegen und in eine Kern-, Pflege und Entwicklungszone unterteilt werden. **Beispiele:** Wienerwald (NÖ), Gurgler Kamm (Tirol), Großes Walsertal (Vbg.).

Landschaftsschutzgebiete

Zur Erhaltung der natürlichen Schönheit und Eigenart eines Gebietes wurden Landschaftsschutzgebiete geschaffen, Sie dienen der Erholung der Bevölkerung und erweitern das touristische Angebot. Landschaftsschutzgebiete sind z. B. Seeufezonen oder Kellerviertel. **Beispiele:** Heiligenbrunn (Bgld.), Kamptal (NÖ), Südweststeirisches Weinland (Stmk.), Mieminger Plateau (Tirol).

Naturdenkmäler

Als Naturdenkmäler werden erhaltungswürdige Naturerscheinungen, wie Wasserfälle, Schluchten und Bäume, bezeichnet.

Wildparks

Auf landschaftlich schön gelegenen, eingezäunten Flächen werden einheimische Tierarten gehalten, z. B. Ernstbrunn (NÖ), Grünau (OÖ), Ferleiten (Sbg.), Mautern (Stmk.), Feldkirch (Vbg.).

Naturlehrpfade

Naturlehrpfade zeigen bewahrte Naturformen, wie z. B. bestimmte Gesteinsformen, Bäume, Kräuter, Moorarten, Vögel, Pilze etc.

Familien- und Themen(wander)wege

Im Verlauf dieser Wege werden die unterschiedlichsten Themen behandelt: Almen, Wälder (Baumwipfelwege), Bergbau, Botanik, Eisenbahn, Geologie, Künstler, Mühlen, Sagen und Märchen, Musik, Sport, Wasser etc.

3.6 Qualität der Infrastruktur

Die Infrastruktur umfasst alle baulichen und technischen Einrichtungen, die der gesamten Bevölkerung und der Wirtschaft dienen. Für den Tourismus bedeutsam sind vor allem
- Verkehrswege, z. B. Autobahnen, Straßennetz, Rad- und Wanderwege, Mountainbikerouten …
- Transportanlagen, z. B. Seilbahnen, Lifte …
- Ver- und Entsorgungseinrichtungen, z. B. für Wasser, Elektrizität, Telekommunikation, Abwasserklärung und Abfallentsorgung.
- Freizeiteinrichtungen, z. B. Hallenbäder, Tennisanlagen, Golfplätze, Erlebnisparks …
- Einrichtungen für die Gesundheit, z. B. Thermen, Bäder, Kurorte …

(?) Arbeitsaufgaben

1. Beschreiben Sie die Voraussetzungen für einen funktionierenden Tourismus.
2. Schildern Sie die politische Lage Österreichs in Europa.
3. Ein Gast will in das benachbarte Ausland fahren. Welche Informationen geben Sie ihm?
4. Ordnen Sie die Tourismusarten den einzelnen Großlandschaften zu.
5. Benennen und beschreiben Sie die vier Klimazonen Österreichs.
6. Erklären Sie die wirtschaftliche Zugehörigkeit Österreichs.
7. Beschreiben Sie die volkswirtschaftliche Bedeutung des Tourismus für Österreich.

4 Tourismuseinrichtungen

4.1 Sport

Wassersport

Österreich bietet sehr viele Möglichkeiten, auf Seen, Flüssen und Bächen, in Frei- und Strandbädern sowie in wetterunabhängigen Hallen- und Erlebnisbädern ungetrübten Badespaß zu erleben. Es gibt viele Möglichkeiten zum Segeln, Windsurfen, Kite-Surfen, Wildwasserfahren, Rafting, Wasserskilaufen, Wakeboarding, Flusswandern, Floß- und Zillenfahren, Wasserspringen, Canyoning, Parasailing, Tauchen, Angeln, Casting und Goldwaschen, Wasserspaß in Frei-, Strand-, Hallen- und Erlebnisbädern (www.austria.info).

Bergsport

Neben Wandern und Bergsteigen gibt es viele Möglichkeiten zum Trekking, Freeclimbing, Mountainbiking, Sommerrodeln oder Sommerskilauf in den Gletscherregionen (www.bergfex.at).

Wintersport

Die entsprechende Infrastruktur mit Bergbahnen, Sessel- und Skiliften sowie Loipen ermöglicht alle Wintersportvergnügen, wie Skilauf, Langlauf, Snowboarding, Skibobfahren, Skitrekking, Eisklettern, Skispringen, Rodeln, Bobfahren, Skeleton, Biathlon, Heliskiing, Eissurfen, Eissegeln, Eisstockschießen, Curling, Eislauf, Winterwanderungen, Pferde- und Hundeschlittenfahrten.

Flugsport

Das Angebot umfasst Motorflug, Motorsegeln, Segelfliegen, Helikopterflüge, Ballonfahren (www.ballonfahren.at), Fallschirmspringen, Drachenfliegen und Paragleiten.

Golf

Diese Sportart entwickelt sich immer mehr zum Breitensport. Weltweit gesehen ist Golf die drittgrößte Sportart nach Volleyball und Basketball. Etwa 130 Golfplätze mit 9, 18, 27 und 36 Löchern stehen den Gästen zur Verfügung. Zahlreiche Golfhotels bieten den Gästen besondere Arrangements (www.golf.at).

Tennis

Neben dem Skilauf ist Tennis der beliebteste Volkssport in Österreich. Zirka 600 Orte bieten Tennisplätze im Freien und in der Halle auf Sand-, Hart- und Kunststoffplätzen. Weltweit hat Österreich das dichteste Netz an Tennisplätzen (www.tennisinfo.at).

Reitsport

Vollblut- und Warmblutpferde, Haflinger und Ponys für Kinder stehen den Gästen zur Verfügung. Angeboten werden die Reitausbildung für Dressur und Springen, Tages- und Mehrtagesritte sowie ein-, zwei- und vierspännige Fahrten. Turniere, Fuchsjagden, Abenteuerritte und Trekkingtouren ergänzen das vielfältige Programm der Reitarena Austria (www.reitarena.at).

Radsport

Das Rad in seiner Vielfalt als Touring-, Trekking-, City- und Mountainbike erfreut sich großer Beliebtheit. Professionell gestaltete Packages mit organisierten Radtouren vermitteln den Gästen sportliches Erlebnis in der Gemeinschaft und in der Natur. Beispiele: Donauradweg, Drauradweg, Murradweg, Salz-und-Seen-Tour, Neusiedlersee-Radweg (www.radtouren.at).

Motorsport

Veranstaltet werden Auto- und Motorradralleys, Motocross, Speedwayfahren, Autokorso, Sternfahrten, Oldtimer-Ralleys (www.autosport.at).

 Unsere Ziele

Nach Bearbeitung dieses Kapitelabschnittes werden Sie

- die Sportarten beschreiben können, die in Österreich ausgeübt werden;
- die wichtigsten Kultureinrichtungen Österreichs nennen können;
- die Behandlungsgrundsätze im Bereich Gesundheit nennen können;
- die Unterhaltungsszene in Österreich schildern können;
- die erforderlichen Infrastruktureinrichtungen für den Seminartourismus darstellen können.

Der Wintersport ist für den österreichischen Tourismus von großer Bedeutung

Tragen Sie hier die verschiedenen, für den Tourismus interessanten Sportmöglichkeiten in der Umgebung Ihres Wohn- bzw. Arbeitsortes ein:

Hochseilgarten

✐ Tragen Sie hier einige für den Tourismus bedeutende Kulturangebote Ihres Wohn- bzw. Arbeitsortes ein:

✐ Tragen Sie hier die interessanten Gesundheitsangebote in der Umgebung Ihres Wohn- bzw. Arbeitsortes ein:

Schießsport

Es gibt Möglichkeiten zum Gewehr-, Pistolen-, Armbrust-, Wurftauben- und Bogenschießen. Ein bedeutender Wirtschafts- und Sportzweig ist die Jagd mit einer Million Abschüssen in 12 000 Revieren (www.weidwerk.at, www.ljv.at).

Weitere Sportarten

Neben den genannten Sportangeboten bieten Kegel- und Bowlingbahnen, Fitnesscenter, Minigolfplätze, Squashplätze, Beach-, Volleyball, Basket- und Fußballplätze sowie diverse Anlagen wie z. B. Skateboardparks, Hochseilgärten, Kletter- und Abenteuerparks Möglichkeiten zur sportlichen Betätigung.

Sportliche Großveranstaltungen in jeder Sportart wie Regatten, Turniere, Ralleys, Welt-, Europa- und Landesmeisterschaften, Cups, Champions League, Skiflug- und Schanzentourneen und auch Olympische Spiele begeistern auch den sportlich nicht aktiven Gast und geben dem österreichischen Tourismus wertvolle Impulse.

4.2 Kultur

Die geistige Auseinandersetzung mit den kulturellen Werten eines Landes ist ein weiteres Motiv für die Wahl einer Urlaubsregion. Persönliches Interesse, Geschichtsbewusstsein, religiöses Empfinden und Kunstverständnis sind Ursachen für die Suche nach Kultur.

- **Archäologie:** verschiedene Ausgrabungsorte.
- **Architektur:** Schlösser, Burgen, Ruinen, Stifte, Klöster, historische Plätze ...
- **Musik:** Festspiele, Opern, Schauspiel- und Konzertveranstaltungen, Openairkonzerte, Events ...
- **Malerei, Bildhauerei:** Museen, Workshops, Ausstellungen und Vernissagen.
- **Literatur:** Lesungen, Preisverleihungen ...

Die **Landesausstellungen** wenden sich einerseits an das Kulturbedürfnis einer breiten Bevölkerungsschicht und stellen anderseits eine Bewahrung gefährdeter Kulturgüter durch Revitalisierung dar.
Auf der Suche nach der geistigen Herausforderung bieten Tourismusorte Möglichkeiten der Weiter- und Persönlichkeitsbildung, der künstlerischen Betätigung oder der Pflege von Hobbys an (www.mein-ausflug.at).

4.3 Gesundheit

„Schlank und schön", „Kur und Wellness", „Vital und fit" sind die Slogans des zeitgemäßen Gesundheitstourismus.
Es gibt zwei Formen der Behandlung:
- Die **klassische Form** für den heilungsbedürftigen Gast (Rehabilitation).
- Die **moderne Form** für den gesundheitsbewussten Gast (Vorbeugung, Erholung).

Grundsätze der Anwendungen

- Wechselwirkung zwischen Körper und Seele.
- Anwendung natürlicher Heilvorkommen: Wasser, Therme, Sole (Eisen, Glaubersalz, Jod, Mineralstoffe, Radon. Schwefel, Sulfat, organische Stoffe), Heilmoor, Heilerde und Heilschlamm, Heil- und Reizklima, Heil- und Thermalstollen.
- Körperliche Betätigung.
- Ernährung: Schon-, Diät- und Reduktionskost.
- Trink-, Kneipp- und Regenerationskuren.
- Wellness: Fun und Fitness. Veränderung der Lebenseinstellung in den Bereichen Ernährung und Genussmittel.

Die VIER SÄULEN
• der Schlank und Schön Philosophie
ERNÄHRUNG • BEWEGUNG • ENTSPANNUNG • SCHÖNHEITS & KÖRPERPFLEGE

Kurorte, Kurzentren, Thermen, Kur-, Gesundheits-, Bioaktiv- und Vitalhotels, Biotrainingszentren und Beautyfarmen bieten Gesundheit à la carte.

4.4 Unterhaltung

Erleben, Spielen und Genießen, Sehen und Gesehenwerden sind Motive für eine boomende „In-Szene" in den Städten sowie in den Sommer- und Wintersportzentren. Man trifft sich in:

- Pubs,
- Bistros,
- In-Treffs,
- Beiseln,
- Bars,
- Cafés,
- Künstlerlokalen,
- Nachtlokalen,
- Diskotheken.

Casino Austria AG
Es gibt in Österreich 12 Casinos, das größte Casino Europas ist in Baden. Das Konzept der österreichischen Casinos, die Verbindung der gehobenen Unterhaltung mit absoluter Seriosität, wird weltweit vermarktet.

Erlebniseinrichtungen
Erlebnisbäder, Themenparks, wie die Kristallwelten in Wattens, Minimundus in Klagenfurt, Pullman City in Wöllersdorf, Styrassic Park in Bad Gleichenberg, sowie Erlebnisbergwerke, wie Terra Mystica in Bad Bleiberg oder Salzwelten in Hallstatt, Hallein und Bad Dürrnberg, ergänzen traditionelle Frei- und Hallenbäder, Schaubergwerke und Vergnügungszentren (z. B. Wiener Prater).

Events
Events sind besonders inszenierte Veranstaltungen. Sie werden in Tourismusorten ebenso angeboten wie in Städten.

Österreichs Casinos
Baden, Badgastein, Bregenz, Graz, Innsbruck, Kitzbühel, Kleinwalsertal, Linz, Salzburg, Seefeld, Velden, Wien (www.casinos.at)

Österreich–Werbung:
www.austria-tourism.com

4.5 Familien mit Kindern und Jugendliche

Verschiedene Clubs mit einem vielfältigen Angebot, wie z. B. der Robinsonclub in Ampflwang in Oberösterreich, die Rognerdörfer in Sonnleiten in Kärnten bzw. in Königsleiten in Niederösterreich, Baby- und Kinderhotels (auch mit Familienappartements), Familienclubs mit Animationsprogrammen, kommen den Bedürfnissen von Familien sehr entgegen (Babydorf Trebesing in Kärnten).

Jugendliche fühlen sich von Veranstaltungen im Bereich des Abenteuertourismus besonders angesprochen, wo sie die Grenzen ihrer Leistungsfähigkeit mit entsprechender Freude am Risiko erfahren können.

Das Erleben des Gemeinschaftsgefühls Jugendlicher, wie z. B. in Feriencamps, ist eine wichtige Motivation.

Sowohl die Eltern als auch die Kinder wollen im Urlaub auf ihre Kosten kommen

💡 Ein Beispiel für einen Zusammenschluss mehrerer Hotels, die zentral Seminare in diesen Hotels anbietet, ist die Kooperation **„Symponsionhotels"**. Sie wählt Mitgliedsbetriebe gezielt aus; die Preise werden zentral festgelegt.

4.6 Geschäfts-, Seminar- und Kongresstourismus

Erforderliche Infrastruktur

- Veranstaltungsort: Kongresshaus, Stadthalle, Kongresszentrum, Seminar- und Mehrzweckräume mit entsprechender technischer Ausstattung.
- Beherbergungskapazität: Hotels der gehobenen Kategorie.
- Günstige Verkehrsverbindungen.
- Kultur-, Sport- und Unterhaltungsangebot.
- Gastronomisches Angebot.
- Geschultes Personal.

Kongresszentren werden selten gewinnbringend geführt. Es spielt jedoch die **Umwegrentabilität** eine große Rolle:

- Geschäftsreisende, Seminar- und Kongressteilnehmer ermöglichen auch außerhalb der Saison eine gute Auslastung der Betriebe.
- Häufig werden Anschlussbuchungen vorgenommen.
- Gute, bekannte Veranstaltungen sind für die Kongressorte eine positive Werbung.

Spezielle Seminare für soziale Kompetenz, Teamfähigkeit, Mitarbeiterführung o. Ä. werden bevorzugt in abgelegenen Veranstaltungsorten durchgeführt.

4.7 Einkaufserlebnis

Malls sind große Einkaufszentren.

Branchenmix: verschiedenste Angebote in den Läden eines Geschäftsviertels, um Vielfalt anstelle von Einseitigkeit zu bieten.

Neben den Einrichtungen für Kultur, Sport und Unterhaltung schätzen viele Gäste einen Einkaufsbummel. Vielfach wurden in den Städten Einkaufsstraßen und -plätze mit Fußgängerzonen versehen, die oftmals in Altstadtvierteln mit einem besonderen Ambiente zu finden sind. Malls, wie SCS, Europapark Salzburg, Plus City Linz, Galerien, mit einem entsprechenden Branchenmix einschließlich einer Gastroszene (vorzugsweise Systemgastronomie) bieten viele Einkaufsmöglichkeiten. Sogenannte Frequenzbringer erhöhen die Besucherzahl.

Frequenzbringer sind z. B. Einrichtungshäuser, Bau-, Elektronik- oder Supermärkte, Modeketten.

⑦ Arbeitsaufgaben

1. Ordnen Sie zehn Sportarten dem Sommer- oder dem Wintertourismus zu.
2. Nennen Sie mindestens fünf Kultureinrichtungen in Österreich.
3. Nennen Sie fünf Behandlungsgrundsätze im Bereich Gesundheit.
4. Beschreiben Sie die „In-Szene" in Ihrem Ort, in Ihrer Region.
5. Organisieren Sie in Gruppenarbeit ein Seminar.
6. Welche Kurse (Weiterbildung, Kunst, Hobby ...) können in Ihrem Betrieb belegt werden?

5 Trends

UNWTO = World Tourism Organization (www.unwto.org).

Der Tourismus ist nach der Erdöl- und Autoindustrie der drittgrößte Wirtschaftsfaktor. Die **UNWTO** prognostiziert jährliche Zuwachsraten von 4 bis 5 %.

Auf dem österreichischen Tourismusmarkt lassen sich folgende Entwicklungen erkennen:

- Steigender Zustrom von **Gästen aus nicht deutschsprachigen Ländern,** z. B. Osteuropa oder Übersee,

- Veränderung der Urlaubsgewohnheiten hin zu häufigeren, aber kürzeren Aufenthalten, z. B. **Kurzurlaube,** Kurzreisen, Tagesausflüge,
- **Qualitätstourismus:** steigende Ansprüche an die Qualität von Tourismusleistungen mit zunehmender Nachfrage nach hochwertigen Unterkünften; während Viersterne- und Fünfsternebetriebe Nächtigungszuwächse verzeichnen können, melden die Einstern- und Zweisternebetriebe Nächtigungsrückgänge,
- Zunahme von Reisen in Städte bzw. zu Sehenswürdigkeiten – **Städtetourismus** – und kulturellen Angeboten – **Kulturtourismus,**
- kürzere Arbeitszeit, wodurch der Bedarf an geeigneten Freizeitangeboten steigt, z. B. **sanfter Tourismus** mit Fahrrad sowie **Hobby- oder Wellnessurlaube,**
- **Seniorentourismus:** steigender Anteil älterer Menschen, die als zahlungskräftige Kunden am Reisemarkt auftreten,
- **Vernetzungsprojekte:** Betriebe eines Ortes schließen sich immer häufiger zusammen, bieten eine gemeinsame Internetplattform an, haben ein gemeinsames Intranet, in dem das Anfragemanagement und die Kommunikation abgewickelt werden, betreiben gemeinsam Terminals zur Urlauberinformation etc.

Diese Trends können neue touristische Marktsegmente entstehen lassen bzw. bestehende Märkte verändern. Dadurch erhalten manche Tourismusbetriebe neue Chancen, andere aber auch weniger günstige Bedingungen.

Folgende Kurzbeschreibung wichtiger Trends soll eine Orientierungshilfe bei der Gestaltung und Vermarktung der Angebote bieten. Trends sind zeitlich begrenzt, Orientierungshilfen und keine Lehrsätze. Sie müssen beobachtet, eingeschätzt und umgesetzt werden.

Freizeitentscheidungen der Gäste werden in immer kürzeren Abständen getroffen: der Wochenendtrip, der Ausflug zwischendurch, der Besuch von Veranstaltungen etc. werden nicht mehr von langer Hand geplant. Anbieter im Gastgewerbe müssen daher auf diese Trends kurzfristig reagieren.

Wussten Sie, dass ...

bereits über 70 % aller Urlauber in Österreich über 40 Jahre sind? Als sogenannte „Best-Agers" ist die 50-plus-Generation ein wesentlicher Tourismusfaktor. Eine große Rolle spielen gesundheitliche Aspekte (sportliche Betätigung, Fitness, Ernährung, Wellnes, unversehrte Natur etc.), das kulturelle Angebot (Sehenswürdigkeiten, Austellungen, Veranstaltungen, Festspiele etc.), Förderung der Kreativität (Malen, Töpfern, Kochen etc.). Im Gegensatz zu früher ist diese Generation qualitätsbewusst, ausgabefreudig und reiseerfahren.

5.1 Trends in der Tourismus- und Freizeitwirtschaft

Virtueller Tourismus (Tourismus im Internet)	
	- Elektronisches Marketing und der virtuelle Marktplatz im Internet haben die internationale Tourismus- und Freizeitwirtschaft entscheidend verändert (bis zu 50 % Buchungen über Internet). Das Internet wird zur Informations-, Werbe- und Verkaufsplattform.

- Zur Sicherstellung einer durchgehenden Erreichbarkeit der Anbieter im Tourismus werden Callcenterdienste bzw. 24-Stunden-Voice-Processing-Technologien immer wichtiger.
- Die Bedeutung globaler Reservierungssysteme zwischen Fluglinien und Hotels (z. B. Amadeus, Sabre etc.) steigt.
- Klassische Medien, wie Telefon, Fax, E-Mail, Fernsehen und Video werden immer häufiger im PC bzw. über die Kabelnetze vereint. Neben dem WAP-Handy (Wireless Application Protocol) werden die so genannten Smartphones (Kombination aus Handy und Palmtop) zunehmend billiger und daher für den Einzelkonsumenten erschwinglich.

Elektronisch betreut im Urlaub – von der Anfrage bis zum Check-out

Urlaub mit hohem Freizeitwert –
das wird geschätzt

Neigungstourismus	■ Der Gast gestaltet seine Freizeit immer mehr nach seinen persönlichen Neigungen. ■ Der Freizeitwert im Urlaub wird immer wichtiger (Freizeitangebote durch den Gastronomen). ■ Immer mehr Betriebe müssen sich spezialisieren (Erlebnisgastronomie). ■ Neigungen können auf den ersten Blick sehr widersprüchlich wirken, z. B. Wandergäste, die abends gerne viergängige Menüs genießen, oder die junge Fungeneration, die bei Verpflegung und Unterkunft spart, aber für Events und Unterhaltung viel Geld ausgibt.
Qualitätstourismus	■ Qualität im Detail ist der Schlüssel zum Erfolg! ■ Qualität ist nicht nur in der Ausstattung, sondern auch in der Dienstleistung gefragt. ■ Qualität darf aber nicht mit Luxus verwechselt werden. ■ Was Qualität ist, bestimmt letztlich der Gast.
Kurzfristige Urlaubsentscheidungen	■ Vorausbuchungen werden immer seltener. ■ Dem Trend entsprechen auch Last-Minute-angebote. ■ Hotellerie und Gastronomie müssen schneller reagieren.
Kurzurlaub	■ Gerade für den Kurzurlaub sind Hobby- und Neigungsangebote besonders stark gefragt. ■ Der Kurzurlauber gibt im Schnitt um € 15,00 bis € 20,00 mehr aus als jene Gäste, die länger bleiben. ■ Kurzurlauber möchten in der knappen Zeit den vollen Urlaubsgenuss haben, ohne sich um organisatorische Angelegenheiten kümmern zu müssen, und buchen daher gerne Pauschalangebote.
Tourismus der 50-plus-Generation	■ 50 % der österreichischen Touristen sind über 50 Jahre alt. ■ Diese Personen wollen im Urlaub etwas für die Gesundheit tun, z. B. Wellnessurlaub, leichte Sportarten, Wandern etc. ■ Bei der 50-plus-Generation steigt das Qualitätsbewusstsein; sie legt Wert auf gutes Service, persönliche Kontakte und individuelle Betreuung.
Familientourismus	■ Über 40 % der Urlauber zwischen 14 und 49 Jahren verreisen im Familienverband. ■ Familienurlauber legen großen Wert auf kinderfreundliche Angebote: All-inclusive-Angebote etc. ■ Kinder suchen Abwechslung und Abenteuer. ■ In ca. 50 % der Familien wählen die Kinder den Urlaubsort.
Sanft und naturnah	■ 84 % der Gäste erwarten sich von ihrem Reiseziel schöne Natur und saubere Landschaft. ■ Der umweltbewusste Gast sucht das Naturerlebnis und das sanfte Abenteuer. ■ Das Interesse des Gastes an heimischen und vollwertigen Produkten steigt. ■ Immer mehr Gäste wollen Kultur, Brauchtum und die Lebensverhältnisse der Urlaubsregion kennen lernen. ■ Viele Gäste legen großen Wert auf umweltschonendes Verhalten ihrer Gastgeber.

Entspannung und Spaß für die
ganze Familie soll der Urlaub
bringen

Wellness	■ Etwas für die Gesundheit zu tun, ist für zwei Drittel der deutschen Urlauber Hauptmotiv für ihre Reise nach Österreich.
	■ Der Wellnesstourismus steigt stark an. Wellness-hotels erzielen derzeit eine sehr hohe Auslastung.
	■ Wellnessurlauber wollen häufig eine gesündere Lebensweise als im Alltag ausprobieren (Sport, Entspannung, Ernährung).
	■ Sie legen Wert auf ein abwechslungsreiches Bewegungsangebot in schöner, intakter Natur.
	■ Betriebe, die unter dem Titel „Schlank & schön" agieren, müssen bestimmte Standards erfüllen.

5.2 Trends in der Gastronomie

Hausmannskost mit modernem Touch	■ Ländliche Speisen sind wieder gefragt. Qualität spielt eine große Rolle.
Gesunde Kost	■ Der Gast will wissen, was er isst und woher es kommt.
Alles auf einmal	■ Der Gast verhält sich je nach Situation, Lust und Laune unterschiedlich, d. h., er kann mittags schnell einen Hamburger zu sich nehmen und abends Austern essen.
Gesellschaft	■ Motive wie gut essen und trinken, Leute treffen, sehen und gesehen werden beleben die Szenelokale, Beisel, Pubs, In-Cafés, Gastgärten, Clubs etc. und gewinnen stark an Beliebtheit.
Home Delivery und Take-away-Food	■ Speisen, die zugestellt oder mitgenommen werden können, werden immer beliebter, z. B. Pizza.
Ethnoküche	■ Sie wird gerne in künstlichen „Abenteuerarealen" angeboten. In manchen Restaurants hat man die Wahl zwischen einem Tropenparadies, einer Dschungelhütte und einem Beduinenzelt.
Erlebnisgastronomie	■ Der Gast sucht ein Lokal mit einer bestimmten Note, wo der Geschmack, der Duft, das Ambiente, die Musik etc. ihn in eine andere Welt versetzen.
Kleine Genüsse zwischendurch	■ Außergewöhnliche Desserts, ausgefallene Aperitifs etc. werden immer beliebter, sind verkaufsfördernd, da sie einen Zusatzverkauf ermöglichen.
Systemgastronomie	■ Burger, Pizza und Sandwiches etc. werden längst nicht mehr nur von Jugendlichen, sondern auch im Büro etc. konsumiert (siehe auch S. 87).

Angebote der Systemgastronomie werden nicht nur von Jugendlichen geschätzt

Daraus lässt sich ableiten, dass folgende Kategorien in der Gastronomie erfolgreich sind:
■ Kleine Spezialisten
■ Fast-Food-Betriebe
■ Systemgastronomie (Mengenanbieter mit Standardqualität)
■ Erlebnisorientierte Betriebsformen
■ Hauszustellung, Partyservice
■ Autobahnrestaurants
■ Kommunikationsgastronomie (Beisel, Kneipen etc.)

Die 50-plus-Generation ist sehr qualitätsbewusst

Chancen für den Tourismus in Österreich

- Qualitätstourismus: Vier- und Fünfsternebetriebe
- Profil- und Erlebnisgastronomie forcieren
- Sensibilisiertes Umweltbewusstsein zeigen: Ökotourismus, Achtung auf Herkunft und Qualität der Lebensmittel; österreichisches Umweltzeichen
- Profilierte Vernetzung der Tourismusregionen: Gäste- oder Familycards

Zielgruppengerechte Angebote

- Kultur und Bildung
- Jugendprogramme
- Angebote für die 50-plus-Generation
- Erlebnis, Vergnügen, Highlights, Events ...
- Gesundheit, Fitness, Sport ...
- Animation
- Systemgastronomie und Gourmetlokale
- Städtetourismus
- Geschäfts-, Seminar-, Kongress- und Incentivetourismus

? Arbeitsaufgaben

1. Zählen Sie einige Trends der Tourismus- und Freizeitwirtschaft auf.
2. Was verstehen Sie unter Kulturtourismus?
3. Welche Wellnessangebote kennen Sie in Ihrer Gegend?
4. Nennen Sie Trends im Gastgewerbe.
5. Worin bestehen die Chancen für den Tourismus in Österreich?

Verkehrseinrichtungen

Mobilität bestimmt immer mehr unseren Alltag – das Berufsleben, die Freizeitgestaltung und damit den gesamten Dienstleistungssektor. Ein gut funktionierendes Verkehrssystem ist daher von großer Bedeutung.

Österreich hat durch seine besondere Lage in Europa seit jeher eine große verkehrstechnische Bedeutung. Nicht zufällig also kreuzten sich hier die ältesten Handelsstraßen des Kontinents (Bernsteinstraße, Donaustraße), um die günstigsten Verbindungen nach allen vier Himmelsrichtungen zu schaffen. Das hat Österreich zu einem wichtigen Durchzugsland gemacht.

Das größte Verkehrshindernis zwischen den nördlich und den südlich gelegenen Ländern waren immer die Alpen. Diese zu überqueren, blieb lange Zeit ein anstrengendes und gefahrvolles Unternehmen. Erst ab der Mitte des 19. Jahrhunderts gelang durch die Entwicklung der Eisenbahn und durch die Erfindung des Autos die rasche und bequeme Überquerung der Alpen. Im Zeitalter des Massenverkehrs wurde Österreich zu einem der wichtigsten europäischen Verkehrsknotenpunkte. Diese exponierte Lage ist für Österreich zu einem großen Problem geworden.

 Wussten Sie, dass ...
die Brennerroute die älteste über die Alpen führende Route ist? Schon die Römer nutzten sie als Verbindung von Italien in die Gebiete nördlich der Alpen.

✏ Bezeichnen Sie in der Skizze die ältesten Handelsstraßen des Kontinents, die durch Österreich führten.

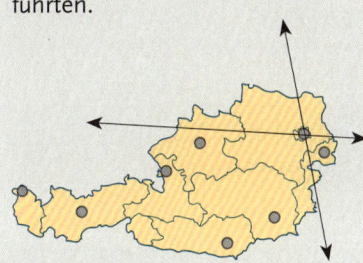

 Unsere Ziele

Nach Bearbeitung dieses Kapitels werden Sie

- die vier Verkehrsträger nennen und beschreiben können;
- den Begriff „Transit" erklären können;
- die Straßentypen nach Merkmalen unterscheiden können;
- die Zugarten kennen und beschreiben können;
- die österreichischen Fluglinien aufzählen können;
- die österreichischen Flughäfen nennen können und
- die beiden Arten der Personenschifffahrt skizzieren können.

Diskutieren Sie die Situation von Österreich als Transitland im Herzen Europas. Wer hat Interesse am Transitverkehr, wer spürt die negativen Auswirkungen?

Setzen Sie die richtige Routenbezeichnung ein:

Passau – Salzburg – Linz – Wien – Slowakei oder Ungarn:

Tschechien – Wien – Graz – Villach – Italien:

Tschechien – Linz – Graz – Slowenien:

Deutschland – Salzburg – Villach – Slowenien

Deutschland – Wörgl – Innsbruck – Italien

Innsbruck – Feldkirch – Bregenz – Schweiz

1 Transitland Österreich

Transitverkehr

Unter Transitverkehr versteht man jenen Verkehr, der durch ein Staatsgebiet führt. Beginn und Ziel der Fahrt liegen außerhalb dieses Staatsgebiets, die Fahrt wird im Transitland nur kurz unterbrochen. Als Transit wird z. B. auch die Urlaubsfahrt eines Linzers nach Italien für die Länder Bayern und Tirol, die passiert werden, bezeichnet.

Der Transitverkehr setzt sich aus den Komponenten **Gütertransit** und **Personentransit** zusammen.

Transitverkehr an sich ist nicht grundsätzlich negativ. Er bietet die **Existenzgrundlage** für viele selbstständig und unselbstständig Erwerbstätige, z. B. Gütertransport- und Reiseunternehmen sowie Tankstellen- und Raststättenbetreiber entlag der Transitrouten.

Österreich gilt wie die Schweiz und Frankreich als klassisches Transitland. Im Wesentlichen konzentriert sich der Verkehr auf die Hauptrouten und Hauptverkehrsknotenpunkte des Bundesgebietes.

Exkurs – Verkehrsprobleme in Österreich

In den 1960er-Jahren wurde der Ausbau von Straßen enorm vorangetrieben. Die beste Lösung für die individuellen Verkehrsbedürfnisse schien das Auto zu sein. Die negativen Auswirkungen auf die Umwelt durch den Schadstoffausstoß, durch den Lärm sowie die Eingriffe in die Natur durch den fortschreitenden Ausbau von Straßen werden immer noch in Kauf genommen.

Die zunehmende Nachfrage im europäischen Wirtschaftsraum nach Verkehrsleistungen sowohl in der Personen- als auch in der Güterbeförderung sowie die steigende Tendenz des Freizeitverkehrs verlangen nach neuen verkehrspolitischen Lösungen, an denen alle EU-Mitgliedsstaaten mitarbeiten müssen.

Eine wirkungsvolle Verkehrspolitik und -planung kann sich nicht auf eine isolierte Betrachtung einzelner Verkehrsträger beschränken. Nur ein sinnvolles Miteinander der Verkehrsträger vermag die anstehenden Probleme zu lösen.

Transitrouten

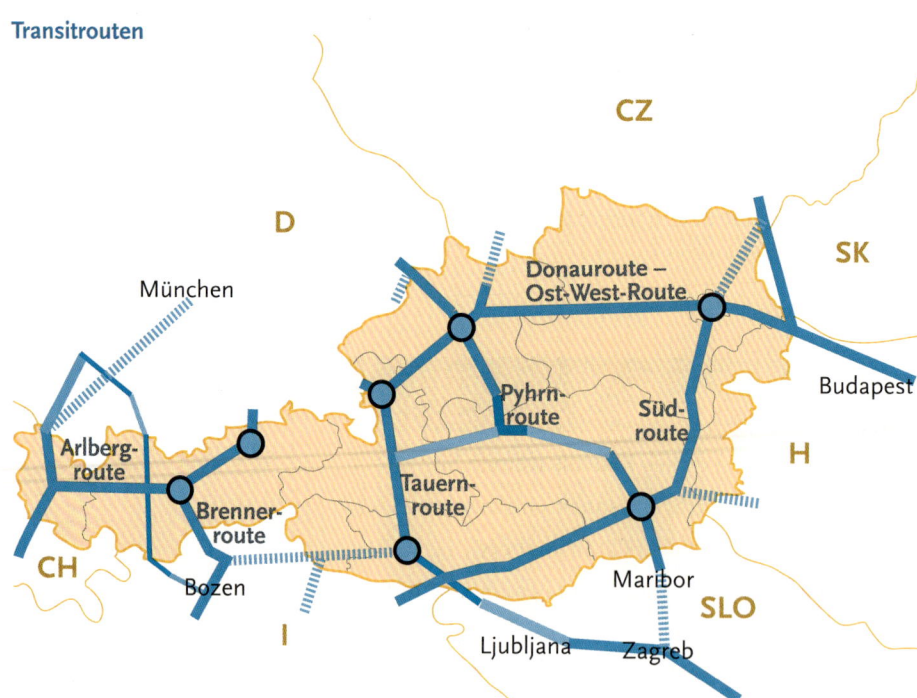

Verkehrsbewegungen an österreichischen Mautstellen von 1985–2002 in Mio.

	1985	1990	1995	2000	2002
A 13 Brennerautobahn	7,83	9,19	11,35	13,68	14,97
S 16 Arlbergschnellstraße	1,17	1,84	2,33	2,18	2,21
A 10 Tauernautobahn	3,68	4,79	4,73	5,77	6,18
A 9 Pyhrnautobahn	3,39	5,008	5,16	7,81	8,47
A 11 Karawankenautobahn	–	–	0,70	0,96	1,07
B 108 Felbertauernstraße	–	1,18	1,15	1,20	1,27

A 11: nur in Richtung Slowenien, Anteil inkl. Wohnmobile; B 108: Anteil ohne Busse
Quelle: Statisktik Austria

Bestand an KFZ

In 1 000	1992	1997	2002	2007
PKW	3 244	3 783	3 987	4 245
Busse	9	10	9	9
LKW	269	301	320	354
Zugmaschinen, Traktoren	396	426	436	450
Kleinmotorräder, Motorräder	527	576	597	667

Straßenverkehrsunfälle mit Personenschaden

Gesamt	44 730	39 695	31 426	41 096
Verunglückte Personen	58 876	52 696	41 785	53 902
Davon tödlich verletzt	1 256	1 105	715	691

Quelle: Statistik Austria

Gründe für den sagenhaften Anstieg des Verkehrs

- Wirtschaftswachstum, gestiegener Wohlstand.
- Errichtung eines gemeinsamen Marktes in Europa (EU, EWR).
- Handelserleichterungen und Förderungen des internationalen Handels durch die EU und die Währungsunion.
- Ausbau des Verkehrsnetzes im Bereich der Autobahnen in Österreich, Deutschland, Italien und Slowenien.
- Arbeitseinteilung bei der Produktion hochwertiger Konsumgüter und damit verbunden hohe Transportleistungen.
- EU-Osterweiterung.

Mehr als 60 Millionen Tonnen Transitgüter und der gesamte Urlauberverkehr bewegen sich Jahr für Jahr über die Alpen. Während jedoch der Anteil der Schweiz und Frankreichs zusammen bei rund 50 % liegt, nimmt Österreich allein die Hälfte des gesamten europäischen Gütertransits auf. Beim Straßenanteil sind es sogar 55 %. Darüber hinaus bewegen sich noch ungefähr 115 Millionen Transitreisende durch Österreich.

Mögliche Maßnahmen gegen eine zu hohe Transitbelastung

Anzustreben ist eine Lösung, die den Erfordernissen des Transitverkehrs ebenso Rechnung trägt wie der Lebensqualität der durch den Verkehr Betroffenen. Ein Lösungsansatz kann auf längere Sicht nur eine Infrastrukturpolitik sein, die auf eine Entflechtung der Verkehrswege ausgerichtet ist. Für ein Tourismusland wie Österreich ist es unumgänglich, dass die Natur – unser wichtigstes Tourismuskapital – nicht zerstört wird.

Beförderte Personen, gegliedert nach Verkehrsträgern für die Jahre 2003–2007

Jahr	Verkehrsträger (beförderte Personen in 1 000)		
	Straße	Schiene	Luft
	Österr. Omnibusunternehmen	ÖBB und Privatbahnen	Kommerzielle Luftfahrt
2003	213 500	183 700*	16 527
2004	240 100	217 300	19 057
2005	225 505	221 600	20 423
2006	211 100	225 900	21 611
2007		230 400	23 753

*nur ÖBB

Quelle: Statistik Austria; BMVIT; ÖBB, ÖBB-Postbus GmbH

Der Güterverkehr nimmt zu und stellt eine große Herausforderung für die Verkehrspolitik dar

(?) Arbeitsaufgaben

1. Welche Transitstraßen sind für Ihr Bundesland von Bedeutung?
2. Erklären Sie den Begriff Transit.
3. Geben Sie Gründe für den Anstieg des Transits an.
4. Welche Strecken sind Ihrer Meinung nach überlastet? Skizzieren Sie die Strecken.

Autobahngebühren in Europa
(Einzelmautstrecken bzw. Jahresvignetten)

	MAUT PÉAGE
Österreich	☑
Schweiz	☑
Bulgarien	☑
Frankreich	☑
Griechenland	☑
Italien	☑
Kroatien	☑
Mazedonien	☑
Portugal	☑
Slowenien	☑
Spanien	☑
Ungarn	☑
Slowakei	☑
Tschechien	☑

2 Straßenverkehr

Der größte Teil des Verkehrs bewegt sich nach wie vor auf dem Landweg. Das Auto ist das Verkehrsmittel Nummer eins – die Autos werden immer mehr.

Mögliche Gründe für die Zunahme des Autoverkehrs

■ Die rasch fortschreitende Arbeitsteilung,
■ die Belebung des Welthandels und
■ die EU-Osterweiterung.

Aufgrund der Oberflächengestaltung und der Bodenbeschaffenheit Österreichs sind oft sehr große Schwierigkeiten (Gebirgsregionen, Siedlungsräume) zu überwinden. Dazu kommen noch extreme klimatische Bedingungen und die kostspielige Erhaltung (Bauabschnitte im Gebirge, Frostaufbrüche).

Rund **109 000 Kilometer Straßennetz** – von der Autobahn bis zur Gemeindestraße – erschließen Österreichs Bundesgebiet. Dieses Straßennetz bildet eine wesentliche Grundlage für den österreichischen Tourismus, da der größte Teil unserer Gäste nach wie vor mit dem Auto unterwegs ist. Die Gäste erwarten beispielsweise bequeme Zufahrtsstraßen, ein entsprechendes Angebot an Panoramastraßen, aber auch Umfahrungen, die Ruhe am Urlaubsort garantieren und den Transitverkehr fernhalten.

Österreich hat eines der dichtesten **Autobahn- und Schnellstraßennetze** Europas, was dem Autofahrer viele Vorteile bringt, die Erhaltung allerdings kostspielig macht. Es ist daher verständlich, dass für gewisse Strecken Gebühren eingehoben werden, mit denen Hochleistungsstraßen erhalten und vorhandene Lücken geschlossen werden können. Mautgebühren werden von privaten Straßenerhaltern eingehoben.

Neben den bereits bestehenden **Mautgebühren** besteht in Österreich seit 1. Jänner 1997 die Vignettenpflicht auf Autobahnen und Schnellstraßen, für mautpflichtige Straßen gilt keine Vignettenpflicht.

Autobahnen und Schnellstraßen

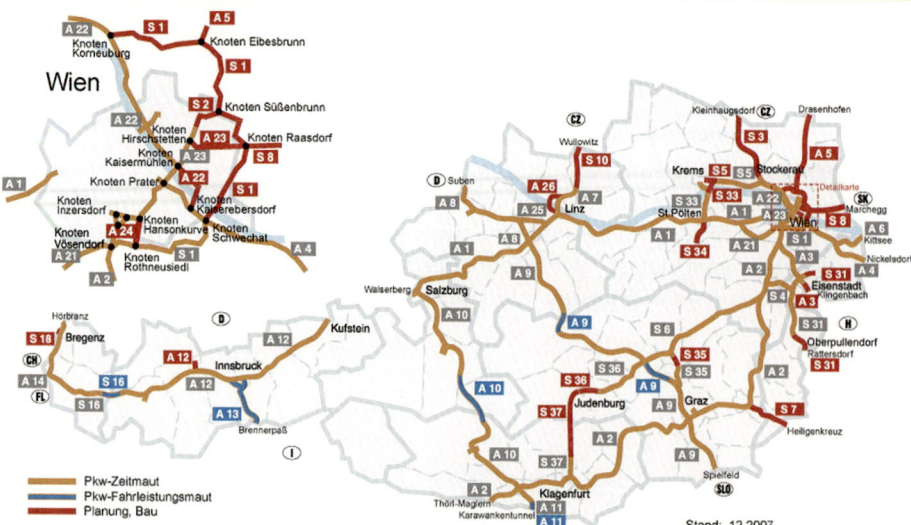

— Pkw-Zeitmaut
— Pkw-Fahrleistungsmaut
— Planung, Bau

Stand: 12.2007

Merkmale der Autobahnen (A)

- Kreuzungsfrei.
- Nicht alle Verkehrsteilnehmer dürfen auf Autobahnen fahren.
- Zugelassene Höchstgeschwindigkeit: 130 km/h.
- Vignettenpflicht.

Österreich hat folgende Autobahnen

A 1	Westautobahn	A 11	Karawankenautobahn
A 2	Südautobahn	A 12	Inntalautobahn
A 3	Südostautobahn	A 13	Brennerautobahn
A 4	Ostautobahn	A 14	Rheintalautobahn
A 6	Nordostautobahn	A 21	Wiener Außenringautobahn
A 7	Mühlkreisautobahn	A 22	Donauuferautobahn
A 8	Innkreisautobahn	A 23	Autobahn Südosttangente Wien
A 9	Pyhrnautobahn	A 25	Welser Autobahn
A 10	Tauernautobahn		

Merkmale der Schnellstraßen (S)

- Kreuzungsfrei.
- Nicht alle Verkehrsteilnehmer dürfen auf Schnellstraßen fahren.
- Zugelassene Höchstgeschwindigkeit: 100 km/h.
- Vignettenpflicht.

Schnellstraßen in Österreich

S 1	Wiener Außenring Schnellstraße	S 31	Burgenlandschnellstraße
S 2	Wiener Nordrand Schnellstraße	S 33	Kremser Schnellstraße
S 4	Mattersburger Schnellstraße	S 35	Brucker Schnellstraße
S 5	Stockerauer Schnellstraße	S 36	Murtalschnellstraße
S 6	Semmeringschnellstraße	S 37	Klagenfurter Schnellstraße
S 16	Arlbergschnellstraße		

Mermale der Bundesstraßen (B)

- Dienen dem Nah- und Fernverkehr.
- Zugelassene Höchstgeschwindigkeit: 100 km/h.

Merkmale der Europastraßen (E)

- Durchgehende Kontinentalwege.
- Laut internationaler Vereinbarung mit E bezeichnet.

Maut- und Passstraßen

Viele der reizvollen Landschaften Österreichs wurden mit eigenen Straßen erschlossen, die für den normalen Verkehrsbedarf nicht oder nicht in so aufwendiger Form nötig gewesen wären. Im touristischen Angebot sind sie aber ein unverzichtbarer Bestandteil. Für die Benützung wird daher auf vielen Panoramastraßen eine **Maut** eingehoben.

Auch hochfrequentierte Transitrouten sind mit Mautgebühren belegt, wie z. B. die Brennerautobahn, die Tauernautobahn oder Abschnitte der Pyhrnautobahn.

Autobahn-Jahresvignette

Korridorvignette

Im Jänner 2004 ist in Österreich die fahrleistungsabhängige Maut für alle Fahrzeuge über 3,5 Tonnen in Kraft getreten (Roadpricing).

Durch das eigens dafür errichtete Mautsystem werden alle Fahrzeuge elektronisch erfasst; der richtige Tarif kann ohne anzuhalten und ohne Geschwindigkeitsreduktion entrichtet werden.

Neben diesen automatischen Kontrollen gibt es auch Stichproben durch Mautaufseher.

Roadpricing

✏️ Unterstreichen Sie in der Tabelle die Passstraßen aus Ihrem Bundesland und suchen Sie diese auf der Landkarte.

Die Großglockner-Hochalpenstraße

Hochtannbergpass

Pass, Sattel	Bundesstraße	Berggruppe	Höhe über Meeresspiegel	Bundesland bzw. Nachbarland
Arlberg (Tunnel)	S 16	Arlberg	1 318	Vbg, Tirol
Arlberg	B 197	Arlberg	1793	Vbg, Tirol
Brennerpass	B 182	Zillertaler Alpen	1 374	Tirol, Italien
Bosrucktunnel	A 9	Ennstaler Alpen	742	OÖ, Stmk
Felbertauern (Tunnel)	B 108	Hohe Tauern	1 650	Sbg, Tirol
Fernpass	B 179	Lechtaler Alpen	1 216	Tirol
Flexenpass	B 198	Arlberg	1 773	Vbg
Gaberl	B 77	Stubalpe	1 547	Stmk
Gerlospass	B 165	Hohe Tauern	1 531	Sbg, Tirol
Gleinalmtunnel	A 9	Gleinalpe	804	Stmk
Großglocknerstraße, Hochtor	–	Hohe Tauern	2 504	Sbg, Ktn
Hochtannbergpass	B 200	Bregenzer Wald	1 676	Vbg, Tirol
Karawankentunnel	A 11	Karawanken	674	Ktn, Slowenien
Kärntner Seeberg	B 82	Karawanken	1 218	Ktn, Slowenien
Katschberg (Tunnel)	A 10	Ankogelgruppe	1 195	Sbg, Ktn
Katschberg	B 99	Ankogelgruppe	1 641	Sbg, Ktn
Loiblpass	B 91	Karawanken	1 068	Ktn, Slowenien
Pack	B 70	Packalpe	1 169	Stmk, Ktn
Pass Thurn	B 161	Kitzbühler Alpen	1 274	Sbg, Tirol
Perchauer Sattel	B 83	Seetaler Alpen	995	Stmk
Plöckenpass	B 110	Karnische Alpen	1 068	Ktn, Italien
Pötschenpass	B 145	Totes Gebirge	993	Stmk, OÖ
Präbichl	B 115	Eisenerzer Alpen	1 240	Stmk
Pyhrnpass	B 138	Bosruck	954	OÖ, Stmk
Radstädter Tauern	B 99	Radstädter Tauern	1 340	Sbg
Reschenpass	B 315	Rätische Alpen	1 504	Tirol, Italien
Semmering	B 316	Wechsel	984	NÖ, Stmk
Silvretta Hochalpenstraße	–	Silvretta – Bieler Höhe	2 036	Vbg, Tirol
Timmelsjoch	B 186	Ötztaler Alpen	2 474	Tirol, Italien
Triebener Tauern	B 114	Triebener Tauern	1 264	Stmk
Turracher Höhe	B 95	Gurktaler Alpen	1 720	Ktn
Wurzenpass	B 109	Karawanken	1 071	Ktn, Slowenien
Wechselpass	B 54	Wechsel	980	NÖ, Stmk
Zirlerberg	B 177	Karwendelgebirge	1 194	Tirol

Themenstraßen

Zunehmender touristischer Beliebtheit erfreuen sich sogenannte **Themenstraßen,** von denen es in Österreich mittlerweile eine nicht unbeträchtliche Anzahl gibt. Sie lassen sich zwei großen Themengruppen zuordnen. Fast zwei Drittel haben einen **kulinarischen Schwerpunkt** oder sie haben mit **Burgen und Schlössern sowie historischen Themen** wie Eisen-, Holz- oder Textilverarbeitung zu tun.

Themenstraßen bieten eine einmalige touristische Chance. Sie sind nicht nur eine Route mit sehenswerten Attraktionen, sondern bieten auch die Möglichkeit für eine nachhaltige Regionalentwicklung. Menschen, die in der Nähe einer Themenstraße leben und arbeiten, können mit den Besuchern in Kontakt treten. Das gemeinsame Ziel soll in der Weiterentwicklung und der touristischen Vermarktung einer ganzen Region liegen.

Die Schilcher Weinstraße in Deutschlandsberg

Themenstraßen	
Weinstraßen	■ **Steiermark:** Südsteirische Weinstraße, Klapotetz Weinstraße, Sausaler Weinstraße, Schilcher Weinstraße, Klöcher Weinstraße, Thermenland Weinstraße. ■ **Niederösterreich:** Weinstraße Weinviertel, Weinstraße Niederösterreich (umfasst die Weinbaugebiete Wachau, Traisental, Kremstal, Kamptal, Wagram, Carnuntum, Thermenregion). ■ **Burgenland:** Seewinkel-Weinstraße, Neusiedlersee-Weinstraße.
Romantikstraße	Führt von Salzburg über Oberösterreich und Niederösterreich nach Wien.
Eisenstraße	Führt durch Oberösterreich, Niederösterreich und die Steiermark.
Märchenschlossstraße	Führt durch Niederösterreich.
Nibelungenstraße	Führt durch Oberösterreich und Niederösterreich.
Schlösserstraße	Führt durch die Steiermark und das Burgenland.
Apfel-, Holz- und Blumenstraße	Führen durch die Steiermark.
Käsestraße Bregenzer Wald	Führt durch Vorarlberg.

Burg Lockenhaus im Burgenland liegt an der Schlösserstraße

? Arbeitsaufgaben

1. Nennen Sie die vier wichtigsten Straßentypen und beschreiben Sie die Merkmale.

2. Welche Autobahnen bzw. Schnellstraßen durchqueren Ihr Bundesland?

3. Suchen Sie auf einer Straßenkarte drei Europastraßen, die durch Österreich führen.

4. Planen Sie mit Ihrer Banknachbarin/Ihrem Banknachbarn eine Fahrt über eine Themenstraße in Österreich und skizzieren Sie den Streckenverlauf.

Nach Bearbeitung dieses Kapitelabschnittes werden Sie

- die wichtigen Bahnlinien nennen und ihren Streckenverlauf kurz beschreiben können;
- vier Zugarten aufzählen und erklären können;
- einige Leistungsangebote der Bahn beschreiben können.

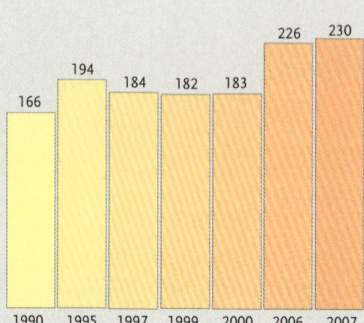

Fahrgäste der Bahn;
Angaben in Millionen Personen

Magistrale (lat. magis „groß") = Hauptverkehrslinie einer Region oder eines mehrere Staaten umfassenden Gebiets.

Die österreichischen Bahnverbindungen werden zu einem Hochleistungsnetz ausgebaut

3   Bahnverkehr

Seriöse Prognosen zeichnen für die Verkehrsströme ein klares Bild: Steigerung der Beförderungsmengen.

Unter diesem Aspekt kommt dem forcierten Ausbau der Schienenkapazität national und europaweit ein besonders hoher Stellenwert zu mit dem gemeinsamen Ziel einer effizienten und durchgängigen Eisenbahninfrastruktur.

Europäisches Eisenbahnnetz mit den Österreich durchquerenden Achsen

Quelle: Österreichs Wirtschaft im Überblick

Im EU-Beitrittsvertrag und in einer Reihe weiterer nationaler Übereinkommen hat sich Österreich verpflichtet, umfangreiche Investitionen im Bereich Schiene zu tätigen und sein Bahnnetz zu einem Hochleistungsnetz auszubauen. So hat z. B. der Ausbau der Westbahn aufgrund ihrer europaweiten Bedeutung für die Güter- und Personenbeförderung allerhöchste Priorität. Sie ist Teil der Donauachse und verbindet als bedeutende Magistrale die westeuropäischen Wirtschaftsräume.

Weitere Maßnahmen wurden zur Verbesserung des Leistungsangebotes vorgeschlagen

- Zusätzlicher Streckenausbau: Semmeringbahn, Tauernbahn, Brennerbahn mit Brenner-Basistunnel, Arlbergbahn, Pyhrnbahn.
- Ausbau der Personenbahnhöfe im Rahmen der Bahnhofsoffensive zu Informations- und Servicezentren: z. B. Bahn-Total-Service, Fahrkartenreservierung, Park and Rail, Parkgaragen, Gepäckservice.
- Errichtung von weiteren Güterterminals für den kombinierten Verkehr.
- Beschaffung von modernsten Waggons und Hochleistungslokomotiven.

3.1 Das österreichische Eisenbahnnetz

Das Gesamtstreckenangebot weist eine Länge von etwa 6 000 km auf. Nahverkehrslinien und Schnellbahnsysteme in Ballungszentren haben gute Chancen im Vergleich mit dem privaten PKW, der fast täglich im Stau der Städte stecken bleibt.

Die wichtigsten Bahnen in Österreich

····· Koralmbahn (Inbetriebnahme 2018)

Fahrplanauskunft im Internet

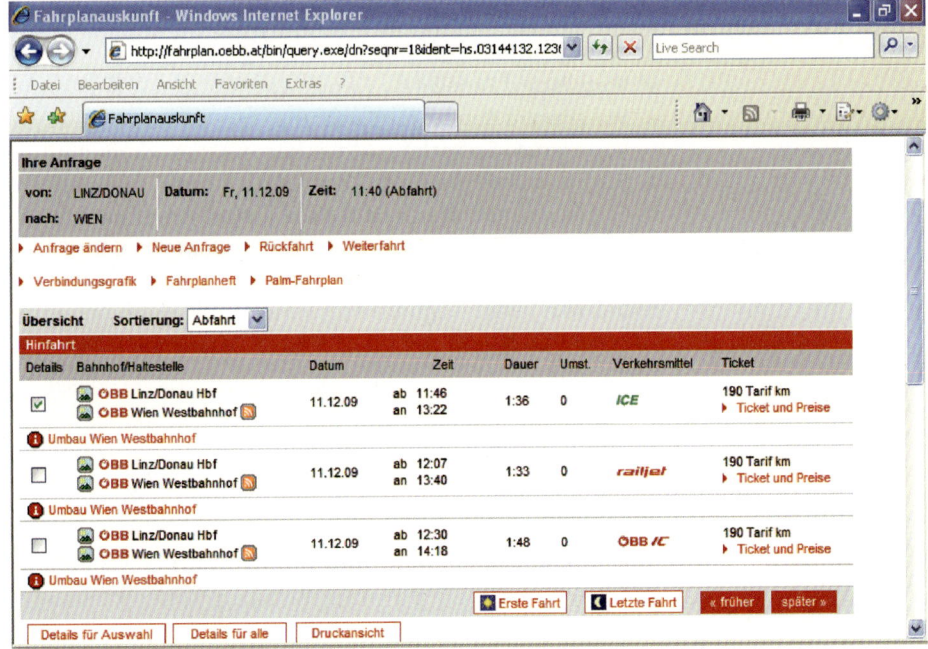

Verkehrsverbünde für den Nahverkehr

Speziell für Fahrten im Kurzstreckenbereich und im Nahbereich von Städten, aber auch für Fahrten mit einem Verkehrsmittelwechsel auf ein und derselben Strecke sind österreichweit Verkehrsverbünde eingerichtet worden, die eine Zusammenfassung der unterschiedlichen Tarife und eine bessere Fahrplankoordination der einzelnen Verkehrsträger bewirken.

Die wichtigsten Bahnlinien

1 Westbahn
2 Südbahn
3 Ostbahn
4 Nordbahn
5 Franz-Josephs-Bahn
6 Tauernbahn
7 Ennstalbahn
8 Pyhrnbahn
9 Salzkammergutbahn
10 Brennerbahn
11 Mittenwaldbahn

✎ Nummerieren Sie in der Grafik die Strecken.

ÖBB
http://fahrplan.oebb.at

Weitere Bahnbetreiber

www.montafonerbahn.at
www.zillertalbahn.at
www.ivb.at (Stubaitalbahn)
www.stlb.at (Steiermärkische Landesbahnen)
www.steiermarkbahn.at
www.gkb.at (Graz-Köflacher Bahn)
www.wlb.at (Wiener Lokalbahnen)
www.stern-verkehr.at (Linzer Lokalbahn)
www.gysev.hu (Raaberbahn)

✎ Tragen Sie hier die genaue Bezeichnung des Verkehrsverbundes Ihrer Region ein.

www.oebb.at/pv
(pv steht für Personenverkehr)

Der ICE ist ein Hochgeschwin-
digkeitszug, der den Reisenden
hohen Komfort bietet

VORTEILScard
CLASSIC
Martina Musterfrau
gültig bis 13/11/2011 A

Viele zusätzliche Leistungen
ermöglichen Zugreisenden eine
angenehme Fahrt

Zugarten im Überblick	
ÖBB Euro City ÖBB Inter City	Züge mit höchster Qualität in Ausstattung und Service: Businessabteil in der 1. Klasse, hoher Sitzkomfort, Stromanschlüsse, Speisen- und Getränkeservice, Speisewagen (nur im ÖBB Euro City), Tageszeitungen, Damenabteil.
ICE	Hochgeschwindigkeitszug mit hohem Reisekomfort: Stromanschlüsse, Leselicht, bordeigenes Bistro oder Restaurant; attraktive Verbindungen ins Ausland.
EC	Europaweit standardisierter Qualitätszug im Fernverkehr mit den kürzestmöglichen Fahrzeiten; Speisewagen.
IC	Nationaler Taktzug zwischen großen Städten und Touristikzentren; kurze Fahrzeiten; Service in der 1. Klasse wie beim ÖBB Eurocity.
EuroNight-Zug	Zweckmäßig ausgestatteter Zug für den Fernverkehr: zeitsparende internationale Nachtverbindung mit speziellen Leistungen (Frühstück, Weckdienst, Übernahme der Grenzformalitäten).
ÖBB railjet	Neuester Hochgeschwindigkeitszug mit modernster Ausstattung und höchstem Komfort.
Nahverkehrszüge	Züge mit offener, großzügiger Innenraumgestaltung; Fahrradtransport möglich; teilweise barrierefreier Einstieg und behindertengerechte Toiletteanlagen; teilweise Haltewunschtasten.

Zusätzliche Leistungsangebote der Bahn (Auswahl)	
Fahrpreisermäßigung	■ **Vorteilscard Classic:** für alle Altersgruppen, ■ **Vorteilscard <26:** für Personen unter 26 Jahre, ■ **Vorteilscard Familie:** für Familien, ■ **Vorteilscard Senior:** für Senioren, ■ **Vorteilscard Spezial:** für Menschen mit Behinderung, ■ **Businesscard:** spezielles Angebot für Firmen. ■ **Schulcard:** günstiges Bahnreisen für alle österreichischen Schulen und Jugendorganisationen; Buchung über Internet. Darüber hinaus gibt es weitere Angebote, wie z. B. Österreichcards, Vergünstigungen für Pendler, Freizeittickets, Gruppentickets u. Ä.
Autoreisezug	Der Zug führt Wagen für die Beförderung von Autos. Der/ die Reisende kann Staus und Kolonnenfahrten ausweichen, ist witterungsunabhängig und hat am Zielort wieder den PKW zur Verfügung. Für Nachtfahrten gibt es Schlaf- und Liegewagen für die Reisenden.
Autoschleuse Tauernbahn	Ist eine staufreie Verbindung durch den Tauerntunnel zwischen dem Gasteinertal in Salzburg und dem Mölltal in Kärnten.
Schlafwagen, Liegewagen	Die Schlafwagen der ÖBB verfügen über ein bis vier Betten pro Abteil. Liegewagenabteile bieten vier bis sechs Liegeplätze.
Speisewagen	Speisewagen werden nur in bestimmten Zugkategorien mitgeführt. Eine Sitzplatzreservierung ist online möglich.
Gepäckservice	Auf Bestellung wird das Gepäck von zu Hause abgeholt und direkt zum Reiseziel gebracht. Auf allen größeren Bahnhöfen stehen Schließfächer zur Gepäckaufbewahrung bereit.
Fahrradtransport	Sowohl im Inland als auch im grenzüberschreitenden Verkehr ist die Mitnahme von Fahrrädern möglich. Neben dem Erwerb einer Fahrradmitnahmekarte ist für viele Züge auch eine Vorreservierung empfehlenswert.

Reservierungen	Platzreservierungsmöglichkeiten gibt es für Sitzplätze (auch für Gruppen), Liegewagen- und Schlafwagenplätze sowie Speisewagenplätze.
Spezialwagen	Manche Wagen sind mit Spezialabteils ausgestattet, wie z. B. Kinderspielabteil, Kleinkindabteil, Damenabteil, Businessabteil. Ein eigener Konferenz- und Eventwagen erlaubt die Durchführung von Events, Meetings und Konferenzen während der Reise.
ÖBB-Postbus	Ist ein Tochterunternehmen der ÖBB, das österreichweit flächendeckend einen Buslinienverkehr betreibt. Darüber hinaus werden auch Ausflugsfahrten angeboten.
Service für Menschen mit Behinderung	Vorteilscard Spezial zum Spezialpreis; eigenes Callcenter für Organisation von Ticketkauf, Reservierungen, Gepäcktransport etc. Hebehilfen, Ein- und Ausstiegshilfen, behindertengerechte Toiletteanlagen etc.
Park & Ride Bike & Ride Park & Rail	Dies sind Angebote kostenloser Parkplätze und Fahrradstellplätze für Bahnkunden. Park & Rail sind kostengünstige Parkmöglichkeiten in Parkhäusern und Tiefgaragen in Wien, Graz, Salzburg und Linz.
Rail Tours Austria	Das ist die Bezeichnung für die ÖBB-Reisebüros. Die Angebote umfassen Bahnreisen, Hotelnächtigungen und sämtliche touristische Leistungen.

Die ÖBB-Postbusse decken mit ihren Leistungen österreichweit den Buslinienverkehr ab

3.2 Touristische Linien

Seit 1997 gibt es das Projekt „Erlebnis Bahn", dessen Konzept sich für den Tourismus sehr bewährt. Diese Bahnlinien werden großteils nur in den Sommermonaten befahren, teilweise auch nur an Wochenenden.

Bundesland	„Erlebnis Bahn"-Linien
Vorarlberg	Rheinuferbahn, Bregenzerwaldbahn.
Tirol	Achenseebahn (Zahnradbahn), Wachtl-Express.
Oberösterreich	Schafbergbahn (Zahnradbahn), Pöstlingbergbahn Linz, Steyrtalbahn.
Niederösterreich	Ybbstalbahn, Waldviertler Schmalspurbahn, Reblaus Express, Schneebergbahn (Zahnradbahn), Höllentalbahn.
Burgenland	Märchenbahn Großpetersdorf, Bahnlinie Oberwart-Oberschützen.
Steiermark	Museumstramway Mariazell – Erlaufsee, Erzbergbahn, Feistritztalbahn Weiz – Birkfeld, Stainzer Flascherlzug.
Kärnten	Taurachbahn, Nostalgiebahn im Rosental, Lavantblitz, Gurktalbahn, Höhenbahn Reißeck.

Bergbahnen in Österreich

Sie dienen der Erschließung der Bergwelt und machen sie dem Touristen zugänglich. Im Sommer sind sie Verkehrsmittel für Wanderer und Bergsteiger, im Winter leisten sie Zubringerdienste für Skifahrer.

Für die Bergbahnen gelten in Österreich die Sicherheitsbestimmungen des Eisenbahngesetzes, d. h., es findet mindestens einmal jährlich eine Überprüfung statt; eine Konzessionierung ist notwendig.

➡ Siehe dazu auch das Kapitel „Tourismus in den Bundesländern".

⬇

www.erlebnisbahn.at
www.achenseebahn.at
www.salzburg-ag.at (Schafbergbahn)
www.schneebergbahn.at
www.linzag.at (Pöstlingbergbahn)
www.maerchenbahn.at

💡 Welche Probleme bringt ein weiterer Ausbau der Bergbahnen mit sich?

🎯 Unsere Ziele

Nach Bearbeitung dieses Kapitelabschnittes werden Sie

- die wichtigsten österreichischen Fluglinien aufzählen können;

- die österreichischen Flughäfen kennen;

- einige ausländische Fluglinien aufzählen können;

- den Unterschied zwischen Linien- und Charterflug erklären können.

💡 Warum sind Fluglinien wichtige Werbeträger für ein Land?

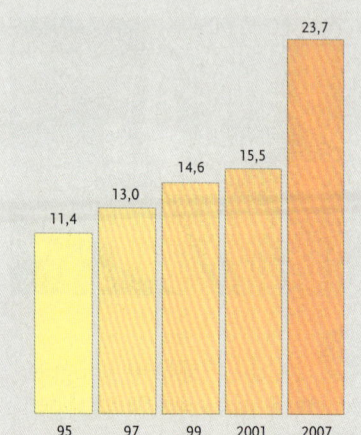

Fluggäste; Angaben in Millionen Personen

4 Flugverkehr

Für die Tourismusbranche ist der Flugverkehr von großer Bedeutung. Die Anzahl der Passagiere steigt. Auch der Anteil der Luftfracht steigt jährlich. Der Anteil des Flugverkehrs wird oft unterschätzt, weil er im Hinblick auf den starken Tourismusstrom, der über Schienen und Straßen abgewickelt wird, gering erscheint.

Die österreichischen Flughäfen mit den internationalen Kurzbezeichnungen und das Binnenflugnetz

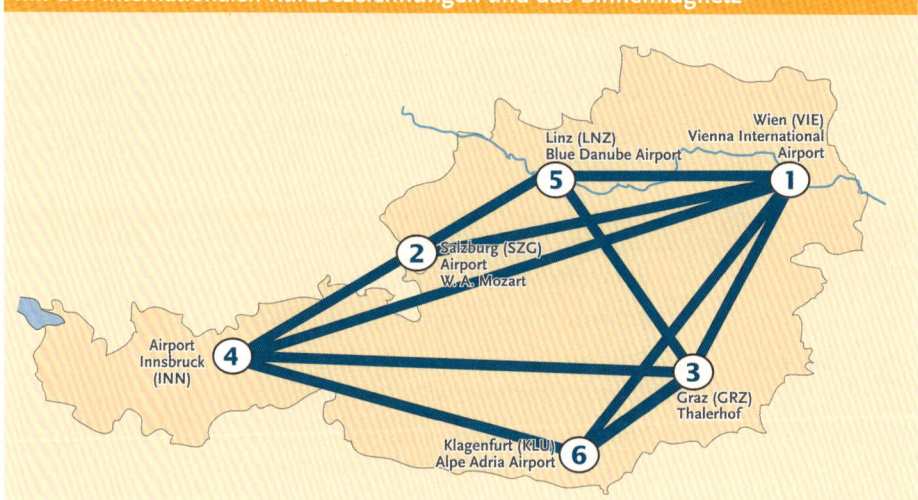

Der Flugverkehr wird in Österreich hauptsächlich von der Austrian Airlines Group durchgeführt.

- Austrian
- Austrian Arrows – operated by Tyrolean
- Lauda

Weiters gibt es noch

Fly Niki	Air Alps	Inter Sky
Robin Hood Aviation	Tyrolean Jet Services	Welcome Air

Der Binnenflugverkehr hat besondere Bedeutung für den **Geschäftsverkehr.** Daneben leisten die österreichischen Fluglinien wichtige **Zubringerdienste** für große internationale Flughäfen wie Frankfurt oder Zürich.

Seit dem Sommer 2003 präsentiert sich die **Austrian Airlines Group** neu am Markt. Den Kunden steht ein weltweites Netz von über 130 Liniendestinationen zur Verfügung. Austrian Airlines legt den Unternehmensschwerpunkt auf den Linienverkehr. Lauda bedient den touristischen Flugverkehr und Austrian Arrows konzentriert sich auf den Binnen- und Regionalverkehr. Diese Konzentration soll trotz harter Konkurrenz im internationalen Wettbewerb zu einer Ergebnisverbesserung beitragen.

Die **IATA** ist die weltweite internationale Vertretung der beteiligten Luftverkehrsgesellschaften mit 230 Mitgliedern. Ihre Aufgaben sind die Förderung der Zusammenarbeit zwischen den Luftverkehrsgesellschaften sowie die Vereinheitlichung von Beförderungstarifen und -bedingungen im internationalen Luftverkehr. Auch die österreichischen Fluglinien sind Mitglieder.

Ausschnitt aus dem Flugplan

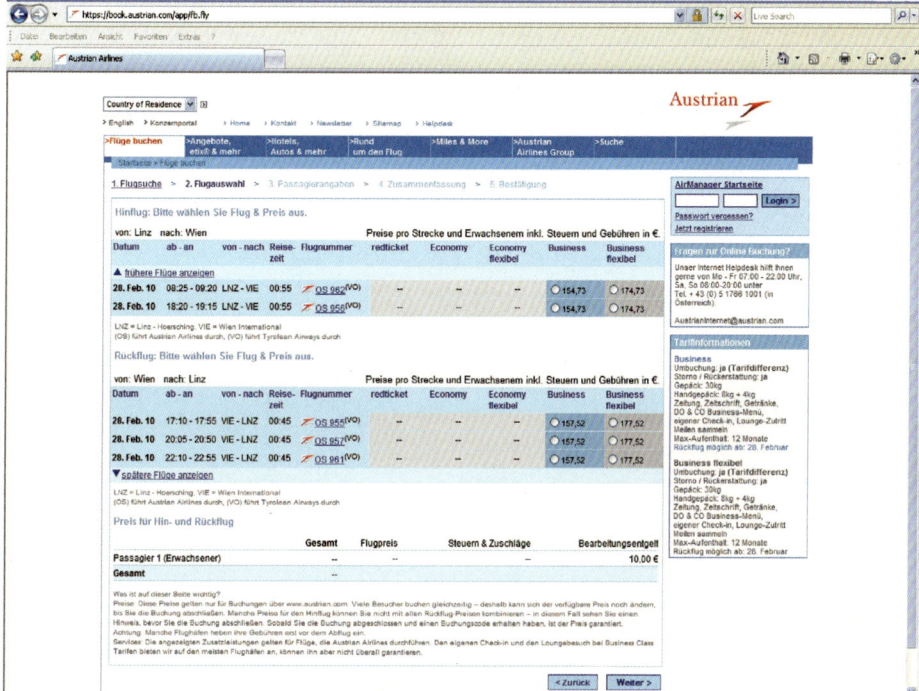

ⓘ Arbeitsaufgaben

1. Nachstehend finden Sie eine Auswahl der wichtigsten internationalen Fluglinien, die überwiegend der IATA angehören, und ihre Kurzbezeichnungen. Setzen Sie die dazugehörenden Länder ein!

Fluglinie	Land	Fluglinie	Land
Air France (AF)	Frankreich	Finnair (AY)	
Alitalia (AZ)		British Airways (BA)	
Iberia (IB)		KLM (KL)	
Czech Airlines (OK)		Lufthansa (LH)	
LOT (LO)		EL AL (LY)	
Malev (MA)		Air Canada (AC)	
Olympic Airways (OA)		Delta Airlines (DL)	
United Airlines (UA)		Tarom (RO)	
SAS (SK)		Luxair (LG)	
Swiss (LX)		Aeroflot (SU)	
TAP (TP)		Japan Airlines (JL)	

2. Wie heißen die österreichischen Fluglinien?
3. Suchen Sie aus dem Flugplan einen Nachmittagsflug nach New York.
4. Erklären Sie den Unterschied zwischen Linien- und Charterflug.
5. Schreiben Sie die Namen von zehn ausländischen Flughäfen auf.

Passagierzahlen 2007

Klagenfurt	470 147
Linz	773 114
Innsbruck	859 830
Graz	948 294
Salzburg	1,946 445
Wien	18,754 702
Gesamt	30,558 486

Aufkommen in An- und Abflügen sowie Transit; 2001 betrug die Zahl der Passagiere 15,471 631

Quelle: Statistik Austria

www.aua.com
www.flughafen-wien.at
www.laudaair.com
www.flyniki.at

Die Austrian Airlines Group gehört dem Star Alliance Network, der größten Airline-Allianz der Welt, an und kann dadurch noch bessere Flugverbindungen und komfortableres Reisen anbieten.

Weitere Mitglieder von Star Alliance:

- Air Canada
- Air China
- Air New Zealand
- ANA
- Asiana Airlines
- bmi
- Egypt Air
- LOT Polish Airlines
- Lufthansa
- Scandinavian Airlines
- Shanghai Airlines
- Singapore Airlines
- South African Airways
- Spanair
- Swiss
- Thai
- TAP Portugal
- Turkish Airlines
- United
- US Airways

Entwicklung des Güterverkehrs auf der Donau von 2003 bis 2007

Transportaufkommen in 1 000 Tonnen	
2003	10 737 (davon 920 Inlandverkehr)
2005	12 084 (davon 336 Inlandverkehr)
2007	12 107 (davon 972 Inlandverkehr)

Quelle: Statistik Austria

Donauschifffahrt

5   Schiffsverkehr

Die Schifffahrtswege sind in Österreich aufgrund der geografischen Lage (Binnenstaat, Gebirgsland) sehr eingeengt. Da es keinen direkten Zugang zum Meer gibt, beschränkt sich die Schifffahrt auf die größeren Flüsse, wie Donau oder Inn und auf die Binnenseen.

Mit der Fertigstellung des rund 170 km langen Rhein-Main-Donau-Kanals haben sich neue Dimensionen für die im Einzugsbereich des Donauraumes liegenden Bundesländer sowie für die österreichische Donauschifffahrt eröffnet.

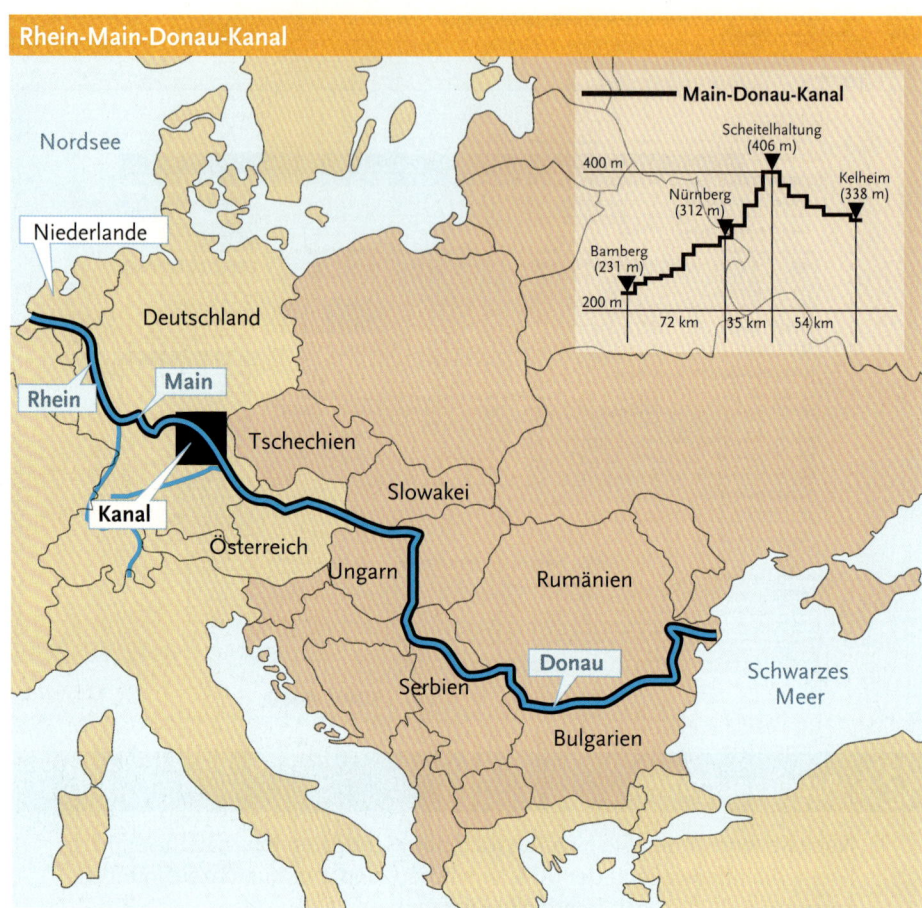

Rhein-Main-Donau-Kanal

Donauschifffahrt

Österreichs einzige Binnenwasserstraße ist die Donau, die bei uns in ihrer gesamten Länge befahrbar ist. Nach der Auflösung des Traditionsunternehmens DDSG wird nun die Personenschifffahrt von Privatunternehmen betrieben. Der Personenverkehr von Passau über Linz nach Wien wird vom Passauer Unternehmen Wurm + Köck durchgeführt, den Abschnitt Linz–Strudengau befährt die Donauschifffahrt Ardagger.

Die DDSG Blue Danube Schifffahrt GmbH befährt schwerpunktmäßig die Wachau zwischen Melk und Krems, verstärkt durch das Schifffahrtsunternehmen Brandner.

Blue Danube bedient weiters Linienfahrten in Wien und von Wien nach Bratislava und Budapest. Zusätzlich werden Themen- und Sonderfahrten angeboten.

Fahrplan

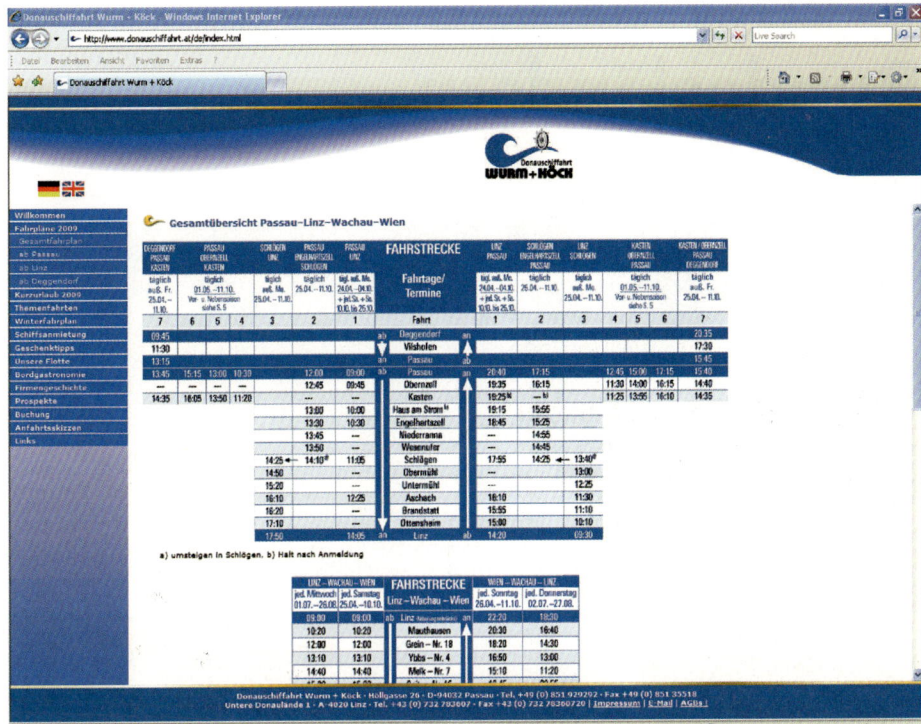

Fahrplanauskunft:

www.donauschiffahrt.com

Seenschifffahrt

Die Seenschifffahrt wird in Österreich nur während der Sommermonate fahrplanmäßig betrieben und dient hauptsächlich dem Ausflugsverkehr. In Österreich wird sie derzeit auf folgenden Seen betrieben:

- Vorarlberg: Bodensee
- Tirol: Achensee, Plansee
- Salzburg: Zeller See, Wolfgangsee
- Oberösterreich: Traunsee, Attersee, Mondsee, Wolfgangsee, Hallstätter See (ganzjährige Verbindung vom Bahnhof nach Hallstatt-Markt)
- Steiermark: Grundlsee
- Kärnten: Wörther See, Ossiacher See, Millstätter See, Weißensee
- Burgenland: Neusiedler See

Bei der Zahl der beförderten Personen liegen die Bundesländer Kärnten und Oberösterreich an der Spitze.

Traunseeschifffahrt

? Arbeitsaufgaben

1. Planen Sie für eine Familie eine Ausflugsfahrt, die mit einer Schifffahrt kombiniert ist.

2. Nennen Sie Beispiele für die Ausflugsschifffahrt in Ihrer Region.

3. Stellen Sie die Anliegen des Naturschutzes den Interessen der Schifffahrt gegenüber.

4. Auf welchen Seen Ihres Bundeslandes gibt es eine Linienschifffahrt?

Tourismus in den Bundesländern

„Kultur ist das Herzstück unseres Landes. Österreichs Stärke ist der breite Spannungsbogen zwischen Tradition und Innovation, dem stimmig inspirierenden Nebeneinander von Musealem und Zeitgenössischem".

DR. PETRA STOLBA,
ÖSTERREICH WERBUNG

Das Bild zeigt das Mozartdenkmal im Wiener Burggarten.

 Website der Österreich Werbung: www.austria.info
Freizeit, Urlaub, Österreich:
www.cusoon.at
www.tiscover.at
www.urlaubsspezialisten.at
www.thermen.travel/

Die geografische Lage Österreichs bedingt unterschiedlichste Tourismusregionen. Auch innerhalb der einzelnen Bundesländer ergeben sich verschiedene für den Tourismus interessante Gebiete. Seen, Flüsse, Berge und die sie umgebenden Landschaften sind durch besondere Klimaverhältnisse geprägt und ermöglichen spezielle Tourismusangebote. Die Städte in den Bundesländern haben aufgrund ihrer Lage und ihrer historischen und wirtschaftlichen Entwicklung ihren Gästen ebenfalls Besonderes zu bieten.

Unsere Ziele

Nach Bearbeitung dieses Kapitels werden Sie

- die Tourismusgebiete Ihres Bundeslandes und die der anderen Bundesländer auf der Landkarte zeigen können;
- bekannte Tourismusorte Ihres Bundeslandes und die der anderen Bundesländer kurz beschreiben können;
- kulturelle Einrichtungen und Veranstaltungen, die in Ihrem Bundesland und in den anderen Bundesländern stattfinden, beschreiben können.

1 Vorarlberg

Vorarlberg, zwischen Bodensee und Arlberg gelegen, weist die größte Landschaftsvielfalt auf kleinstem Raum in den Ostalpen auf. Die Gäste schätzen die Kontraste von den mediterran anmutenden Ufern des Bodensees, über die sanften, üppig grünen Voralpen und Sonnenterrassen bis zu den imposanten Gipfeln der Hochgebirge um Arlberg und den Gletschern der Silvretta.

Vorarlberg verzeichnet jährlich über 8 Millionen Nächtigungen, wobei überschaubare Familienbetriebe und nicht internationale Hotelketten vorherrschen. Es ist ein weltoffenes Land mit einer regen Kulturszene, sowie Standort zahlreicher innovativer Unternehmen.

Größe: 2 601 km²
Hauptstadt: Bregenz

Vorarlberg-Tourismus
www.vorarlberg.travel.at
www.vorarlberg.com

Vorarlberg

Tragen Sie in diese Liste drei bekannte Sehenswürdigkeiten ein:

Die Pfänderbahn mit Blick über Bregenz

Regionen

Bodensee-Vorarlberg

- **Bregenz und Umgebung:** Landeshauptstadt von Vorarlberg. Ausgangspunkt von Ausflugs- und Kursschifffahrten auf dem Bodensee. Am Ufer steht das Festspiel- und Kongresshaus mit der vorgelagerten größten Seebühne der Welt (Bregenzer Festspiele); Spielcasino.
  - In der **Unterstadt** befinden sich das Theater am Kornmarkt, das Vorarlberger Landesmuseum, das Landestheater und das moderne Kunsthaus Bregenz. Der „Bregenzer Frühling" ist ein berühmtes Tanzfestival.
  - Sehenswürdigkeiten in der **Oberstadt:** Altes Rathaus (Fachwerkbau); Martinsturm – Wahrzeichen der Stadt mit der größten mit Schindeln bedeckten Zwiebelhaube Europas.
  - Zisterzienserkloster Mehrerau; Pfänder; Gebhartsberg (Wallfahrtskirche).
- **Dornbirn:** Größte Stadt Vorarlbergs, ist ein wirtschaftliches Zentrum der Region und ein bedeutender Messestandort. Sehenswert sind das „Rote Haus", ein Fachwerkbau aus dem Jahre 1639, die Stadtpfarrkirche St. Martin aus dem 19. Jahrhundert und im Stadtgarten die INATURA, eine Erlebnisausstellung über die Natur Vorarlbergs.
- **Ausflugsziele:** Rolls-Royce Museum im Gütle, Rappenlochschlucht, Bergdorf Ebnit, Bödele. **Hohenems:** ehemalige Rheintalresidenz; Renaissancepalast aus dem 16. Jh.; gemeinsam mit Schwarzenberg Veranstaltungsort der Schubertiade.
- **Feldkirch:** mittelalterliches Stadtbild mit engen Gassen, Laubengängen und gotischen Patrizierhäusern. Die Schattenburg oberhalb der Stadt ist die größte Burganlage Vorarlbergs.

Feldkirch

Schruns

Blick auf die Drei Türme im Montafon

💡 Das Wälderbähnle ist eine Schmalspurbahn.

Stuben am Arlberg

Alpenregion Bludenz

- **Bludenz** ist Mittelpunkt eines Fünf-Täler-Sterns mit Brandnertal, Walgau, Großem Walsertal, Klostertal und Montafon (siehe unten). Jeden Sommer findet in Bludenz ein großes Schokoladefest für Kinder statt.
- Im **Brandnertal** mit Bürserberg und Brand kommen Skifahrer, Naturgenießer und Familien auf ihre Rechnung.
- Der **Walgau** mit Nüziders eignet sich für einen gemütlichen Urlaub.
- Der **Biosphärenpark Großes Walsertal** trägt ein UNESCO-Gütesiegel und bietet zahlreiche Naturwunder. Orte: Fontanella, St. Gerold (Probstei).
- Das **Klostertal** ist das Tor zum Arlberg. Im Winter für Skifahrer, im Sommer für Camper und Wanderer ein geeignetes Ziel.

Montafon

Das Montafon ist ein Hochgebirgstal mit einer großartigen Infrastruktur für den Tourismus. Orte:
- **Schruns** mit Silbertal und Bartholomäberg.
- **Tschagguns** mit dem Aqua-Wanderweg und einer im Fels thronenden Wallfahrtskirche.
- **Gaschurn** ist Ausgangsort für das Wintersportgebiet „Silvretta Nova" und bietet mit dem „Mountain Beach" Österreichs größten Naturerlebnispark.
- **Partenen** liegt im Talschluss und ist Ausgangspunkt der Silvretta Hochalpenstraße.

Bregenzer Wald

Der Bregenzer Wald von Alberschwende bis Warth ist ein beliebtes Wander- und Skiparadies mit verschiedendsten interessanten Geländeformen. Orte:
- **Lingenau:** Kurzentrum; Gschwendtobelbrücke (die Holzbrücke von 1834 ist ein Meisterwerk der Zimmermannskunst; sie wurde nach Plänen von Alois Negrelli errichtet).
- **Schwarzenberg:** Hier findet alljährlich (gemeinsam mit Hohenems) die Schubertiade statt.
- **Bezau:** Ausgangspunkt der ehemaligen Bregenzerwaldbahn – heute Museumsbahn „Wälderbähnle".
- **Bizau:** längste Sommerrodelbahn der Welt; Betriebe an der „Käsestraße" laden zur Verkostung ein.

Kleines Walsertal

Es ist eines der reizvollsten und bekanntesten Gebirgstäler der Ostalpen und wird wegen seiner Schneesicherheit gerne zum Wintersport besucht. Es ist aufgrund seiner abgeschiedenen Lage nur über Deutschland erreichbar. Die Hauptorte sind Riezlern mit einem Spielcasino, Hirschegg und Mittelberg.

Arlberg

Das Gebiet ist eines der attraktivsten Wintersportzentren Österreichs, es ist mit zahlreichen Bergbahnen und Liften ausgestattet, die zum Teil auch im Sommer von Bergtouristen genutzt werden. Der Arlberg bildet eine Wasserscheide zwischen Rhein und Donau. Am Arlberg liegen auf Vorarlberger Seite die mondänen Wintersportorte **Lech** und **Zürs,** die von Stuben aus über die landschaftlich sehr eindrucksvolle Flexenstraße erreichbar sind.

❓ Arbeitsaufgaben

1. Nennen Sie mindestens fünf Tourismusgebiete in Vorarlberg.
2. Beschreiben Sie Winter- und Sommersportmöglichkeiten in Vorarlberg.
3. Beschreiben Sie drei kulturelle Einrichtungen Vorarlbergs.
4. Welche Tourismustrends zeichnen sich in Vorarlberg ab?

2 Tirol

Tirol ist Österreichs bedeutendstes Tourismusland. Ein Drittel aller Nächtigungen entfallen auf Tirol (42 Millionen). Neben dem Skilauf werden alle Wintersportarten angeboten. Auch im Sommer ist das Sport- und Freizeitangebot äußerst vielseitig.

Größe: 12 647 km²
Hauptstadt: Innsbruck

Tirol-Tourismus
www.tirol.at

Tirol

✏️ Tragen Sie in diese Liste drei bekannte Sehenswürdigkeiten ein:

Regionen

Innsbruck und Umgebung

Die Metropole Tirols liegt im Längstal des Inns am Schnittpunkt wichtiger Verkehrslinien von Deutschland nach Italien und von Wien in die Schweiz. Die umliegenden Berggipfel, das Stadtbild und ein reges Kulturleben machen Innsbruck zu einem Zentrum des Tourismus.

Innsbruck ist Wirtschaftsstandort, ist reich an Industrie und war in den Jahren 1964 und 1976 Olympiastadt. 2012 ist Innsbruck Austragungsort der ersten Winter-Jugend-Olympiade.

Innsbruck ist eine bedeutende Universitäts-, Messe- und Kongressstadt und bietet eine Vielfalt an Bildungs- und Kultureinrichtungen.

Sehenswürdigkeiten:

- **Altstadt mit dem Goldenen Dachl:** 15 Jh., spätgotischer Prunkerker mit feuervergoldeten Kupferschindeln. Unter Kaiser Maximilian als Zuschauerloge für die auf dem Platz stattfindenden Turniere und Schauspiele erbaut.
- **Dom zu St. Jakob:** Hochaltar mit einem Gnadenbild „Maria hilf" von Lucas Cranach d. Ä., 16. Jh. Beim Dom treffen zwei Varianten des österreichischen Jakobsweges zusammen.
- **Hofburg:** 14.Jh., Prunkzimmer, Fresken von Franz Anton Maulpertsch.
- **Hofkirche:** Im Volksmund „Schwarzmander" Kirche genannt, stammt aus dem 16. Jh. Mit dem (leeren) Grabmal Kaiser Maximilians I. ist es das größte Kaisergrab mit 28 überlebensgroßen Erzstatuen, den „schwarzen Mandern". Schmiedeeisengitter; Silberne Kapelle.
- **Annasäule:** 1703 zum Dank für den Abzug der bayrischen Truppen errichtet.
- **Hungerburg, Seegrube.**
- **Hafelekar:** Hier befindet sich der neu errichtete Nordpark, der erste Incity-Snowpark der Welt.
- **Alpenzoo** mit der Tierwelt des Alpenraums.

Südlich: Skisprungschanze am Bergisel – Vierschanzentournee; Renaissanceschloss Ambras. Igls: „Sonnenterrasse Innsbrucks"; Kongresspark; Patscherkofel. Axams: Wintersportgebiet „Axamer Lizum".

Östlich: Hall in Tirol mit seinem mittelalterlichen Stadtbild; Münzmuseum. Wattens: Swarowski Kristallwelten. Schwaz: Silberschaubergwerk.

Nordwestlich: Seefeld: mondäner Wintersportort. Er gehört mit seinem ausgedehnten Wintersportareal zu den meistbesuchten Orten des Bundeslandes. Exklusive Sportangebote begeistern auch den Sommergast.

Das Goldene Dachl in Innsbruck

💡 Abschnitte des Jakobsweges
- Salzburg-Bayern-Inntal-Route
- Osttirol-Pustertal-Brenner-Route

Westlich: Stams: Zisterzienserkloster; barocke Stiftskirche; Gruftkirche der Tiroler Fürsten; Skigymnasium. **Telfs:** größte Gemeinde im Oberinntal; „Schleicherlaufen" (Fastnachtsbrauch); Mieminger Plateau. **Imst:** erstes SOS Kinderdorf; Imster „Schemenlauf" (Fastnachtsbrauch). **Nassereith:** Sommererholungsort und Wintersportort; „Schellerlauf" (Maskenumzug im Fasching).

Außerfern

- Gebiet nördlich des Fernpasses. Es umfasst die Regionen **Zwischentoren** mit den Orten Ehrwald („Zugspitzdorf"), Lermoos und Berwang. Weiters **Reutte:** Hauptort und Verkehrsknotenpunkt; Burgruine Ehrenberg; Heiterwanger und Plansee.
- Das **obere Lechtal** mit zahlreichen fresken- und stuckgeschmückten Häusern mit dem Hauptort **Elbigenalp:** Schnitzschule.
- **Tannheimer Tal:** Alljährlich findet hier ein Ballonfestival statt. Hauptort: Tannheim: Haidensee; Vilsalpsee. Lech- und Tannheimer Tal zählen zu den schönsten Hochtälern Europas.
- Eine Besonderheit ist das Gemeindegebiet von **Jungholz,** das nur von Deutschland erreicht werden kann.

Arlberg (siehe auch S. 52)

Auf der Tiroler Seite des Arlbergs befinden sich die mondänen Wintersportorte **St. Christoph** (ehemaliges Hospiz) und **St. Anton** (gilt als Wiege des alpinen Skilaufs; Kandahar-Rennen; Skimuseum).

Paznauntal

Erstreckt sich von Landeck bis nach Galtür und wird von der Trisanna durchflossen. In der Nähe von Pians befinden sich Schloss Wiesberg und das Trisanna-Viadukt der Arlbergbahn. **Ischgl** ist der Hauptort und wird sowohl als Sommererholungsort als auch als Wintersportplatz („Silvretta-Ski-Arena") besucht. Von **Galtür,** einem schneesicheren Wintersportort, führt der Weg zur Silvretta Hochalpenstraße (siehe S. 52).

Landeck und Umgebung

- **Landeck:** Burg Landeck; Heimatmuseum; Burgruine Schrofenstein.
- **Serfaus:** Marienwallfahrtsort.
- **Nauders:** beliebter Ferienort; Schloss Naudersberg.
- Vom Finstermünzpass zweigt die Straße nach Samnaun, einem Zollfreigebiet auf Schweizer Gebiet ab.

Kaunertal

Rechtes Seitental des Oberinns mit dem Gepatschstausee; die Gletscherpanoramastraße führt zum **Gepatschferner,** dem zweitgrößten Gletscher der Ostalpen; Sommerskilauf.

Pitztal

Zwischen Kauner- und Ötztal gelegen. Orte: **St. Leonard** und **Mittelberg** mit Österreichs höchstgelegenem Gletscherskigebiet; Sommerskilauf.

Ötztal

Die Talstraße bietet einen eindrucksvollen Blick auf die Gipfel und Gletscher der Ötztaler Alpen. Vom Ende des Tals führt die **Timmelsjochstraße** nach Südtirol. Mit seiner hervorragenden Infrastruktur ist das Ötztal eine beliebte Ferienregion. Orte:
- **Ötz:** Piburger See.
- **Umhausen:** höchster Wasserfall Tirols – Stuibenfall.
- **Längenfeld:** Bade- und Wellnesslandschaft Aqua Dome.
- **Sölden:** Wildspitze; Sommerskilauf Rettenbach-Tiefenbach-Gletscher.
- **Obergurgl:** moderner Tourismusort.
- **Vent:** In der Nähe ist der Fundort des „Ötzi", einer mumifizierten Leiche aus der Jungsteinzeit (5 300 Jahre alt).

Im Außerfern unterscheidet man vier Regionen:
- Zwischentoren,
- Reutte.
- Oberes Lechtal,
- Thannerheimer Tal

💡 Durch den Arlberg verläuft ein Bahn- und Straßentunnel, der Tirol und Vorarlberg verbindet.

Über die Trisanna geht die den Taleingang überspannende Trisannabrücke, die für den Bahnverkehr gebaut wurde

Stubaital

Zweigt bei Schönberg von der Brennerstraße ab und führt in die Bergwelt der Stubaier Alpen. Ganzjahresskigebiet am Stubaier Gletscher. Orte:

- **Fulpmes:** Endstation der schmalspurigen Stubaitalbahn, bedeutende Kleineisenindustrie; Schmiedemuseum; erster Adventure Park Tirols (Waldhochseilpark).
- **Neustift:** touristisches Zentrum des Tales; Ganzjahresskigebiet.

Zillertal

Ist eine der beliebtesten Ferienregionen Österreichs. Die Zillertalbahn erschließt das Tal, Bergbahnen führen auf die umliegenden Höhen. Orte:

- **Zell am Ziller:** viele Brauchtumsveranstaltungen; Anfang Mai das Gauderfest mit Musik, Volkstanz, Preisrangeln, Widderstoßen; Wintersportzentrum „Zillertal-Arena".
- **Mayrhofen:** Kongressort; westlich des Ortes zweigt das Tuxertal ab, ein Luftkur- und Wintersportgebiet mit der Ortschaft Hintertux.
- **Hintertux:** Thermalquelle und Ganzjahresskigebiet am Hintertuxer Gletscher.

Der Hintertuxer Gletscher

Achental

Der Achensee, Tirols größter See, erinnert an einen norwegischen Fjord. Von Jenbach aus führt die älteste Zahnradbahn Europas zum See; Schifffahrt.
Pertisau: Luftkurort am südwestlichen Ufer; Steinöl-Schaubergwerk.

Der Achensee

Alpbachtal und Tiroler Seenland

- **Kramsach:** Museumsfriedhof, Hochseilgarten, Glasfachschule, Badeseen.
- **Rattenberg:** mittelalterliches Stadtbild, Schloss.
- **Reith:** Schloss Matzen, Burg Kropfsberg, Schloss Lichtwehr.
- **Alpbach:** Congress Centrum – Ort der Begegnung europäischer Denker: „Europäisches Forum Alpbach".

Region Kitzbühel

- **Brixental:** Hopfgarten, Kirchberg.
- **Region Wilder Kaiser:** Scheffau (Hintersteiner See), Ellmau, Going.
- **St. Johann:** Verkehrsknotenpunkt; Wintersportort.
- **Pillerseetal:** Waidring, Fieberbrunn, St. Ulrich.
- **Kitzbühel:** idyllisch gelegener, nobler Wintersportort; Spielcasino; Hahnenkammrennen; im Sommer Austrian Open (Tennis). **Sehenswürdigkeiten:** Katharinenkirche aus dem 14. Jh. mit spätgotischem Flügelaltar; Pfarrkirche St. Andreas, 15 Jh.; Heimatmuseum; Schaubergwerk Kupferplatte; Schloss Lebenberg; Schwarzsee (moorhaltiger Badesee).

Das Schloss Lebenberg

Osttirol

Osttirol hat keine direkte Verbindung (Grenze) zu Tirol (Nordtirol).

- Von Kitzbühel gelangt man über den Pass Thurn nach Mittersill und über die Felbertauernstraße (Tunnel) nach **Matrei,** das zwischen den höchsten Gipfeln Österreichs (Großvenediger und Großglockner) gelegen ist; Ausgangspunkt für Ausflüge in das Virgental (Wasserschaupfad Umbalfälle im Nationalpark Hohe Tauern).
- **Lienz:** „Sonnenstadt Tirols" am Zusammenfluss von Drau und Isel gelegen; Liebburg am Hauptplatz; im Schloss Bruck befindet sich das Heimatmuseum mit Werken von Albin Egger-Lienz und Franz Defregger.
- **Umgebung:** Aguntum (römische Ausgrabungen).
- **Westlich von Lienz** erstreckt sich das **Pustertal,** das nach Brixen in Südtirol führt.
- **Defereggental:** Wintersportgebiet; Hauptort: St. Jakob.

Die römische Siedlung Aguntum

Kufstein

Tiroler Grenzstadt mit der Feste Kufstein; Heldenorgel; Operettensommer in der Festungsarena; Riedl Glashütte.
Im Norden befindet sich ein Seengebiet mit dem Ort Thiersee: Passionsspiele (alle sechs Jahre) und Filmatelier; Museumsbahn nach Kiefersfelden.
Östlich von Kufstein befindet sich **Ebbs**: Haflingergestüt; Kaisertal.
Südlich liegen **Bad Häring** (Rehazentrum) und **Kundl** (internationales Jugendfilmfestival) sowie das Skigebiet **Wildschönau.**

Ferienregion Kaiserwinkl

Erl: Passionsspiele (alle fünf Jahre); Walchsee; Kössen.

? Arbeitsaufgaben

1. Nennen Sie mindestens fünf Tourismusgebiete in Tirol.
2. Beschreiben Sie Winter- und Sommersportmöglichkeiten in Tirol.
3. Beschreiben Sie drei kulturelle Einrichtungen Tirols.
4. Welche Tourismustrends zeichnen sich in Tirol ab?

Größe: 7 154 km²
Hauptstadt: Salzburg
Landesteile: Flachgau, Tennengau, Pongau, Pinzgau, Lungau

Salzburg-Tourismus
www.salzburgerland.com

Tragen Sie in diese Liste drei bekannte Sehenswürdigkeiten ein:

Die Festung Hohensalzburg

3 Salzburg

Wie alle alpinen Regionen ist auch Salzburg sowohl Winter- als auch Sommertourismusgebiet, wobei den Touristen neben den traditionellen Sportarten neue Formen von Sport- und Freizeitaktivitäten angeboten werden. Darüber hinaus hat das Land Salzburg, besonders die Landeshauptstadt, ein großes kulturelles Angebot.

Mit 25 Millionen Nächtigungen rangiert Salzburg österreichweit an zweiter Stelle.

Regionen

Flachgau: Stadt Salzburg und Umgebung

Die Landeshauptstadt Salzburg ist durch die jährlich im Sommer stattfindenden Salzburger Festspiele sowie die Oster- und Pfingstfestspiele weltbekannt. Salzburg ist UNESCO Weltkulturerbe, Universitäts- und Messestadt.

Sehenswürdigkeiten:

- **Dom:** Frühbarock; Dommuseum; vor dem Dom finden alljährlich die Aufführungen des „Jedermann" statt.
- **Kollegienkirche und Dreifaltigkeitskirche (Barock).**
- **Stift St. Peter,** 696 gegründet; ältestes Stift Österreichs; Friedhof.
- **Felsenreitschule; „Haus für Mozart"; Festspielhaus; Pferdeschwemme.**
- **Residenzplatz** mit Alter Residenz (Prunkräume), Neuer Residenz (Museum, Glockenspiel), barocker Brunnen aus Untersberger Marmor.
- **Getreidegasse** mit Mozarts Geburtshaus; altes Rathaus.
- **Festung Hohensalzburg** mit mittelalterlichen und barocken Wehrbauten.
- **Museen:** Haus der Natur; Museum der Moderne (Mönchsberg); Rupertinum; Hangar 7.
- **Schloss Mirabell:** Mirabellgarten; **Schloss Klessheim:** Spielcasino; **Lustschloss Hellbrunn:** Wasserspiele, mechanisches Theater, Tiergarten; **Schloss Anif:** romantischer Historismus; Rokokoschloss Leopoldskron.
- **Themenweg:** auf den Spuren der Trapp-Familie – „Sound of Music"; Rokokoschloss Leopoldskron (gehört zum Themenweg).
- **Maria Plain:** Wallfahrtskirche.
- **Gaisberg; Untersberg.**

- **Großgmain:** Salzburger Freilichtmuseum.
- **Oberndorf:** Hier entstand das Weihnachtslied „Stille Nacht".
- **Michaelbeuern:** Benediktinerabtei; barocke Klosterbibliothek.
- **Seengebiet:** Mattsee; Obertrumer See; Wallersee mit Henndorf: Gut Aiderbichl – gelebtes Symbol für aktiven Tierschutz. Weiters die zum Salzkammergut zählenden Seen Wolfgangsee mit St. Gilgen und Strobl sowie Fuschlsee.
- **Gebiet Gaißau-Hintersee:** Salzburgring (Auto- und Motorradrennen).

Tennengau

- **Hallein:** schöne Altstadt; Keltenmuseum.
- **Bad Dürrnberg:** Kurort; Salzbergwerk; Keltendorf.
- **Bad Vigaun:** Kur- und Rehazentrum.
- **Abtenau:** mit Postalm; Sommer- und Wintersportregion.

Pongau

- **Werfen:** Eisriesenwelt; Erlebnisburg Hohenwerfen.
- **Bischofshofen:** Austragungsort des Abschlussskispringens der Vierschanzentournee.
- **St. Johann:** Liechtensteinklamm.
- **Ski amadé:** Fünf Wintersportregionen (Hochkönig, Salzburger Sportwelt, Gastein, Großarltal, Schladming-Dachstein) mit 25 Orten, 860 Pistenkilometern und 270 Liftanlagen.
- **Obertauern:** Ski- und Wandergebiet.
- **Gasteiner Tal:** Bad Gastein und Bad Hofgastein sind berühmte Kur-, Kongress- und Wintersportzentren; Bad Gastein: Wasserfall; Felsentherme; Spielcasino; Heilstollen.

Der Salzburger Dom

Wolfgang Amadeus Mozart

Die Burg Hohenwerfen

Bad Gastein

Tauernkraftwerk – Talsperre Kaprun

Die Krimmler Wasserfälle

Samson = biblische Gestalt; Umzugsriese des Lungauer Brauchtums.

Größe: 11 979 km²

Hauptstadt: Linz

Landesteile: Donautal, Mühlviertel, Alpenvorland, Pyhrn-Eisenwurzen, Pyhrn-Priel, Salzkammergut

Oberösterreich-Tourismus
www.oberoesterreich.at

Pinzgau

- **Saalfelden** am Steinernen Meer; Zentrum mehrerer Sommer- und Wintersportorte (Maria Alm, Mühlbach – Schaustollen).
- **„Skicircus" Saalbach Hinterglemm Leogang:** berühmtes Wintersport- und Sommertourismusgebiet.
- **Zell am See:** beliebter Sommer- und Wintersportort; Schmittenhöhe; Ausgangspunkt der Pinzgau-Schmalspurbahn („Nationalparkbahn") bis Mittersill; Zusammenschluss mit Kaprun zur „Europa-Sportregion"; Ganzjahresskigebiet am Kitzsteinhorn; Tauernkraftwerk Glockner-Kaprun; Erlebniswelt Strom und Eis.
- **Rauris:** Wintersportort; Rauriser Literaturtage; Kitzlochklamm; Goldwaschen; Nationalpark Hohe Tauern.
- **Bruck:** Ausgangspunkt der Großglockner-Hochalpenstraße.
- **Mittersill:** am Tauernradweg entlang der Salzach gelegen; Ausgangspunkt der Felbertauernstraße nach Osttirol; in der Nähe befindet sich das Stubachtal mit dem Kraftwerk Enzinger Boden; Bergwelt der Hohen Tauern.
- **Krimml:** Krimmler Wasserfälle (380 m); Ausgangspunkt der Gerlosstraße in das Zillertal (siehe S. 55).

Lungau

Liegt im Südosten des Bundeslandes zwischen Radstädter Tauern und Katschberg. Durch seine Abgeschiedenheit hat sich der Lungau seine Ursprünglichkeit bewahrt und ist erst seit der Fertigstellung der Tauernautobahn zu einem beliebten Ferienziel geworden. Typisch für viele Orte des Lungaus sind der Samson und die Prangstangen, die bei Prozessionen feierlich durch den Ort getragen werden.

- **Tamsweg:** Wallfahrtskirche St. Leonhard mit dem Augustin Bründl;
- **Mariapfarr, Mauterndorf:** Burg Mauterndorf; Schloss Moosham; Taurachbahn (Museumsbahn zwischen Mauterndorf und St. Andrä; war früher Teil der steirischen Murtalbahn).

(?) Arbeitsaufgaben

1. Nennen Sie mindestens fünf Tourismusgebiete in Salzburg.
2. Beschreiben Sie Winter- und Sommersportmöglichkeiten in Salzburg.
3. Beschreiben Sie drei kulturelle Einrichtungen Salzburgs.
4. Welche Tourismustrends zeichnen sich in Salzburg ab?

4 Oberösterreich

Oberösterreich ist sowohl führender Wirtschaftsstandort als auch bedeutendes Agrarland.

Aufgrund seiner landschaftlichen Schönheit und Vielfalt zwischen Böhmerwald, Donautal, Alpenvorland und Kalkalpen verfügt es aber auch über ein umfassendes Tourismusangebot – speziell im Kultur-, Gesundheits- und Freizeitbereich, wobei der Inlandstourismus überwiegt.

Oberösterreich

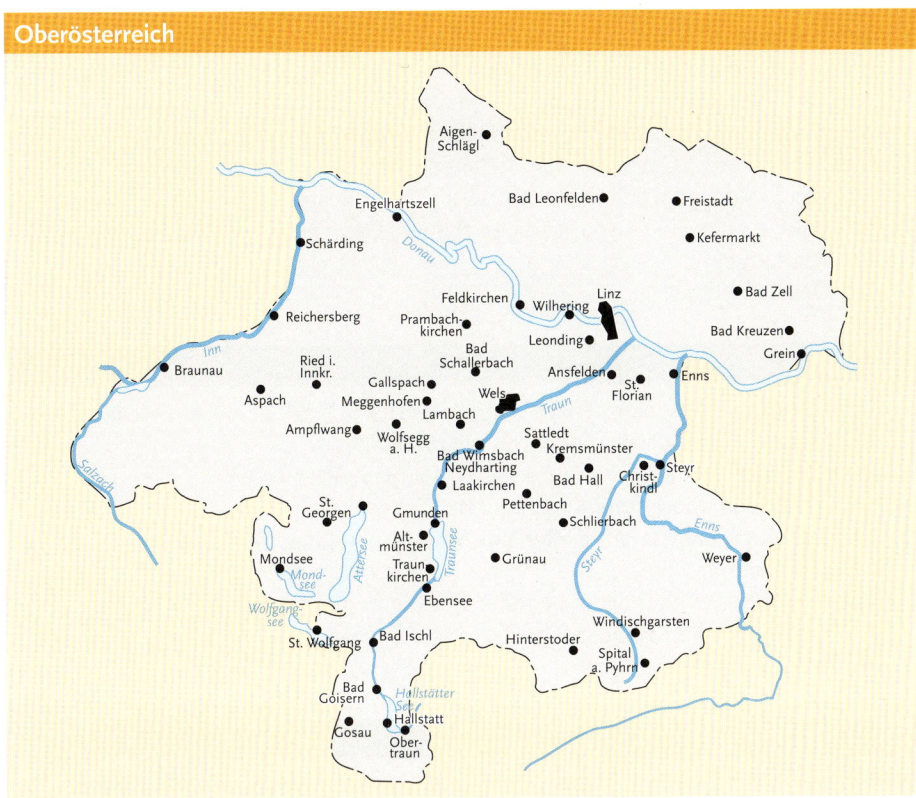

Tragen Sie in diese Liste drei bekannte Sehenswürdigkeiten ein:

Regionen

Donautal – Linz und Umgebung

Das Donautal in Oberösterreich ist Teil des beliebten Radwanderweges von Donaueschingen nach Budapest.

Die Metropole Linz ist die drittgrößte Stadt von Österreich. Vergangenheit und Moderne prägen das Bild dieser Stadt. 2009 wurde Linz von der EU der Titel Kulturhauptstadt Europas verliehen. Linz als einer der bedeutendsten Industriestandorte ist auch Universitäts-, Kongress- und Messestadt. Linz ist durch das Internationale Brucknerfest (mit Klangwolke), den Linzer Kultursommer, das Ars Electronica Festival und das Pflasterspektakel bekannt.

Sehenswürdigkeiten:
- **Hauptplatz;** größter Stadtplatz Österreichs; Altes Rathaus; Dreifaltigkeitssäule.
- **Minoritenkirche** (Landhauskirche): Rokoko; Kremser Schmidt und Bartolomeo Altomonte.
- **Landhaus** (ehemaliges Minoritenkloster): Renaissancebau aus dem 17. Jh.; Arkadenhof mit Planetenbrunnen; Steinerner Saal.
- **Martinskirche:** älteste Kirche Österreichs.
- **Alter Dom:** Jesuitenkirche, 17. Jh.
- **Neuer Dom (Mariendom):** neugotische, dreischiffige Basilika; flächenmäßig größte Kirche Österreichs.
- **Linzer Schloss:** Friedrichstor (Wappenstein AEIOU); Schlossmuseum.
- **Brucknerhaus:** Konzert- und Kongresszentrum (1974 erbaut).
- **Kunstmuseum Lentos.**
- **Ars Electronica Center.**
- **Nordico:** Museum der Stadt Linz
- **Landesmuseum**
- **Pöstlingberg:** steilste Adhäsionsbahn der Welt; barocke Wallfahrtskirche; Grottenbahn im Turm der einstigen Befestigungsanlage.

Westlich von Linz:
- **Engelhartszell:** spätbarockes Trappistenkloster.
- **Schlögen:** Donauschlinge (Abbildung siehe S. 20, Donautal).
- **Alkoven:** Schloss Hartheim; Gedenkstätte der Opfer des Nationalsozialismus.
- **Wilhering:** Zisterzienserkloster mit der schönsten Rokokokirche Österreichs.

Das Brucknerhaus

Der Pöstlingberg

Das Ars Electronica Center

Eine Innenansicht der Stiftskirche Wilhering finden Sie auf Seite 23.

Östlich von Linz:

- **St. Florian:** barockes Augustiner-Chorherrenstift (Jakob Prandtauer); Bibliothek; Stiftskonzerte; Brucknerorgel in der Stiftsbasilika; Grabstätte von Anton Bruckner.
- **Mauthausen:** Gedenkstätte des ehemaligen Konzentrationslagers.
- **Enns:** älteste Stadt Österreichs; mittelalterliches Stadtbild mit Stadtturm.
- **Grein im Strudengau:** Schifffahrtsmuseum; Stadttheater Grein: ältestes Theater Österreichs, auch als Museum zu besichtigen; Greinburg; Burg Clam (Open-Air-Veranstaltungen).
- **Bad Kreuzen:** Kurort.

Mühlviertel

- **Aigen-Schlägl:** Prämonstratenser-Chorherrenstift Schlägl; barocke, ehemals gotische Stiftskirche; Schwarzenberg-Schwemmkanal.
- **Haslach:** Webermarkt; Webereimuseum; Wildpark Altenfelden.
- **Bad Leonfelden:** Moor- und Kneippkurort.
- **Freistadt:** gut erhaltene mittelalterliche Stadtbefestigung; in der Nähe Nostalgie-Pferdeeisenbahn.
- **Kefermarkt:** In der Pfarrkirche befindet sich der berühmte Kefermarkter Altar, ein gotischer Flügelaltar; Schloss Weinberg.
- **Bad Zell:** Kurort (Radonwasser).

Alpenvorland

Neben dem kulturellen und sportlichen Erlebnis spielt in diesem Gebiet dank der Thermenlandschaft die Gesundheit eine große Rolle.

- **Schärding:** Stadtplatz mit sehenswertem Barockensemble.
- **Reichersberg:** Augustiner-Chorherrenstift.
- **Geinberg:** Thermenlandschaft (Therme Geinberg); karibischer Sommer.
- **Braunau:** historische Handelsstadt; Europareservat „Unterer Inn".
- **Kopfing:** Baumkronenweg im Sauwald.
- **Ried im Innkreis:** Hauptort des Innviertels; Messestadt.
- **Aspach:** Rehazentrum.
- **Ampflwang:** Reiterdorf; Islandpferdegestüt.
- **Frankenburg:** Frankenburger Würfelspiel.
- **Bad Schallerbach:** Eurothermen-Resort mit Erlebnisbad „Aquapulco".
- **Lambach:** Benediktinerstift; barockes Klostertheater.
- **Stadl-Paura:** Österreichisches Pferdezentrum; architektonisch originelle barocke Wallfahrtskirche.
- **Wels:** sehenswertes Stadtbild; Einkaufs- und Messestadt; Vogelpark Schmiding.
- **Kremsmünster:** barockes Benediktinerstift, Schatzkammer mit Tassilokelch; Sternwarte: ältestes Hochhaus Europas.
- **Schlierbach:** barockes Zisterzienserstift; Schaukäserei.
- **Bad Hall:** Eurothermen-Resort „Mediterrana"; stärkste Jod-Sole-Quelle Europas.

Pyhrn-Eisenwurzen

- **Steyr:** Ehemalige Metropole der Eisenverarbeitung, heute Standort bedeutender Industriebetriebe, besitzt einen malerischen Altstadtkern.
  Sehenswürdigkeiten: Stadtplatz; gotische Bürgerhäuser (Bummerlhaus), Häuser aus der Zeit der Renaissance, des Barock und Rokoko; gotische Stadtpfarrkirche; Innerberger Stadl mit dem berühmten Steyrer Kripperl; Schloss Lamberg; österreichisches Weihnachtsmuseum; Museum Arbeitswelt; **Christkindl:** barocke Wallfahrtskirche (Carlo Antonio Carlone, Jakob Prandtauer); Sonderpostamt zur Weihnachtszeit; Steyrtal Museumsbahn: von Steyr nach Grünburg.
- **Umgebung:** Ennstal, Steyrtal; Nationalpark Kalkalpen; Molln: Nationalparkzentrum.

Pyhrn Priel

- **Klauser See:** Kajak-Schule, Bungee-Jumping.
- **Spital am Pyhrn:** Wintersportort (Wurzeralm).
- **Hinterstoder** (im Stodertal): Wander- und Skigebiet.
- **Windischgarsten:** Luftkurort, Wintersportort; Gleinker See.

Das Augustiner-Chorherrenstift Reichersberg im Innviertel

Eine Abbildung des Nationalparks Kalkalpen finden Sie auf Seite 25.

Salzkammergut

Ist eine der meistbesuchten Tourismusregionen Österreichs und beschrieb ursprünglich als „Kammergut" eine lukrative Region um Bad Ischl. Touristisch umfasst das Salzkammergut heute mit seiner vielfältigen Landschaft auch Gebiete der Bundesländer Salzburg und Steiermark.

- **Region Hallstatt-Dachstein:** UNESCO Weltkultur- und Weltnaturerbe; Ski- und Wandergebiet; Dachsteinhöhlen: Rieseneis- und Mammuthöhle; Krippenstein: Erlebniswanderweg zur Aussichtsplattform „5 fingers". Salzberg: keltisches Gräberfeld; Salzwelten (Schaubergwerk).
- **Gosau:** Wintersportort „Dachstein West"; Gosauseen.
- **Bad Ischl:** traditionsreicher Kurort; Eurothermen-Resort; Kaiservilla: Sommerresidenz von Franz Joseph I.; Léhar-Festival im Sommer.
- **St. Wolfgang am Wolfgangsee:** spätgotische Wallfahrtskirche, berühmter Flügelaltar von Michael Pacher, Doppelaltar von Thomas Schwanthaler; Schafberg mit historischer Zahnradbahn.
- **Mondsee:** Ortsbezeichnung und wärmster Badesee des Salzkammergutes; ältestes Benediktinerkloster Oberösterreichs (1791 aufgehoben), gotische Pfarrkirche mit barocker Doppelturmfassade; Mondseer Rauchhaus (Freilichtmuseum); Museum mit Exponaten der Pfahlbaukultur („Mondsee-Kultur").
- **Attersee:** Ortsbezeichnung und größter See des Salzkammergutes; beliebtes Tauchrevier; Schloss Kammer (Konzerte).
- **Gmunden:** am Traunsee gelegen; Gmundner Keramik; Töpfermarkt; Stadtpfarrkirche mit Drei-Königs-Altar von Thomas Schwanthaler; Museum „K-Hof" mit Sanitärkeramik; Land- und Seeschloss Ort; Kongresszentrum im Toskanapark; Gmundner Festwochen.
- **Traunkirchen:** Fischerkanzel in der Pfarrkirche; Fronleichnamsprozession auf dem Traunsee.
- **Ebensee:** KZ-Gedenkstätte; Saline; Feuerkogelbahn; Gasseltropfsteinhöhle; Langbathseen; Faschingshochburg (Fetzenfasching).
- **Scharnstein im Almtal:** Kriminalmuseum.
- **Grünau im Almtal:** Cumberland-Wildpark; Almsee; Kasberg (Wander- und Skigebiet).

➡ Abbildungen von Hallstatt finden Sie auf den Seiten 11 und 23.

St. Wolfgang mit der Seeterrasse des berühmten „Weißen Rössl"

? Arbeitsaufgaben

1. Nennen Sie mindestens fünf Tourismusgebiete in Oberösterreich.
2. Beschreiben Sie Winter- und Sommersportmöglichkeiten in Oberösterreich.
3. Beschreiben Sie drei kulturellen Einrichtungen in Oberösterreich.
4. Welche Tourismustrends zeichnen sich in Oberösterreich ab?

5 Steiermark

Die Steiermark als zweitgrößtes Bundesland besitzt den größten Waldanteil und wird daher auch das **„grüne Herz Österreichs"** genannt. Aufgrund der Vielseitigkeit seiner Landschaftsformen – von den hochalpinen Gebirgsmassen der Kalkalpen und Tauern über Almen und Waldflächen bis hin zum sonnigen und fruchtbaren Hügelland der Ost- und Weststeiermark mit weinreichen Niederungen – ist dieses Bundesland ein beliebtes Urlaubsgebiet für alle Jahreszeiten.

Das Angebot an Kultur- und Gesundheitseinrichtungen ergänzt diesen Trend speziell für den inländischen Gast. Der Anteil an kürzeren Aufenthalten und Tagesausflügen ist in diesem Bundesland besonders hoch.

Größe: 16 387 km²

Hauptstadt: Graz

Landesteile: Ausseer Land, Ennstal, Hochsteiermark, Oberes Murtal, Oststeiermark, Süd- und Weststeiermark

💡 Die Steiermark verzeichnet ca. elf Millionen Nächtigungen.

Steiermark-Tourismus

www.steiermark.com
www.thermenland.at
www.eisenstrasse.co.at
www.sws.at

✎ Tragen Sie in diese Liste drei bekannte Sehenswürdigkeiten ein:

_____

_____

_____

Der Grazer Uhrturm

Der Schlossberglift

Steiermark

[Karte der Steiermark mit Orten: Mariazell, Altaussee, Bad Aussee, Bad Mitterndorf, Wörschach, Admont, Eisenerz, Aflenz, Krieglach, Semmering Spital, Alpl, Tauplitz, Gröbming, Ramsau, Haus, Schladming, Oberzeiring, Seckau, Leoben, Bruck a. d. Mur, Hartberg, Semriach, Stubenberg, Blumau, Oberwölz, Zeltweg, Stübing, St. Radegund, Bad Waltersdorf, Murau, Rein, Graz, Laßnitzhöhe, Piber, Bärnbach, Loipersdorf, Riegersburg, Wildbad Einöd, Stainz, Bad Gams, Bad Gleichenberg, Deutschlandsberg, Leibnitz, Schwanberg, Gamlitz, Bad Radkersburg]

Regionen

Graz und Umgebung

Die Landeshauptstadt der Steiermark ist die zweitgrößte Stadt Österreichs und besitzt eine der besterhaltenen historischen Altstädte der Welt. Seit 1999 gehört sie zum Weltkulturerbe der UNESCO. Kulturell wurde mit den Avantgardefestivals „forum stadtpark" und „Steirischer Herbst", der Wahl zur Kulturhauptstadt Europas 2003 sowie den steirischen Festspielen „styriarte" eine geglückte Mischung aus Tradition und Moderne geschaffen. Graz ist Universitätsstadt, wichtiges Wirtschafts- und Handelszentrum sowie eine bedeutende Kongress- und Messestadt.

Sehenswürdigkeiten:

- **Altstadt** mit der größten geschlossenen Renaissancebebauung im deutschsprachigen Raum.
- **Landhaus** mit Arkadenhof, Laubengängen und Brunnen – bedeutendster Renaissancebau Österreichs; Landeszeughaus mit der weltweit größten historischen Waffensammlung.
- Die **Burg** ist als Fragment erhalten; sehenswert ist die originelle doppelläufige Wendeltreppe.
- **Spätgotischer Dom;** daneben **Mausoleum** Kaiser Ferdinands II.
- **Schauspielhaus; Opernhaus** neben dem Stadtpark.
- **Murinsel:** schwimmende Plattform; zum Kulturhauptstadtjahr 2003 gebaut; enthält ein Amphitheater, ein Café und einen Kinderspielplatz.
- **Schlossberg mit Uhrturm:** gotischer Wehrturm und Wahrzeichen der Stadt; neben einer Stiege auch über einen Lift erreichbar.
- **Landesmuseum Joanneum:** Der zweitgrößte Museumskomplex Österreichs umfasst mehrere Standorte in Graz (Joanneumsviertel mit Neuer Galerie, Künstlerhaus, Kunsthaus Graz, Büro der Erinnerungen, Botanik u. a.) und in der übrigen Steiermark.
- **Schloss Eggenberg:** 17. Jh.; imposanter Repräsentationsbau mit Prunksälen; Schlosspark; Standort des Joanneums (Alte Galerie, Münzkabinett, Archäologie).

Nördlich von Graz:

- **St. Radegund:** Schöckl (Hausberg der Grazer).
- **Semriach:** Lurgrotte (Tropfsteinhöhle).
- **Stübing:** Freilichtmuseum.
- **Gratwein:** Stift Rein: „Wiege der Steiermark"; ältestes Zisterzienserkloster der Welt; umfangreiche Stiftsbibliothek.
- **Maria Trost:** Wallfahrtskirche.

Südlich von Graz:

- **Graz-Thalerhof:** Luftfahrtmuseum.
- **Unterpremstätten:** Standort des Joanneums (Skulpturenpark).
- **Tobelbad:** Rehazentrum.

Ausseer Land – Salzkammergut

- **Bad Aussee:** Flinserlfasching; Jazzfrühling; Narzissenfest.
- **Altaussee:** Schaubergwerk; Themenweg „Via Salis"; Altausseer See; Themenweg: „Via Artis".
- **Loser:** Panoramastraße; Solarkraftwerk; Grundlsee; Toplitzsee; Kammersee.
- **Bad Mitterndorf:** Sommer- und Wintersportgebiet; nordischer Skilauf; Naturflugschanze am Kulm.
- **Tauplitz:** Wintersport Tauplitzalm.

Ramsau am Dachsein

- **Ramsau:** Ganzjahresskigebiet am Dachsteingletscher; nordischer Skilauf; Aussichtsplattform „Sky walk".

Schladming – Dachstein

- **Schladming:** Sommer- und Wintersport; Planai und Hochwurzen; 2013 Austragungsort der Ski-WM (Bau der Athletic Area); Oldtimerralleys: Ennstal-Classic (Sommer); Planai-Classic (Winter).
- **Haus:** Sommer- und Wintersportort; Hauser Kaibling.
- **Gröbming:** Sommer- und Wintersport; Naturpark Sölktäler.
- **Schloss Trautenfels:** Standort des Joanneums (Volkskundemuseum); Donnersbachwald.
- **Burg Strechau** mit Oldtimermuseum bei Lassing.

Alpenregion Nationalpark Gesäuse

- **Admont:** Benediktinerabtei aus dem 11. Jh.; größte Klosterbibliothek der Welt.
- **Nationalpark Gesäuse:** hochalpines Durchbruchstal zwischen Admont und Hieflau.

Das Ennstal wird vom Dachsteinmassiv dominiert

Hochsteiermark

Umfasst die Bergwelt der Eisenerzer Alpen, Hochschwab, Veitschalpe und Semmering sowie deren Tallandschaften.
- **Steirische Eisenstraße:** zwischen Altenmarkt und Leoben; Eisenerz: Erzberg; Schaubergwerk; Erzbergbahn – Museumsbahn (steilste Normalspurbahn Österreichs); Leopoldsteiner See.
- **Leoben:** zweitgrößte Stadt der Steiermark; Kultur-, Handels- und Messestadt; Montanuniversität; Asia Spa (Wassererlebniswelt).
- **Semmeringgebiet:** gehört mit der Semmeringbahn zum UNESCO Weltkulturerbe; Spital am Semmering: Wintersportort.
- **Mürzer Oberland** zwischen Veitsch- und Schneealpe; Wander- und Skigebiet; Naturpark.
- **Mürzsteg:** kaiserliches Jagdschloss.
- **Mariazeller Land mit Mariazell:** bedeutendster Wallfahrtsort Österreichs.
- **Gußwerk:** Tor zum wildromantischen Salzatal; Wildalpen: Quellgebiet der II. Wiener Hochquellenleitung.

Das Ausseer Land ist das steirische Salzkammergut.

Steirische Museumsbahnen
Erzbergbahn, Museumstramway Mariazell, Breitenauer Bahn (Mixnitz), Feistritztalbahn, Murtalbahn, Stainzer Flascherlzug, Gleichenberger Bahn.
www.bahnerlebnis.at

Die Wallfahrtskirche Mariazell

Urlaubsregion Murtal

- **Region Murau-Kreischberg:** Sommer- und Wintersportgebiet; Amateurlokfahrten auf der **Murtalbahn** (von Tamsweg über Murau nach Unzmarkt).
- **Benediktinerstift St. Lambrecht.**
- **Judenburg:** altes Handelszentrum.
- **Oberzeiring:** Heilstollen.
- **Fohnsdorf:** Aqualux Therme.
- **Zeltweg:** A1-Ring in Spielberg; seit 2009 Motorsportveranstaltungen.
- **Seckau:** Benediktinerabtei.

Oststeiermark

Gegend nordöstlich von Graz; wird auch wegen des milden Klimas und der landschaftlichen Parallelen „steirische Toskana" genannt. Es ist eine sanft hügelige Gegend mit Weinbergen, Kürbisfeldern, Obstgärten, Teichen und Schlössern.
Die Oststeiermark ist in mehrere Regionen aufgeteilt:
Im Norden

- das **Wechselland** mit Friedberg und St. Lorenzen.
- **Joglland – Waldheimat** (Geburtshaus und Waldschule des Schriftstellers Peter Rosegger).
- **Vorau:** Augustiner Chorherrenstift.

Südlich erstreckt sich das

- **Almenland:** Fladnitz/Teichalm – Sommeralm (größtes zusammenhängendes Almweidegebiet Österreichs).
- **Naturpark Pöllauer Tal:** Pöllau (Stiftskirche St. Veit, Spätbarock, „steirischer Petersdom", Wallfahrtskirche Pöllauberg).
- **Apfelland Stubenbergsee:** Herberstein mit Wildpark; Schielleiten.
- **Solarstadt Gleisdorf:** Straße der Solarenergie mit zahlreichen Solarobjekten und Kunstwerken.

Steirisches Thermenland

- Hier befinden sich die **Thermalbadgemeinden Bad Waltersdorf** (H_2O-Thermen-Resort **Sebersdorf**), **Bad Blumau** (Rognerbad, Friedensreich-Hundertwasser-Therme), **Therme Loipersdorf, Bad Gleichenberg** („Styrassic Park", Schloss Kapfenstein) und **Bad Radkersburg** (Parktherme; sehenswerte Altstadt).
- **Steirisches Vulkanland:** Einzigartige Kooperation aller Gemeinden der Bezirke Feldbach und Radkersburg zu einer Energie-, Handwerks- und Kulinarikregion (www.vulkanland.at): Riegersburg (größte Festung der Steiermark; Schokolade-Manufaktur), Edelsbach (Gsellmanns „Weltmaschine"), St. Peter (Rosarium, Weinwarte), Klöch (Winzerzug, Traminerweg), St. Anna (Steirische Vinothek).

Süd- und Weststeiermark

- **Südsteirisches Weinland:** südsteirische Weinstraße; Leibnitz: Schloss Seggau; römische Ausgrabungsstätte von Flavia Solva; Standort des Joanneums (Museumspavillon).
- **Schilcherregion:** Gebiet entlang der Schilcher-Weinstraße von Ligist über Stainz (Standort des Joanneums – Jagdmuseum und landwirtschaftliche Sammlung; Stainzer „Flascherlzug"), Bad Gams, Deutschlandsberg, Schwanberg nach Eibiswald.
- **Lipizzanerheimat Piber:** Lipizzanergestüt der Spanischen Hofreitschule; Bärnbach: Kirche St. Barbara, umgestaltet von Friedensreich Hundertwasser, Mosesbrunnen von Ernst Fuchs; Stölzle Glas-Center.
- **Köflach:** Therme Nova.
- **Voitsberg:** Arik-Brauer-Rathaus.
- **Maria Lankowitz:** Wallfahrtskirche.

In der Oststeiermark überwiegt der Sommertourismus. Themenstraßen wie die Schlösserstraße, die Apfelstraße, die Holzstraße, die Blumenstraße oder die Römerweinstraße locken die Besucher hierher.

Das Rognerbad Bad Blumau

Südsteirisches Weinland

1. Nennen Sie mindestens fünf Tourismusgebiete in der Steiermark.

2. Beschreiben Sie Winter- und Sommersportmöglichkeiten in der Steiermark.

3. Beschreiben Sie drei kulturelle Einrichtungen in der Steiermark.

4. Welche Tourismustrends zeichnen sich in der Steiermark ab?

6 Kärnten

Kärnten ist mit seinen ca. 200 Badeseen das bedeutendste Sommertourismusland Österreichs. Mit ca. 13 Millionen Nächtigungen nimmt Kärnten den dritten Rang ein. Die Wetterbeständigkeit im Sommer, die Wasserqualität der Badeseen und die abwechslungsreiche Landschaft locken jährlich viele Touristen in dieses Bundesland. Hier können alle Arten von Bergsport betrieben werden. Teile Kärntens haben sich in den letzten Jahren auch einen Namen als Wintersportgebiete gemacht.

Größe: 9 534 km²

Hauptstadt: Klagenfurt

Landesteile: Oberkärnten, Unterkärnten

Kärnten-Tourismus
www.kaernten.at
www.klagenfurt.at

Kärnten

✎ Tragen Sie in diese Liste drei bekannte Sehenswürdigkeiten ein:

Regionen

Klagenfurt und Umgebung

Die Landeshauptstadt Klagenfurt ist eine lebhafte Kultur-, Kongress-, Messe-, Industrie- und Handels- sowie Universitätsstadt. Hier wird jährlich der Ingeborg-Bachmann-Literaturpreis verliehen.

Sehenswürdigkeiten:

■ **Malerische Altstadt** mit südländischem Flair.

■ **Kramergasse.**

■ **Alter Platz:** Landhaus, 16. Jh., großer und kleiner Wappensaal mit Fresken.

■ **Dom:** 16. Jh., Altarbilder von Paul Troger und Daniel Gran; älteste Wandpfeilerkirche Österreichs.

■ **Stadttheater** (Jugendstil).

■ **Neuer Platz:** Lindwurmbrunnen, Wahrzeichen der Stadt; Rathaus.

■ **Museen:** Stadtgalerie; Landesmuseum; Robert-Musil-Literaturmuseum; Bergbaumuseum.

■ **Minimundus:** Miniaturstadt mit den Nachbildungen bekannter Bauwerke.

■ **Wörtherseefestspiele** auf der Seebühne.

■ **Beach Volleyball** Grand Slam; Ironman Austria (internationaler Triathlonbewerb).

■ **Maria Saal:** Wallfahrtskirche; Herzogsstuhl; Virunum (römische Ausgrabungen); Magdalensberg: archäologischer Park.

■ **Viktring:** ehemaliges Kloster mit Stiftskirche aus dem 12. Jh.

💡 Die Wörtherseeregion wird auch als die „österreichische Riviera" bezeichnet.

Maria Wörth am Wörther See

Einblick in das Nassfeld

Die Wallfahrtskirche St. Vinzenz
in Heiligenblut

Theateraufführung auf der Burgruine Finkenstein

Naturarena Kärnten

- **Lesachtal:** Sommer- und Wintertourismus; St. Lorenzen, in der Nähe Tuffbad.
- **Gailtal:** Kötschach-Mauthen: Aquarena; „Friedensweg" in den Karnischen Alpen; Hermagor: Pressegger See; Nassfeld: größtes Skigebiet Kärntens („Skiarena").
- **Gitschtal:** Weißbriach: Luft- und Kneippkurort.
- **Weißensee:** Im Sommer Badesee, im Winter Natureisfläche.

Oberdrautal

Sportliche Angebote für alle Jahreszeiten; **Dellach:** Heilklimastollen.

Mölltal

- **Nationalpark Hohe Tauern** (Nationalparkdorf Mallnitz).
- **Heiligenblut:** Wintersportort; gotische Wallfahrtskirche St. Vinzenz; Goldwaschen im Fleißbach; Ausgangspunkt der Großglockner-Hochalpenstraße zur Pasterze (größter Gletscher der Ostalpen).
- **Flattach:** Skigebiet Mölltaler Gletscher; Raggaschlucht; Obervellach: Luft- und Schrothkurort.

Lieser-Maltatal

Gmünd: Porschemuseum; in der Nähe befindet sich das Maltatal; Kölnbreinsperre – höchste Talsperre Österreichs; Nationalpark Nockberge (Schlittenhunderennen). **Trebesing:** Babydorf.

Unterdrautal

- **Spittal an der Drau:** Schnittpunkt wichtiger Handelswege (Drautal- und Tauernroute). Renaissanceschloss Porcia: Komödienspiele im Sommer; Panoramastraße Goldeck.
- **Millstättersee mit Millstatt:** internationale Musikwochen im Stift; Villenweg.

Tourismusregion Villach

- **Villach:** Kongressstadt; Carinthischer Sommer (Musik- und Kulturfestival); Kurort (Warmbad Villach); Panoramastraße auf die Villacher Alpe (Naturpark Dobratsch).
- **Burgruine Landskron:** Greifvogelschau, Affenberg.
- **Gerlitzen:** Sommer- und Wintersportgebiet.
- **Ossiachersee mit Ossiach:** Carinthischer Sommer im Stift; Afritzersee.
- **Faaker See mit Faak:** Harley-Davidson-Treffen.
- **Finkenstein:** Burgruine mit Konzerten und Theateraufführungen.
- **Bad Bleiberg:** Therme; Schaubergwerk „Terra Mystica".

Carnica-Region Rosental

- **Maria Rain:** Wallfahrtsort Hollenburg.
- **Ferlach:** Büchsenmacherstadt; Tscheppaschlucht.

Tourismusregion Klopeiner See

- **St. Kanzian am Klopeiner See:** Zentrum einer Seenlandschaft von sieben Seen; „See in Flammen": größtes Feuerwerk Österreichs; Turnersee.
- **Hemmaberg:** Freilichtmuseum.
- **Bad Eisenkappel:** Kurort; Brauchtumsveranstaltung „Kirchleintragen"; Obir Tropfsteinhöhlen.

Gurk- und Glantal

- **Bad Kleinkirchheim:** Kurort und Wintersportort; Nationalpark Nockberge; Nockalmstraße.
- **Gurk:** Dom aus dem 12. Jh.; einer der bedeutendsten romanischen Kirchenbauten Österreichs; sehenswerte Krypta.

- **Friesach:** sehenswerte Altstadt; Mittelalterfest „Spectaculum"; Burghofspiele.
- **St. Veit/Glan:** ehemalige Herzogsstadt; Altstadtbereich und moderne Architektur (erstes Kunsthotel von Ernst Fuchs).
- **In der Nähe Burg Hochosterwitz:** Festungsanlage mit 14 Tortürmen und Waffenkammer; Längsee.

Wörtherseeregion

Das touristische Zentrum Kärntens.
- **Velden:** mondäner Tourismusort; Kongresse und Veranstaltungen; Spielcasino.
- **Pörtschach:** traditionsreicher Tourismusort; Kongresse; Konzerte.
- **Maria Wörth:** beschaulicher Tourismusort; spätgotische Pfarrkirche; in Reifnitz: GTI-Treffen; Schiffsprozession auf dem Wörthersee (zu Maria Himmelfahrt); Pyramidenkogel mit Ausssichtsturm; in der Nähe Hafnersee und Keutschachersee.

Lavanttal

- **Bad St. Leonhard:** Schwefelheilbad; westlich davon liegt Hüttenberg: Heinrich-Harrer-Museum; Schaubergwerk Knappenberg.
- **Wolfsberg:** sehenswerte Altstadt; Schloss Wolfsberg (Kulturzentrum).
- **St. Paul:** Benediktinerstift; bedeutendes romanisches Bauwerk; in der Gemäldegalerie Werke des Malers Kremser Schmidt (18. Jh.).

(?) Arbeitsaufgaben

1. Nennen Sie mindestens fünf Tourismusgebiete in Kärnten.
2. Beschreiben Sie Winter- und Sommersportmöglichkeiten in Kärnten.
3. Beschreiben Sie drei kulturelle Einrichtungen Kärntens.
4. Welche Tourismustrends zeichnen sich in Kärnten ab?

7 Niederösterreich

In Niederösterreich herrscht der Inländertourismus vor. Dieses Bundesland ist vor allem Ferien- und Naherholungsgebiet der Wiener Bevölkerung. Niederösterreich ist ein Land der **Burgen, Schlösser und Klöster.** Es ist als **Stammland Österreichs** eine sehr geschichtsträchtige Region. In den Sommermonaten werden an zahlreichen Orten verschiedene kulturelle Veranstaltungen angeboten.

Niederösterreich

Größe: 19 170 km²
Hauptstadt: St. Pölten
Landesteile: Donautal, Waldviertel, Weinviertel, Mostviertel, Industrieviertel

Niederösterreich-Tourismus
www.niederoesterreich.at

Tragen Sie in diese Liste drei bekannte Sehenswürdigkeiten ein:

Regionen

St. Pölten

Ist seit 1986 Landeshauptstadt. Sie ist eine bedeutende Handels- und Industriestadt. Architektonisch vereinigen sich in der Stadt drei Baustile: Barock, Jugendstil und Moderne.

Sehenswürdigkeiten:

- **Rathaus:** Wahrzeichen der Stadt; Barockfassade und Turm von Josef Munggenast.
- **Domkirche:** barockisierte romanische Basilika; Wirken der Architekten Jakob Prandtauer, Josef Munggenast sowie der Maler Bartolomeo Altomonte und Daniel Gran.
- **Prandtauerkirche:** ehemalige Klosterkirche der Karmelitinnen.
- **Institut der Englischen Fräuleins:** barocke Palastfassade; Jakob Prandtauer; Fresken von Paul Troger.
- **Riemerplatz:** zur Gänze erhaltenes Barockensemble.
- **Ehemalige Synagoge:** Jugendstil.
- **Regierungsviertel (Landtagsschiff), Kulturbezirk und Klangturm;** Architekten Erio Hofmann, Hans Hollein, Klaus Kada.

Donautal

- **Nibelungengau:** Donautal zwischen Strudengau und Wachau; **Maria Taferl:** Wallfahrtsort mit Schloss Artstetten.
- **Wachau:** Das Donautal zwischen Melk und Krems ist mit den Stiften Melk und Göttweig UNESCO Weltkulturerbe.
    - **Rechtes Donauufer:**
    Melk: großartiges barockes Benediktinerstift von Jakob Prandtauer; Stiftskirche, Bibliothek; Sommerspiele in der Donauarena.
    Schloss Schönbühel; Aggstein: Burgruine der Kuenringer; große geschichtliche Bedeutung.
    Göttweig: Benediktinerstift mit Kaiserstiege; Stiftskirche; „österreichisches Montecassino".
    - **Linkes Donauufer:**
    Naturpark Jauerling; Maria Laach: Wallfahrtsort. Willendorf: Fundstätte der Venus von Willendorf (Steinzeit, 27 000 Jahre alt).
    Spitz: Weinort; Marillenkirtag. Weißenkirchen: Weinort; Rieslingfest.
    Dürnstein: malerischer Weinort; touristisches Zentrum der Wachau; ehemaliges Kloster mit barocker Stiftskirche mit blauem Kirchturm; Burgruine; hier wurde 1192 der englische König Richard Löwenherz gefangen gehalten.
- **Krems:** von Weinbergen umgeben; besitzt eine sehenswerte Altstadt; Piaristenkirche (Altarbilder des Barockmalers Kremser Schmidt); Gozzoburg, Kunsthalle, Karrikaturmuseum; Steiner Altstadt; Krems ist Messe-, Industrie- und Universitätsstadt.
- **Stratzing:** Venus vom Galgenberg (Steinzeit, 32 000 Jahre alt).
- **Langenlois:** größte Weinbaugemeinde Österreichs mit der „Loisium Kellerwelt"; Schlossfestspiele.
- **Schloss Grafenegg:** romantischer Historismus; Schlosspark; Musikfestspiele – Veranstaltungen im modernen Wolkenturm sowie im Konzertsaal „Auditorium".
- **Tulln:** Messestadt; Egon-Schiele-Museum.
- **Klosterneuburg:** Augustiner-Chorherrenstift; barocke Residenz mit Bibliothek; mittelalterlicher Kreuzgang; in der Leopoldskapelle Verduner Altar – ein Emailwerk aus dem Mittelalter; barocker Weinkeller mit Vinothek; Opernfestspiele; Leopoldi-Kirtag am 15. November (Fasslrutschen im Binderstadl); Kunstsammlung Essl.

Wien und Umgebung (siehe auch Seiten 71–74)

- **Nationalpark Donau-Auen:** letzte intakte Flussauenlandschaft Europas.
- **Bad Deutsch-Altenburg:** Kurort.
- **Petronell:** Carnuntum (archäologischer Park mit römischen Ausgrabungen; Heidentor).
- **Hainburg:** größtes mittelalterliches Stadttor Europas.
- **Südlich von Hainburg – Rohrau:** Schloss Harrach (Gemäldesammlung). Josef Haydn Geburtshaus (Gedenkjahr 2009 zum 200. Todestag).
- **Nördlich von Hainburg – Marchfeldschlösser:** Schloss Orth, Schloss Eckartsau, Schloss Niederweiden, Festschloss Hof.

Stift Melk

Spitz an der Donau mit Ruine Dürnstein im Hintergrund

Das Heidentor in Carnuntum

Waldviertel

- **Bad Großpertholz:** Moorbad.
- **Weitra:** mittelalterliche Stadt mit gut erhaltener Stadtmauer; Renaissanceschloss (Weitra Festival).
- **Harbach:** Moorbad.
- **Gmünd:** Naturpark Blockheide-Eibenstein; Sole-Felsenbad; Waldviertler Museumsbahn.
- **Pürbach bei Schrems:** Waldviertler Hoftheater.
- **Heidenreichstein:** größte Wasserburg Niederösterreichs.
- **Waidhofen/Thaya:** größte Waldrappvolière der Welt.
- **Zwettl:** Zisterzienserstift mit Kapitelhaus, Kreuzgang, Dormitorium (Schlafraum) mit romanischer Latrinenanlage, Bibliothek; Schloss Rosenau: Freimaurermuseum.
- **Großgerungs:** Kurzentrum; Burg Rappottenstein: vollständig erhaltene, stark befestigte mittelalterliche Burganlage.
- **Armschlag:** Mohndorf „Waldviertler Graumohn".
- **Traunstein:** Kurzentrum;
- **Ottenschlag:** Gesundheitszentrum; Kamptalstauseen.
- **Geras:** barockisiertes Prämonstratenser-Chorherrenstift.
- **Riegersburg:** Barockschloss.
- **Hardegg:** kleinste Stadt Österreichs; Eingang zum Nationalpark Thayatal.
- **Horn:** Zentrum von „Allegro Vivo" – Kammermusikfestival, das vorwiegend im Waldviertel (in Stiften, Schlössern, Burgen) abgehalten wird.
- **Altenburg:** barockisiertes Benediktinerstift, Sommerspiele im Stift. Renaissanceschloss Greillenstein: Abhaltung historischer Gerichtsverhandlungen, Geistertouren u. Ä.
- **Rosenburg:** eines der schönsten Renaissanceschlösser, im Kamptal gelegen; größter Turnierplatz Europas; Greifvogel-Flugschau; im Sommer Shakespeare-Festival.
- **Gars am Kamp:** Luftkurort; „Opern Air"-Festspiele in der Burgruine Gars. Schloss Buchberg: internationales Zentrum für konstruktive Kunst.

Weinviertel

Ist Österreichs größtes Weinbaugebiet mit über 800 Kellergassen, wo sich Weinkeller an Weinkeller reiht.
- **Burg Kreuzenstein:** romantischer Historismus; Adlerwarte.
- **Stockerau:** Open-Air-Festival; Kulturzentrum Belvedereschlössl.
- **Schlosspark Heldenberg:** Heldendenkmäler (Radetzky).
- **Schöngrabern:** romanische Kirche; berühmte Reliefplastik an der Apsis.
- **Eggenburg:** Mittelalterfest; Motorradmuseum.
- **Retz:** bekannter Weinbauort mit einem der schönsten Marktplätze Österreichs; größter historischer Weinkeller; Windmühle; Festival Retz.
- **Mailberg:** Schloss des Malteserordens mit Vinothek.
- **Laa/Thaya:** Therme.
- **Staatz:** Festspiele auf der Felsenbühne.
- **Herrenbaumgarten:** Nonseum (Nonsensmuseum).
- **Zwischen Ernstbrunn und Asparn:** Erlebnisbahn Draisinenstrecke.
- **Niedersulz:** „Museumsdorf" (Freilichtmuseum).
- **Strasshof:** Eisenbahnmuseum im Heizhaus.
- **Marchegg:** Jagdschloss; Storchenfest.

Mostviertel

Alpenvorland zwischen Ennstal, Donautal und Wienerwald. Südlich bildet die Alpenregion die Grenze mit der Steiermark.
- **Stadt Haag:** Theatersommer.
- **Amstetten:** Musicalsommer.
- **Stift Ardagger:** Margaretafenster (Glasfenster mit Darstellung der Kirchenpatronin).
- **Neuhofen/Ybbs:** Ostarrichi Kulturhof „Entdecke Österreich".
- **Burgarena Reinsberg:** Open-Air-Veranstaltungen.
- **Sonntagberg:** barocke Wallfahrtsbasilika.
- **Seitenstetten:** barockes Benediktinerstift, der „Vierkanter Gottes".

Waldrapp

Volière = großer Vogelkäfig, der einen Freiflug der Vögel ermöglicht.

Die Windmühle bei Retz

Draisine = Hilfsfahrzeug auf Schienen; erfunden von Karl Drais.

Kartause = Kloster des Kartäuserordens.

➡️ Eine Abbildung der Schallaburg finden Sie auf Seite 22.

💡 Die Franzensburg in Laxenburg wurde im frühen 19. Jahrhundert im Stil einer mittelalterlichen Burg erbaut.

Der Semmering

- **Waidhofen/Ybbs:** „Stadt der Türme"; Rothschildschloss; Fünf-Elemente-Museum; Ybbstalbahn (Nostalgiebahn nach Lunz).
- **Lunz:** Lunzer Sommerspiele; Seebühne „Wellenklänge"; Nostalgiebahn „Ötscherlandexpress" nach Gaming.
- **Göstling:** Hochkar – größtes Skigebiet Niederösterreichs.
- **Gaming:** Kartause; Chopin-Festival.
- **Lackenhof am Ötscher:** Wintersportort.
- **Schallaburg:** Renaissanceschloss mit terrakottageschmücktem Arkadenhof; Ausstellungen.
- **Herzogenburg:** barockes Augustiner-Chorherrenstift; Kindersommerspiele. **Wilhelmsburg:** Geschirrmuseum.
- **Lilienfeld:** Zisterzienserstift; mittelalterlicher Klosterkomplex mit barocker Ausstattung; Heimatmuseum enthält Erinnerungen an den Skipionier Mathias Zdarsky (Erfinder der alpinen Skifahrtechnik Anfang des 20. Jh.).
- **Kleinzell:** Kurort Salzerbad.
- **Mariazeller Bahn:** 85 km lange historische Schmalspurbahn zwischen St. Pölten und Mariazell, die heute noch fahrplanmäßig verkehrt.
- **Mitterbach am Erlaufsee:** Skigebiet Gemeindealpe.

Industrieviertel

- **Maria Enzersdorf:** Nestroy-Festspiele auf der Burg Liechtenstein.
- **Thermenlinie:**
  - **Weinorte:** Perchtoldsdorf, Gumpoldskirchen, Pfaffstätten, Baden, Sooß, Bad Vöslau.
  - **Kurorte:** Baden (Römertherme; Kongress- und Kulturstadt; Operettensommer Baden; Biedermeierhäuser; Spielcasino), Bad Vöslau (Thermalbad) und Bad Fischau (Kristalltherme).
- **Schwechat:** Nestroy-Festspiele; Flughafen (Vienna International Airport).
- **Laxenburg:** ehemalige Sommerresidenz des Kaiserhauses; heute Konferenzzentrum; Franzensburg: verschiedene Kulturveranstaltungen (Kultursommer Laxenburg, Konzerte, Komödienspiele); modernes Zentralfilmarchiv.
- **Ebreichsdorf:** „Magna Racino Events" (Pferdesportveranstaltungen; verschiedene andere Events).
- **Berndorf:** sehenswertes städtebauliches Konzept einer ehemaligen Industriestadt (von Alfred Krupp); Stilklassen; sehenswerte Sommerspiele im Stadttheater.
- **Wiener Neustadt:** Dom – romanisch-gotische Basilika; ehemalige Burg mit St.-Georgs-Kathedrale; Grab Maximilians I.; Wappenwand; Flugmuseum „Aviaticum".
- **Naturpark Hohe Wand.**
- **Bad Erlach:** Therme Asia Linsberg.
- **Puchberg am Schneeberg:** Kneippkurort; Sommer- und Wintersport; Zahnradbahn.
- **Semmeringgebiet:** UNESCO Weltkulturerbe, typische Sommerfrischen, z. B. in Payerbach-Reichenau; Kurtheater Sommerspiele; Museumsbahn nach Hirschwang im Höllental (Ursprung der ersten Wiener Hochquellenleitung).
- **Semmering:** bedeutender Sommer- und Wintersportort; „Zauberberg"; renoviertes Südbahnhotel (Späthistorismus).
- **Bucklige Welt, „Land der 1 000 Hügel":** Mönichkirchen (Skigebiet); Bad Schönau (Kurort).

Wienerwald

UNESCO Biosphärenpark.
- **Hinterbrühl:** Seegrotte.
- **Heiligenkreuz:** ältestes Zisterzienserkloster Niederösterreichs.
- **Mayerling:** Jagdschloss.
- **Mauerbach:** ehemalige Kartause.
- **Sparbach:** Naturpark.

1. Nennen Sie mindestens fünf Tourismusgebiete in Niederösterreich.
2. Beschreiben Sie Winter- und Sommersportmöglichkeiten in Niederösterreich.
3. Beschreiben Sie drei kulturelle Einrichtungen Niederösterreichs.
4. Welche Tourismustrends zeichnen sich in Niederösterreich ab?

8 Wien

Die **Geschichts- und Kulturmetropole** Wien wird von zahlreichen Gästen aus dem In- und Ausland besucht. Wie in vielen europäischen Großstädten boomt auch hier der Städtetourismus. Wien präsentiert sich dem Besucher äußerst widersprüchlich: zugleich kosmopolitisch und nostalgisch sowie extravagant und provinziell. Wien kann über zehn Millionen Nächtigungen pro Jahr verzeichnen. Davon entfallen zwei Millionen auf den Inlandsgast.

Als Folge der politischen Veränderungen in Europa ist Wien wieder in das Zentrum Mitteleuropas gerückt, und es konnten die politischen, wirtschaftlichen und kulturellen Kontakte mit den osteuropäischen Staaten neu belebt werden. Wien ist ein wichtiger **Handels- und Finanzplatz** sowie eine bedeutende **Universitätsstadt.** Die Innenstadt und das Schloss Schönbrunn zählen zum Weltkulturerbe der UNESCO.

Größe: 414 km²

Wien-Tourismus
www.wien.gv.at
www.wien.info
www.wien-konkret.at

🖊 Tragen Sie in diese Liste sechs bekannte Sehenswürdigkeiten ein:

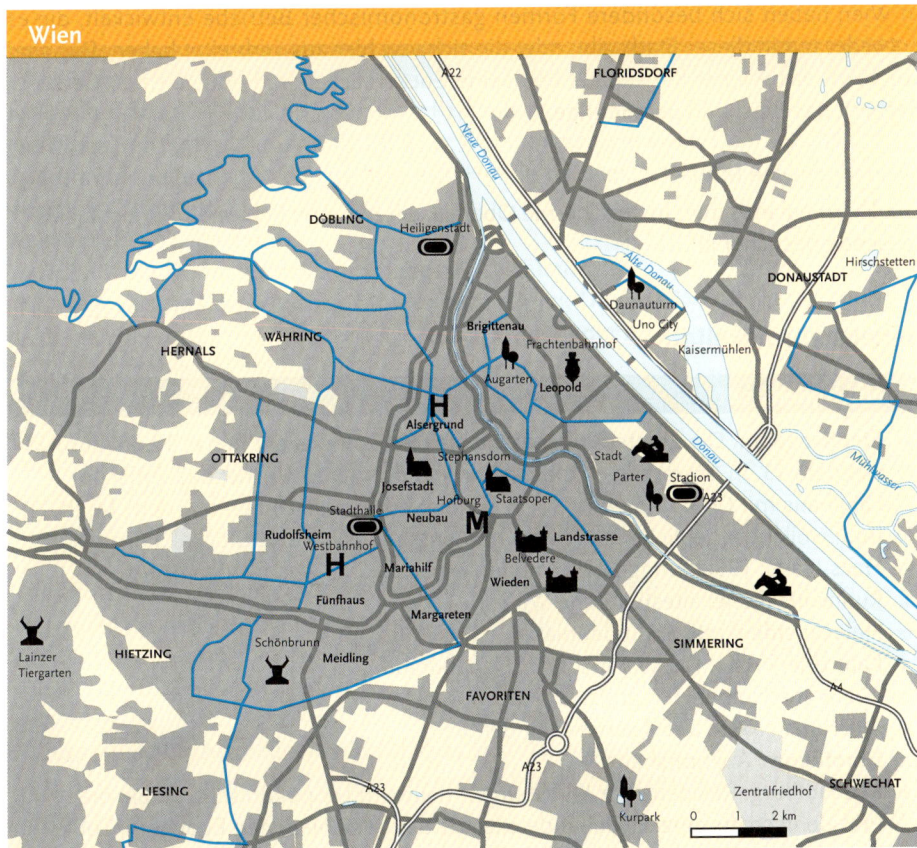

Gästemotive

Es sind nicht nur die Wiener Sehenswürdigkeiten, die den Besucher anziehen, sondern unterschiedlichste Motive führen Gäste in die Donaumetropole.

Schloss Schönbrunn mit Gloriette

➡ Eine weitere Abbildung von Schloss Schönbrunn finden Sie auf Seite 22, eine Abbildung von der Kirche am Steinhof auf Seite 23.

- **Schloss Schönbrunn:** nach Entwürfen von Fischer von Erlach um 1700 im Barockstil erbaut; Erweiterung um 1740 von Nicolaus Pacassi; 1 441 Zimmer; Rokoko-Inneneinrichtung; Schlosstheater; Parkanlage mit Gloriette (klassizistischer Säulenhalle); Wagenburg; Tiergarten; Palmenhaus. Schönbrunn ist das meistbesuchte Objekt Österreichs.
- **Kirche am Steinhof:** Hauptwerk des Wiener Jugendstils (Otto Wagner).
- Die **Ausläufer des Wienerwalds** sind durch die Höhenstraße erschlossen und verbinden die beliebten Ausflugsziele Cobenzl, Kahlenberg und Leopoldsberg.

Das Wiener U-Bahnnetz

? Arbeitsaufgaben

1. Welche Motive haben Gäste, wenn sie Wien besuchen?
2. Nennen Sie fünf Wiener Gemeindebezirke, die für den Tourismus wichtig sind.
3. Beschreiben Sie die Sportmöglichkeiten in Wien.
4. Beschreiben Sie sechs kulturelle Einrichtungen von Wien.
5. Welche Tourismustrends zeichnen sich in Wien ab?

9 Burgenland

Das Burgenland ist Österreichs östlichstes Bundesland. Alljährlich besuchen tausende Gäste das „Land der Sonne". Das Burgenland zeichnet sich besonders durch sein großes Angebot in den Bereichen Kultur, Natur, Wein, Gesundheit und Sport aus.

Neben dem UNESCO Weltkulturerbe Nationalpark Neusiedler See – Seewinkel verfügt das Burgenland über eine Reihe von Naturparks, wobei sich der Naturpark Raab – Örseg (H) – Goricko (SLO) im südlichen Dreiländereck wegen seiner Landschaftsvielfalt besonderer Beliebtheit erfreut.

Größe: 3 970 km²
Hauptstadt: Eisenstadt
Landesteile: Neusiedler See, Rosalia, Mittelburgenland, Südburgenland

Burgenland-Tourismus
www.burgenland.at
www.neusiedlersee.com
www.rosalia.at

✎ Tragen Sie in diese Liste drei bekannte Sehenswürdigkeiten ein:

_____

_____

_____

Joseph Haydn (1723–1809) war nicht nur im Gedenkjahr 2009 Aushängeschild Nr. 1 der burgenländischen Kultur

Regionen

Eisenstadt und Umgebung

Eisenstadt ist seit 1925 die Metropole des Burgenlandes. Davor war Eisenstadt ungarische Freistadt und Residenz der Fürsten Esterházy. Berühmt ist Eisenstadt aufgrund der Haydn-Festspiele, des „Festes der 1 000 Weine" und der barocken Schlossanlage der Esterházys mit dem Haydnsaal und dessen berühmter Akustik.
Sehenswürdigkeiten:
- **Domkirche St. Martin:** spätgotische Hallenkirche.
- **Kalvarienberg und Bergkirche:** künstlicher Berg mit Passionsweg; Haydn-Mausoleum.
- **Burgenländisches Landesmuseum:** Volks- und Naturkunde des Burgenlands.
- **Marienwallfahrtskirche Loretto** mit der „schwarzen Madonna" (Kopie des italienischen Wallfahrtsortes Loreto).

Nordburgenland

- **Neusiedler See:** Einzigartiger Steppensee mit einem breiten Schilfgürtel. Östlich des Sees befindet sich das Gebiet der Lacken – „Seewinkel". Im Sommer Bade-, Surf- und Segelparadies. Im Winter beliebter Eislaufplatz. Besondere Sportart: Eissegeln; im Herbst findet in der Region Neusiedlersee das „Martiniloben" statt, im Frühjahr der „Weinfrühling"; Gäste sind willkommen, von Weinbauer zu Weinbauer und Betrieb zu Betrieb zu wandern und sich kulinarisch verwöhnen zu lassen.
- **Mörbisch:** Seefestspiele auf der Seebühne; gut erhaltenes, typisch burgenländisches Ortsbild mit alten Weinbauernhöfen und Stiegenlauben; Seebadeanlage; gut ausgebautes Radwegenetz.

Der Neusiedler See ist ein einzigartiges Ökosystem mit ca. 300 Vogelarten und vielen verschiedenen Pflanzenarten, die hier vor dem Aussterben bewahrt werden

💡 Der Nationalpark Neusiedler See – Seewinkel überschreitet die ungarische Grenze (siehe auch S. 25).

- **Rust:** Die Freistadt Rust ist als Stadt der Störche bekannt. Sie hat viele barocke Bürgerhäuser und einen malerischen Altstadtkern. Sitz der österreichischen Weinakademie.
- **St. Margarethen:** Römersteinbruch; Bildhauersymposium; Passionsspiele (alle fünf Jahre); Opernfestspiele und Open-Air-Konzerte.
- **Purbach:** Wein- und Ferienort; Wahrzeichen „Purbacher Türke".
- **Kittsee:** Schloss mit ethnografischem (völkerkundlichem) Museum; Musical-Sommer; Pannonisches Forum (organisiert Konzerte o. Ä.).
- **Mönchhof:** „Dorfmuseum", sehenswertes Freilichtmuseum.
- **Gols:** bedeutendste Weinbaugemeinde Österreichs.
- **Halbturn:** barockes Jagdschloss von Johann Lucas von Hildebrandt; heute Ausstellungszentrum
- **Podersdorf:** Sport- und Freizeitzentrum; Windmühle.
- **Frauenkirchen:** barocke Wallfahrtskirche Maria Himmelfahrt; Kalvarienberg; St. Martins Therme Seewinkel.
- **Illmitz:** Zentrum des Nationalparks.

Region Rosalia

- **Bad Sauerbrunn:** Heiltherme.
- **Wiesen:** Jazzfest im Juli; World Music Festival (nichtkommerzielle Musik); „Sunsplash" im August.
- **Mattersburg:** Kulturzentrum und Literaturhaus; Stadtmuseum in der Bauernmühle.
- **Burg Forchtenstein:** mächtiges Bollwerk, das nie erobert wurde; im Inneren verschiedene Sammlungen (Schatzkammer, Zeughaus, Ahnengalerie) der Fürsten Esterházy; im Juli Familienprogramm: „Forchtenstein Fantastisch"; Rosalienkapelle auf dem Heuberg.

Tourismusregion Mittelburgenland

www.sonnenland.at
www.blaufraenkischland.at

Mittelburgenland

- **Kobersdorf:** Renaissanceschloss; aufwendige Revitalisierung; Schlossspiele.
- **„Blaufränkischland":** Dachmarke der Weingüter in den Gemeinden Deutschkreutz, Neckenmarkt, Unterpetersdorf, Horitschon, Raiding, Großwarasdorf, Lutzmannsburg und Draßmarkt.
- **Deutschkreuz:** Renaissanceschloss im Besitz des Künstlers Anton Lehmden; Gemäldegalerie.
- **Neckenmarkt:** Neckenmarkter Fahnenschwingen am Sonntag nach Fronleichnam (Gedenken an die Verteidigung des Lackenbacher Schlosses 1620 durch die Neckenmarkter Bauern).
- **Draisinentour:** von Horitschon über Raiding (Franz Liszts Geburtshaus; Liszt-Festival), vorbei an der Ruine Landsee (Reste einer ehemals riesigen Wehranlage), weiters über Stoob (Töpfergemeinde; berühmt ist der „Plutzer", ein Gefäß zum Kühlhalten von Getränken; Töpfermuseum; Fachschule für Keramik und Ofenbau) nach Oberpullendorf. Lutzmannsburg: Sonnentherme.
- **Lockenhaus:** Burg aus dem 13. Jh.; gotischer Rittersaal; Fresken in der Burgkapelle; Kammermusikfest; Greifvogelwarte.
- **In der Nähe Geschriebenstein:** 884 m (höchste Erhebung des Bundeslandes); grenzüberschreitender Naturpark mit Lehrpfaden.

Tourismusregion Südburgenland

www.sued-burgenland.com
www.weinidylle.at

Südburgenland

- **Bernstein:** mittelalterliche, barockisierte Burg; Abbau von Edelserpentin (Halbedelstein); Felsenmuseum; Schaubergwerk.
- **Bad Tatzmannsdorf:** Burgenlandtherme; Freilichtmuseum; Kammermusikfestival; Kurmuseum.
- **Stadtschlaining:** Burg aus dem 13. Jh.; Österreichisches Studienzentrum für Frieden und Konfliktlösung; Kongress- und Seminarzentrum.
- **Großpetersdorf:** Märchenbahn nach Hannersdorf .
- **Bildein:** Museum – burgenländisches Geschichte(n)haus.

- Im **Südosten der Region** liegt das Weinbaugebiet „Weinidylle" mit den Orten Rechnitz, Eisenberg, Kohfidisch, Güssing und Heiligenbrunn: historisches Kellerviertel; Heimat des Uhudlers; Landschafts- und Naturschutzgebiet.
- **Stegersbach:** Golf- und Thermenresort; größte Golfschaukel Österreichs; Hoteldorf Rogner-Birdie-Therme, gestaltet von Gottfried Kumpf.
- **Güssing:** ungarische Grenzburg aus dem 12. Jh.; Burgmuseum; Güssinger Kultursommer (Burgspiele, Musicals); Auswanderermuseum; Öko-Energieland: „Modell Güssing" (Energieerzeugung aus erneuerbaren Ressourcen).

Historisches Kellerviertel in Heiligenbrunn

? Arbeitsaufgaben

1. Nennen Sie mindestens fünf Tourismusgebiete im Burgenland.
2. Beschreiben Sie Möglichkeiten der Freizeitgestaltung im Burgenland.
3. Beschreiben Sie drei kulturelle Einrichtungen im Burgenland.
4. Welche Tourismustrends zeichnen sich im Burgenland ab?

Betriebe der Hotellerie und Gastronomie

Unterteilung der Hotel- und Gastronomiebetriebe:

- Hotellerie
  - Garnibetriebe
  - Vollbetriebe
- Gastronomie
- Systemgastronomie

 Siehe dazu auch die Homepage der Wirtschaftskammer Österreich: www.wko.at.

Für die Betriebe sind in der Wirtschaftskammer Österreich die einzelnen Bundesländerorganisationen der **Bundessparte Tourismus und Freizeitwirtschaft** mit den Organisationseinheiten **Fachverband Hotellerie** und **Fachverband Gastronomie** zuständig.

Um den unterschiedlichen Wünschen und Bedürfnissen unserer Gäste gerecht zu werden, haben sich verschiedene gastgewerbliche Betriebsarten gebildet, die auf spezielle Gästekreise ausgerichtet sind und ihre Dienstleistung voll auf sie abgestimmt haben.

Unsere Ziele

Nach Bearbeitung dieses Kapitels werden Sie

- die Hotellerie- und Gastronomiebetriebe nach Betriebsarten einteilen können;
- die Unterschiede der einzelnen Betriebsarten erklären können;
- verschiedene Betriebe und ihre Eigenheiten beschreiben können.

1 Betriebe der Hotellerie

1.1 Garnibetriebe

Diese Betriebe bieten meist nur Beherbergung an. Wird ein Frühstück verabreicht, ist ein den Vorschriften entsprechendes Frühstückszimmer einzurichten.

Betriebsarten	
Betrieb	**Merkmale**
Hotel garni	Nächtigung mit Frühstück.
Frühstückspension	Nächtigung mit Frühstück; meist längere Aufenthaltsdauer; bis zu 10 Betten.
Apartmentanlage Bungalowanlage	Günstige Ferienaufenthalte für Familien (Selbstversorger).
Jugendherberge	Einfache Unterbringung, meist in Mehrbettzimmern.
Schutzhütte	In den Bergen; meist Matratzenlager.
Parahotellerie	Ferienwohnung, Ferienappartment, Campingplatz, Privatzimmer.

Frühstückspensionen sind klassische Betriebe für Feriengäste

1.2 Vollbetriebe

Vollbetriebe sind Betriebsarten der Beherbung mit Verpflegung und werden auch **kombinierte Betriebe** genannt. Dazu zählen:
- Hotel
- Gasthof
- Pension
- Erholungs- und Ferienheime

Unsere Ziele

Nach Bearbeitung dieses Kapitelabschnittes werden Sie
- die verschiedenen Beherbergungsbetriebe der Hotellerie aufzählen können;
- die Garnibetriebe der Hotellerie unterscheiden und erklären können;
- Vollbetriebe nach der Betriebsdauer, nach der Lage und Größe und nach ihrer rechtlichen Form erklären können.

Schutzhütten zählen zu den Garnibetrieben

Betrieb	Merkmale
Hotel	Beherbergungsbetrieb mit mehr oder weniger ausgebautem Verpflegungsbereich, der die Anforderungen reisender Menschen an Einrichtung, Angebot und Service erfüllt.
Gasthof	Ein Gasthof ist ein Gasthaus mit Zimmerangebot. Früher waren Gasthöfe auch Postkutschenstationen und dienten zur Übernachtung und zum Pferdewechsel (Gasthof zur Post). Heute bieten Gasthöfe großteils den gleichen Komfort wie Hotels.
Pension	Beherbergungsbetrieb mit unterschiedlichem Verpflegungsangebot: ■ Frühstückspension. ■ Urlaubspension. ■ Wellnesspension. Verpflegung wird nur an Hausgäste ausgegeben; in Ausnahmefällen auch an Gäste, die nicht im Haus wohnen.
Erholungs- und Ferienheime	Nur einem bestimmten Personenkreis zugänglich, z. B. Ferienheime von Firmen, Vereinen.

Betriebe nach dem Angebot

Beherbergungsbetriebe werden außerdem nach ihrer Leistung und nach ihrem zusätzlichen Angebot unterteilt.

Betrieb	Merkmale
Sporthotel	Angebote für sportliche Betätigung: Tennisplatz, Schwimmbad, Golfplatz, Reitstall, Wintersportanlagen, Seen, Flüsse und Bäche für Rafting, Canyoning, Radwege und Mountainbikestrecken etc.
Kurhotel, Kurpension, Kurhaus	Dient in erster Linie der Rehabilitation. Angebote für alle Kuranwendungen, wie Bäder, Gymnastik, Massagen etc., mit ärztlicher Betreuung.
Wellnesshotel, Schönheitsfarm, Gesundheitshotel	Dient der Prävention von Krankheiten und dem Wohlfühlen, der Pflege von Körper, Geist und Seele unter fachlicher Anleitung, z. B. Whirlpool, Sauna, Massage, Kosmetik.
Seminarhotel	Seminar-, Tagungs- und Konferenzräume mit technischer Ausstattung. Auch im Seminarhotelbereich findet man spezialisierte Hotelgruppen, die aber individuell geführt werden, z. B. Symposionhotels, www.symposionhotels.at.
Biohotel	Speisenangebot aus kontrolliert biologischem Anbau, Möbel aus Naturmaterialien.
Designhotel	Architektonisch interessantes Haus mit individuell gestalteten Zimmern zu vertretbaren Preisen.

Wellness = Wohlbefinden.

💡 Es gibt auch sogenannte Low-Budget-Hotels, deren Angebot in erster Linie auf einen guten Preis zielt (www.lowbudgethotels.com).

Betriebe nach der Betriebsdauer

Betriebe werden je nach Öffnungsdauer und Öffnungszeitpunkt in drei Kategorien eingeteilt.

Betrieb	Merkmale
Einsaisonbetrieb	Nur im Winter oder nur im Sommer geöffnet.
Zweisaisonenbetrieb	In den Sommer- und Wintermonaten geöffnet.
Ganzjahresbetrieb	Das ganze Jahr geöffnet.

Betriebe nach dem Standort

Die Lage des Betriebes ist für die Art des Betriebes ausschlaggebend.

Betrieb	Merkmale
Stadthotel	In Städten.
Terminalhotel	In der Nähe von Flughäfen und Bahnhöfen. Die Zimmer können zur Erfrischung – bei Transfers – auch stundenweise gemietet werden.
Motel	Motels sind an Autobahnen und Überlandstraßen zu finden. Zimmer werden meist nur für eine Nacht gebucht.
Landhotel, Ferienhotel	In Erholungsgebieten.
See- und Strandhotel	Unmittelbar am See oder Strand gelegen.
Golfhotel	Mit hoteleigener Golfanlage oder in unmittelbarer Nähe einer Golfanlage.
Kurhotel	In Orten mit Heilquellen, Mooranlagen und guter klimatischer Lage.

Terminalhotels werden meist für kürzere Zwischenstopps in Anspruch genommen

Betriebe nach der Größe

Die Grenzen zwischen den einzelnen Betriebsgrößen sind heute nur schwer zu ziehen, daher ist die Bettenanzahl nur als Richtgröße anzusehen.

Betrieb	Merkmale
Hotelkette	Mehrere Betriebe eines Unternehmens regional, national oder international, wie Hilton, Marriot, Austrotel ... Ab ca. 500 Betten.
Großbetrieb	Hotel- und Gaststättenbetrieb mit über 150 Betten.
Mittelbetrieb	Die Bettenanzahl liegt zwischen 70 und 150 Betten.
Kleinbetrieb	Bis zu 70 Betten.

 Hotelketten sind z. B.

- Leading hotels of the world, www.lhw.com,
- Designhotels, www.designhotels.at,
- Lifestylehotels, www.lifestylehotels.net,
- Bestwestern Hotels, www.bestwestern.com,
- Dorint Hotels, www.dorint.com
- Accor Hotels, www.accorhotels.com.

Betriebe nach der Rechtsform

Unabhängig von der Lage, der Größe oder der Art des Betriebes unterscheiden sich die Betriebe auch nach ihrer rechtlichen Form.

Betrieb	Merkmale
Einzelfirma	Gehört einem Privatunternehmer, der mit dem persönlichen Vermögen haftet; ab einem bestimmten Jahresumsatz muss er sich ins Firmenbuch eintragen lassen und ist dann eingetragener Unternehmer (e. U.).
Personengesellschaft	OG (offene Handelsgesellschaft) und KG (Kommanditgesellschaft.
Kapitalgesellschaft	GmbH (Gesellschaft mit beschränkter Haftung), AG (Aktiengesellschaft).

Betriebe nach Zusammenschlüssen – Themenhotels

Um eine konkrete Zielgruppe besser bedienen zu können, schließen sich eigenständige Hotels zu **Dachmarken** zusammen. Ebenso werden wirtschaftliche Synergien hergestellt und genutzt.

Themenhotel	
Leben mit Wellness Wellness Hotels Austria www.bestwellness-hotels.at	Anspannen und Entspannen heißt die Wohlfühlzauberformel. Bäder, Saunen, Massagen, großzügige Badelandschaften sind hier zu finden. Der Gast kann relaxen und neue Energien tanken. Kompetente Kosmetikerinnen bieten ganzheitliche Schönheits- und Pflegeprogramme.
Feng-Shui-Hotels www.fengshui-hotels.com	Die Feng-Shui-Hotels wenden sich an Gäste, die im Urlaub qualitätsbewusst Energie tanken möchten. Die Zielgruppe ist wellnessorientiert, aber nicht sosehr in Bezug auf die Ausstattung eines Hauses, sondern mehr in Bezug auf eine ganzheitliche Erholung von Geist und Körper. Da Gäste dieser Art sehr unterschiedliche Vorstellungen vom Inhalt ihres Urlaubs und von ihrer Urlaubsumgebung haben, ist jedes der Feng-Shui-Hotels in seiner Ausrichtung anders. Allen Häusern gemeinsam ist die ganzheitliche Erholung für die Gäste.
50-plus-Hotels www.50plusHotels.at	Die meisten dieser Hotels verfügen über ausgezeichnete Relaxeinrichtungen. Sie bieten Massagen, Gymnastik etc. an. Nutzen heißt die Devise.
Golf in Austria www.golfinfo.at	Maßgeschneiderte Golfarrangements, individuell abgestimmt auf Profis oder Anfänger. Golfplätze, die herrliche Naturerlebnisse von hochalpin bis pannonisch bieten. Hotels, die sich in vielfältiger Weise auf den Golf spielenden Gast konzentrieren.
Die Kinderhotels www.kinderhotels.at	Babys sind in diesen Kinderhotels herzlich willkommen. Vom Fläschchenwärmer über Wickeltische bis zum Babyphone gibt es alles. Weiters gibt es fachgerechte Babybetreuung, wenn die Eltern dies wünschen.
Landhotels www.landhotels.at	Dies bedeutet 61-mal typisch österreichische Gastlichkeit, gute österreichische Küche sowie Brauchtum, Tradition und Regionalität. Alle Betriebe sind Familienbetriebe der gehobenen Drei- bis Viersternekategorie.
Radhotels in Österreich www.radtouren.at	Die österreichischen Radtouren umfassen insgesamt mehr als 10 000 Kilometer. Auf 13 großen und zahlreichen weiteren kleineren Radwegen lässt sich Österreich mit dem Rad entdecken. Dabei reicht das Angebot von der Radtour für Sportler über den Radweg für Genießer bis hin zur Fahrradtour für Familien, begleitet von den Radhotels an allen Etappen.
Relais & Châteaux www.relaischateaux.com	Dies ist eine weltweite Vereinigung von mehr als vierhundert Schlössern, Landhäusern und Restaurants. Qualität ist oberstes Ziel, Charme und Gastfreundschaft verpflichtend. Alle Häuser entsprechen der berühmten Regel der fünf C: Caractère, Charme, Courtoisie, Calme et Cuisine.
Romantik Hotels & Restaurants www.romantikhotels.com	In diesen Häusern Gast zu sein bedeutet, individuelle Gastlichkeit in Vollendung zu erleben; in einer unverwechselbaren harmonischen Umgebung, die historisches Ambiente mit anspruchsvollem, modernem Komfort verbindet.
Schlank und schön www.schlankund-schoen.at	Die fünf Säulen dieser Philosophie: ■ Ernährung ■ Bewegung ■ Entspannung ■ Schönheits- und Körperpflege ■ Die fünfte Säule gestaltet jeder Betrieb durch eine spezifische Zusatzqualität, die ihn von den anderen Betrieben abhebt.

Themenhotel	
Austria Kuschel-hotels www.kuschelhotels.at	Zum Miteinander-Wohlfühlen, für Lebenslust und Zweisamkeit. Sie bieten kuscheliges Ambiente, in dem die gemeinsam verbrachte Zeit bewusst erlebt und genossen werden kann – abseits vom Alltag. Jedes dieser Hotels hat seinen eigenen Charme und Charakter. Je nach Ausstattung und Kategorie des Hauses, der Jahreszeit des Besuchs und dem kulturellen Angebot der Region gestalten die Hotels ein Kuschelangebot.
G'sund & vital www.gsund.com	Diese Partnerhotels befinden sich inmitten der schönsten Ferienregionen im Herzen Europas und bieten mit einem „G'sund-&-Vital-Urlaub" maximalen Erholungswert.

Kennzeichnungen

Um den Gästen die Auswahl aus den vielfältigen Angeboten und Betriebsarten zu erleichtern, gibt es Kennzeichnungen, die auf Homepages und in Katalogen die Betriebe und ihre Angebote näher beschreiben. Hier eine Auswahl:

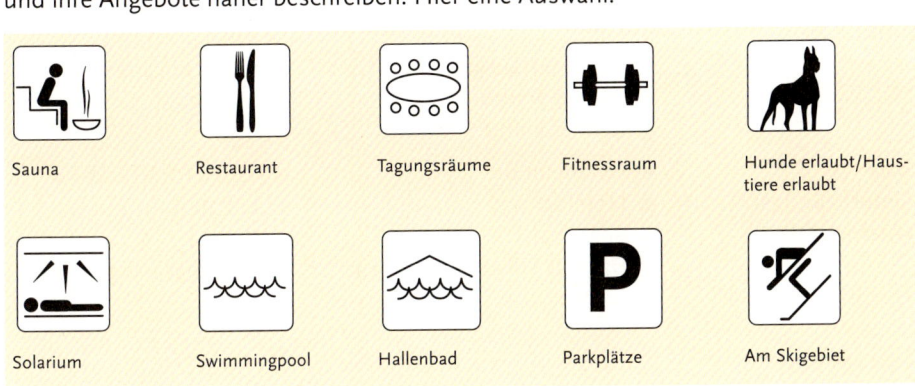

Sauna	Restaurant	Tagungsräume	Fitnessraum	Hunde erlaubt/Haustiere erlaubt
Solarium	Swimmingpool	Hallenbad	Parkplätze	Am Skigebiet

? Arbeitsaufgaben

1. Beschreiben Sie den Unterschied zwischen einem Hotel garni und einer Frühstückspension.
2. Wo findet man Schutzhütten?
3. Was versteht man unter einer Bungalowanlage?
4. Gibt es in Ihrer Region einen oder mehrere der oben beschriebenen Betriebe?
5. Wodurch unterscheidet sich ein Hotel von einer Pension?
6. Was ist ein Zweisaisonenbetrieb?
7. Worin besteht der Unterschied zwischen einem Groß- und einem Mittelbetrieb?
8. Nennen Sie drei Themenhotels und beschreiben Sie diese.

Bar

2 Betriebe der Gastronomie

Gastronomiebetriebe bieten den Gästen ausschließlich Speisen und/oder Getränke an.

Betriebsarten		
Betrieb	**Unterarten**	
Restaurant	■ Luxusrestaurant ■ Regionales Restaurant ■ Spezialitätenrestaurant ■ Ethnorestaurant	■ Kaffeerestaurant ■ Schnellrestaurant ■ Raststätte
Gaststätte	■ Gasthaus ■ Beisl ■ Pub ■ Bistro	■ Weinstube ■ Bierhalle ■ Buschenschank ■ Heuriger
Selbstbedienungsbetrieb	■ Cafeteria ■ Personalrestaurant (Kantine)	■ Buffet
Café	■ Kaffeehaus ■ Kaffeerestaurant ■ Kaffeekonditorei ■ Konzertkaffee	■ Tanzkaffee ■ Literatenkaffee ■ Espresso
Bar/ Unterhaltungsgastronomie	■ American Bar ■ Hotelbar ■ Snackbar ■ Bar mit Stimmungsmusik	■ Tanzbar/Diskothek ■ Kabarett ■ Varieté ■ Nightbar – Nightclub

Restaurant

Restaurants sind Betriebe, die Speisen und Getränke aller Art abgeben. Man unterscheidet zwischen Hotelrestaurants und Restaurants, die eine eigene Unternehmung darstellen.

Die **Ausstattung** der Restaurants richtet sich nach Ort, Lage, Gästekreis und betriebstypischen Gegebenheiten.

Die **Öffnungszeiten** entsprechen den Zeiten der landesüblichen Hauptmahlzeiten. Sehr viele Betriebe haben auch ganztägig geöffnet und bieten warme Küche.

Zu den **Betriebsräumen** eines Restaurants zählen:

Gasträume
■ Restauranträume
■ Bankett- und Veranstaltungsräume
■ Stüberl
■ Schank, Bar

Wirtschaftsräume
■ Küche, Lager, Office
■ Büros
■ Garderoben, Waschräume, Toiletten

Betrieb	Merkmale
Luxusrestaurant	Internationale Küche mit Tages- und Saisonspezialitäten – erstklassige Zubereitung, erstklassiges Service, bestsortierter Weinkeller, Luxusausstattung.
Regionales Restaurant	Regionale, bodenständige Speisen und Getränke.
Spezialitätenrestaurant	Angebot verschiedenster Spezialitäten, wie Wild- und Grillspezialitäten, vegetarischer Kost ...
Ethnorestaurant	Landestypische Spezialitätenrestaurants mit italienischer, japanischer, chinesischer, griechischer, mexikanischer ... Kost.

Betrieb	Merkmale
Schnellrestaurant	Meist Selbstbedienungslokale.
Raststätte	Restaurants an Schnellstraßen oder Autobahnen, wobei gerade bei Raststätten alle der oben angeführten Restaurantformen möglich sind.

Gaststätte

Gaststätten sind Betriebe, die hauptsächlich Getränke und auch Hausmannskost bzw. regionale Küche anbieten.

Betrieb	Merkmale
Gasthaus	Hausmannskost, mittags Tellergerichte; hauptsächlich Getränkeausschank.
Beisl	Speisen- und Getränkeangebot wie im Gasthaus. Beisln findet man hauptsächlich im Wiener Raum. Die Gäste sind meist aus der unmittelbaren Umgebung (Stammbeisl). Im Sommer gibt es meist auch einen Schanigarten.
Pub	Nach Art einer englischen Biergaststätte eingerichtet. Meist Getränke wie Ale, Bitter, Stout, Guinness vom Fass; kleines Speisenangebot.
Bistro	Eine Art „Aperitifbar" mit Spezialitäten und kleinen Imbissen.
Weinstube	Es werden meist nur Getränke ausgeschenkt und im Stehen eingenommen.
Buschenschank, Heuriger	Es dürfen nur eigene Weine bzw. Moste ausgeschenkt werden. Für Heurigenrestaurants benötigt man einen Befähigungsnachweis.

Selbstbedienungsbetrieb

Speisen und Getränke werden vom Gast selbst an der Theke (Ausgabe) geholt und auch dort bezahlt.

Betrieb	Merkmale
Cafeteria	Selbstbedienungsbuffet mit Tablettausgabe, Kalt- und Warmausgabe für Hauptspeisen, Beilagen und Desserts; Kalt- und Heißgetränkeausgabe, Kassaplatz.
Buffet	Hauptsächlich bei Sportstätten, wie Fußball- und Tennisanlagen, in Kinos und im Theater.

Café

Das typische Wiener Kaffeehaus ist, neben dem Wiener Beisl, die einzige österreichische Betriebsart. Seine Dienstleistung ist einmalig. Der Begründer des Wiener Kaffeehauses war der gebürtige Pole Georg Kolschitzky, der als Dank für seine während der Türkenbelagerung 1683 geleisteten Dienste aus der Kriegsbeute 500 Sack Kaffeebohnen erhielt. Daraufhin eröffnete er das berühmt gewordene Kaffeehaus „Zur blauen Flasche". Kolschitzky süßte den Kaffee mit Honig und durch Zugabe von Milch oder Rahm machte er den Kaffee milder und bekömmlicher – die **Wiener Melange** war geboren. Zur gleichen Zeit wurde das **Kipferl** – dem türkischen Halbmond nachempfunden – erfunden.

Zu den **Wirtschaftsräumen** des Cafés gehören Küche und Kaffeeküche, Konditorei, Magazine, Leergutraum und Betriebsbüro.

Beim Heurigen

➡ Siehe auch Betriebe der Systemgastronomie, S. 87.

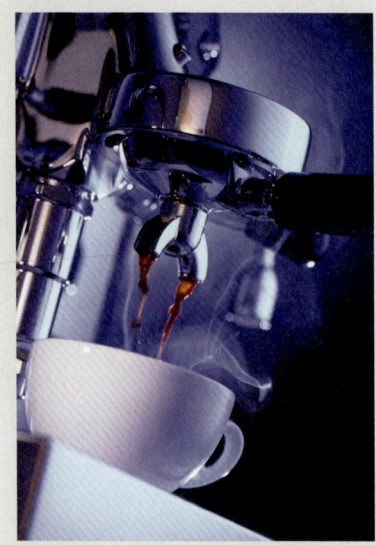

Im Café dreht sich alles um
Kaffee

Betrieb	Merkmale
Wiener Kaffeehaus	▪ Getränke und Speisen werden auf einer Tasse serviert und eingestellt. ▪ Zu jedem Kaffee wird ein Glas frisches Wasser gereicht. ▪ Der Kaffeelöffel liegt auf dem Glas. ▪ Das Essensangebot umfasst meist Mehlspeisen und kleine Imbisse. ▪ Tische mit Marmorplatte, keine Tischtücher. ▪ Angebot verschiedener Spiele, wie z. B. Billard, Schach, Bridge. ▪ Klubzimmer für Vereine. ▪ Tages- und Wochenzeitschriften sowie Magazine werden aufgelegt.
Kaffeerestaurant	Kaffeehaus, in dem auch Mahlzeiten auf gedeckten Tischen serviert werden.
Kaffeekonditorei	Kaffeehaus mit reichem Angebot an Konditorwaren.
Konzertkaffee	Kaffeehaus mit zusätzlichem Angebot von Konzert- und/ oder Stimmungsmusik.
Tanzkaffee	Kaffeehaus mit Band und Tanzfläche.
Literatenkaffee	Kaffeehaus mit Dichterlesungen, Vorträgen, Kunstausstellungen ...
Espresso	Einfache, moderne Form des Kaffeehauses, meist mit Stehtischen.

Bar

Bars sind angloamerikanische Betriebsformen, die entweder als selbstständige Betriebe geführt werden oder – in Österreich häufiger – einem Hotelbetrieb angeschlossen sind.

Die Bar ist ein wesentlicher Kommunikationsraum in einem Betrieb.

Eine Bar weist in der Regel eine lange Bartheke mit Barhockern sowie kleine Sitznischen auf. Es herrscht eine besondere Atmosphäre durch Licht, Musik und Ausstattung. Eine Barkarte mit Getränken und Cocktails liegt auf.

Betrieb	Merkmale
American Bar	Die meisten Gäste konsumieren stehend oder auf Barhockern sitzend. Der Barkeeper bereitet die Getränke zu.
Hotelbar	Wie bei der American Bar. Zugleich ist sie auch eine Aperitif- und Digestifbar. Vorwiegend wird sie von Hotel- und Restaurantgästen besucht.
Snackbar	Hier werden Getränke und kleine Imbisse (Snacks) angeboten.
Milchbar	Verabreichung von Milch- und Milchmischgetränken, meist alkoholfrei.
Bar mit Stimmungsmusik	Meist spielt ein Barpianist, eine Band oder ein DJ spielt CDs.
Tanzbar	Meist Livemusik von einer Band. Eine moderne Form der Tanzbar ist die Diskothek, meist für Jugendliche.
Kabarett	Zeitkritische Darstellungen. Die Besucher sitzen an Tischen und konsumieren Getränke (z. B. „Simpl" in Wien).
Varietee, Nightclub	Gezeigt werden akrobatische Darstellungen und Striptease. Meist sehr teuer.

⑦ Arbeitsaufgaben

1. Welche Betriebsarten werden unterschieden?
2. Zählen Sie je drei Restaurant- und Gaststättenbetriebe auf und nennen Sie ihre Merkmale.
3. Welche Café- und Bararten kennen Sie?

3 Betriebe der Systemgastronomie

3.1 Merkmale und Beschreibung

Hauptmerkmal der Systemgastronomie ist – im Gegensatz zur Individualgastronomie – die Betriebsführung anhand eines **standardisierten Konzepts,** mit dem mehrere Betriebe auf gleiche Weise geführt werden. Man kann die Systemgastronomie mit einer Supermarktkette vergleichen: Viele Betriebe bieten die **gleichen Produkte** (standardisiertes Speisen- und Getränkeangebot) in **gleicher Weise** an. Einheitlich sind neben dem Angebot auch die Ausstattung der Betriebe sowie die Organisation der Arbeitsabläufe.

Die Systemgastronomie ist eine Vervielfachung erfolgserprobter Ideen mit einer strengen Orientierung an der Zielgruppe. Die **Marke** eines Systemgastronomiebetriebes steht für **gleichbleibende Qualität.** Dies entspricht dem Wunsch des Kunden bzw. Gastes, zu wissen, was ihn erwartet.

Meist sind Systemgastronomiebetriebe an Orten mit hoher Gästefrequenz anzutreffen (in Einkaufszentren, an Hauptverkehrsstraßen o. Ä.).

Standardisierung

Dieser Begriff steht wohl an erster Stelle, will man Systemgastronomie definieren. Damit ist die Festlegung einer **Norm** gemeint, mit der eine Vereinheitlichung erreicht werden soll.

Sinn und Zweck der Standardisierung in Gastronomiebetrieben ist es, immer wiederkehrende Abläufe **einmal** effizient zu organisieren und nicht jedes Mal neu zu planen.

In Systemgastronomiebetrieben sind prinzipiell alle Arbeitsbereiche und -abläufe standardisierbar.

Beispiele für Standardisierungen in Systemgastronomiebetrieben
- Speisen- und Getränkeangebot: standardisierte Rezepte und Anrichtearten.
- Warenwirtschaftssystem: Kalkulation, Bestellung, Einkauf, Lagerverwaltung.
- Produktion (Herstellung der Speisen, Gargeräte).
- Kassen- und Abrechnungssysteme.
- Mitarbeitermanagement.
- Kommunikation nach innen und außen.
- Hygiene- und Unfallverhütungsmaßnahmen.
- Marketing (siehe dazu S. 175 ff).

Die Standardisierungsrichtlinien werden in **Handbüchern** festgehalten.

Erst, wenn sich ein System bewährt hat, eignet es sich zur **Standardisierung** und wird zum Konzept für mehrere Standorte. Für den Betreiber eines Systemgastronomiebetriebs bietet dies Sicherheit, weil er auf bereits erprobte Erfahrungen bauen kann. Das bedeutet aber nicht, dass nicht trotzdem jeder einzelne Betrieb auf kleiner Ebene wirtschaftlich denken muss in Bezug auf Mitarbeiterplanung, Wareneinsatz und Investitionen. Diese Faktoren sind – ebenso wie die Gästefrequenz – standortabhängig.

Kennzeichen von Systemgastronomiebetrieben
- **Organisation:** zentrale Steuerung mit Filial- oder Franchisesystem (siehe S. 88, 89).
- **Erprobtes Konzept:** Standardisierte Abläufe, Know-how wird mehrmals eingesetzt. Die tägliche Arbeit ist in Regeln und Geschäftsgrundsätzen fest verankert. Standardisiertes Sortiment.
- **Erkennbares Profil:** bestes Steak, größtes Schnitzel, die meisten Cocktails zum fairsten Preis, Vermittlung echter japanischer Lebensweise o. Ä.

Unsere Ziele

Nach Bearbeitung dieses Kapitelabschnittes werden Sie
- die wesentlichen Merkmale eines Systemgastronomiebetriebes nennen können;
- wissen, was Franchising und was Filialsystem bedeutet;
- Arten von Systemgastronomiebetrieben aufzählen und beschreiben können.

Systemgastronomie steht für ein standardisiertes und für mehrere Standorte angewendetes Konzept, das zentral gesteuert wird. Sie wird auch mit Markengastronomie übersetzt.

➡ Zum Thema Marketing erfahren Sie mehr ab Seite 175.

❓ Was sind die Erfolgsfaktoren der Systemgastronomie?

❗ Als Systemgastronom/-in sind Sie ebenso Gastgeber/-in wie in jedem anderen gastronomischen Betrieb. Das heißt, Sie haben auch und besonders hier das Bedürfnis des Gastes nach Kommunikation, Ansprache und Service zu erkennen und sich ihm gegenüber entsprechend als Gastgeber zu verhalten.

💡 Beide Systeme gibt es nicht nur in der Gastronomie, sondern auch in vielen anderen Sparten, wie z. B. im Handel (Lebensmittelhandel, Baumärkte, Gartencenter, Parfümerien) oder im Dienstleistungssektor, in der Immobilienbranche etc.

- **Eingeführte Marke:** einheitliches Erscheinungsprofil (Corporate Identity, siehe S. 177), Marketing und einheitlicher Marktauftritt. Die Marke in der Gastronomie steht für das Versprechen dem Gast gegenüber, ein Genusserlebnis immer wieder reproduzieren zu können.
- **Effiziente Raumnutzung:** Gast- und Wirtschaftsräume sind zusammengelegt und orientieren sich am Nutzen, nicht an ästhetischen Ansprüchen.

Vorteile von Systemgastronomiebetrieben

- **Sicherheit** durch bewährtes Konzept. Filialen werden meist nur dort eröffnet, wo eine bestimmte tägliche Frequenz zu erwarten ist (z. B. an Straßen, die täglich von mehr als 20 000 Fußgehern frequentiert werden).
- **Kostenvorteile** durch zentrale Verwaltung und zentralen Einkauf. **Kaum Lagerkosten** durch raschen Warenumsatz (Turn-over): Dadurch, dass wenige Produkte angeboten werden (z. B. nur Burger), wird der Warenumsatz gesteigert und das Lager klein gehalten.
- **Höhere Finanzkraft** der einzelnen Filiale durch oben genannte Kostenvorteile. Dies wirkt sich vor allem in umsatzschwächeren Zeiten, z. B. während Anpassungsphasen an geänderte Gästebedürfnisse, positiv aus.
- **Systematisiertes Einrichtungs- und Ausstattungskonzept** spart bei Neugründung oder Neuübernahme Zeit und Kosten.
- **Standardisiertes Ausbildungs- und Einschulungssystem** für neue Mitarbeiter/-innen.
- **Der Kunde weiß, was ihn erwartet.**
- **Rasches, preiswertes Verpflegungssystem,** schnelle Bedienung.
- **Beste Qualität, hohe Hygienestandards.**
- **Die Zentrale übernimmt das Marketing** und ist dafür verantwortlich, die betriebswirtschaftlichen Ergebnisse zu optimieren.
- **Expansion** bei Erfolg des Konzepts leicht möglich. Dadurch Vorteile für den Einzelunternehmer durch höheren Bekanntheitsgrad der Marke.

Nachteile von Systemgastronomiebetrieben

- **Kaum individueller Spielraum.**
- **Inflexibiliät:** Große Systeme können schwerfällig sein und eine Anpassung an Kundenbedürfnisse erschweren.
- **Wenig persönliche Betreuung.** Das Konzept hinter einer Systemgastronomiephilosophie ist meist für den Kunden sehr stark spürbar, z. B. in standardisierten Kundengesprächen: „Guten Tag, mein Name ist Martin Mitterhuber. Was kann ich für Sie tun?", oder: „Möchten Sie als Dessert noch eine heiße Apfeltasche?").

3.2 Organisation von Systemgastronomiebetrieben

Man unterscheidet zwei Arten, wie Systemgastronomiebetriebe organisiert werden. In beiden Fällen steht eine **Zentrale** an der Spitze der Organisation. Diese vergibt Filialen bzw. Standorte.

Filialsystem

Merkmal des Filialsystems ist es, dass von der Zentrale **eine Geschäftsführerin/ein Geschäftsführer** mit der Leitung einer Filiale betraut wird, d. h., die Leiterin/der Leiter des Standortes ist bei der Systemgastronomiebetriebskette **angestellt.** Aufgabenschwerpunkt ist die Arbeit für die Kunden. Produktentwicklung, Angebotspalette, Preisfindung, Marketing etc. bleiben im Zuständigkeitsbereich der Zentrale.

Den Filialen sind ab etwa fünf bis zehn Standorten Regionalleiter/-innen übergeordnet, die das Bindeglied zur Zentrale darstellen.

Beispiele sind Nordsee, Wienerwald oder Unternehmen der Handelsgastronomie (z. B. Ikea).

Franchisesystem

Merkmal des Franchisesystems ist es, dass die Leiterin/der Leiter eines Standortes diesen Betrieb als **Unternehmer/-in – also selbstständig –** führt. Sowohl der **Franchisegeber** (die Zentrale) als auch der **Franchisenehmer** ist rechtlich und finanziell selbstständig und unabhängig.

Der Franchisenehmer erhält vom Franchisegeber das Recht sowie die Verpflichtung, ein dem Konzept entsprechendes Geschäft zu betreiben. Er darf den Systemnamen, die Marke, das Know-how (z. B. Rezepte, Herstellungsverfahren) und die wirtschaftlichen und technischen Methoden (z. B. Software) verwenden. Dafür zahlt der Franchisenehmer Gebühren, die sich meist am Umsatz orientieren.

Moderne Franchisegeber bilden ihre eigenen Franchisenehmer in der Zentrale gemäß der Unternehmensphilosophie aus. Das bietet den Vorteil, dass man als Jungunternehmer/-in optimal für die Leitung eines Standortes vorbereitet ist. Dem steht der Nachteil einer eventuell einseitigen Ausbildung gegenüber.

Die Partner sind verpflichtet, die vom Franchisegeber gesetzten Standards einzuhalten und Neuerungen bzw. Weiterentwicklungen mitzutragen und am Standort umzusetzen. Dafür erhält der Franchisenehmer gegen Gebühr regelmäßige Betreuungen und Schulungen.

Ein Vorteil für den Franchisenehmer ist die **Risikominimierung** aufgrund des erprobten Konzeptes. Auch ist meist die **Finanzierung** der Betriebsgründung einfacher als für ein Individualunternehmen, da Banken in systematisierte, erfolgreiche Unternehmenskonzepte und die professionelle Führung der Zentralen mehr Vertrauen haben.

Das Franchisesystem basiert auf einem „Partnership-for-Profit"-System: Je erfolgreicher jeder einzelne Betrieb ist, desto erfolgreicher ist die gesamte Marke. Je bekannter die Marke ist, desto höher ist die Erfolgschance für den Franchisenehmer.

Beispiele sind McDonald's, Burger King, Starbucks, Subway oder Pizza Hut.

Franchising = Konzessionsverkauf.

💡 Je erfolgreicher der Franchisenehmer sein Unternehmen führt, desto höher ist auch sein Gewinn.

3.3 Unternehmen der Systemgastronomie

Fast-Food-Systemgastronomie

In diesem Segment geht es um die rasche Abwicklung von Bestellung und Verzehr. Der Aufenthalt im Betrieb liegt meist unter einer Dreiviertelstunde. Diese Betriebsschiene befriedigt das Bedürfnis der Gäste nach einer raschen Zwischenmahlzeit, die evtl. auch im Stehen eingenommen oder mit nach Hause genommen wird.

Die meisten Fast-Food-Systemgastronomiebetriebe haben sich auf eine spezielle Produktgruppe spezialisiert, z. B. Kaffee, Pizza, Burger, Sandwich oder Snacks mit Fisch.

Burger sind eine typische Produktgruppe für Fast-Food-Systemgastronomiebetriebe

Full-Service-Systemgastronomie

Dies ist eine typisch europäische Ausprägung des Systemgastronomiegedankens. Es wird wie üblich am Tisch serviert, die Gästebetreuung steht im Vordergrund. Der Vorteil gegenüber Individualbetrieben liegt in der konstanten Qualitätssicherung und in der Reduktion der Kosten durch effizientere Mitarbeiterplanung. Ebenso wie bei allen anderen Systemgastronomiebetrieben liegt die Markenentwicklung bei der Zentrale.

Beispiele sind Wienerwald oder Marché Mövenpick.

Getränkegeprägte Systemgastronomie

Zu diesem Segment zählen Kaffeehäuser, Cocktailbars und ähnliche Betriebe. Sie befinden sich als sogenannte Freizeitgastronomielokale in **Freizeiteinrichtungen,** wie Shoppingcenters, Kinos etc. Für den Gast steht hier nicht so sehr die rasche Konsumation im Vordergrund, sondern man besucht diese Form der Gastronomiebetriebe meist auch,

Moderne Cafés sind oft Betriebe der geträkegeprägten Systemgastronomie; die Getränke können meist auch in Bechern mitgenommen werden

Wussten Sie, dass ...

bereits jeder zweite Gast eines Handelsgastronomiebetriebes den Handelsbetrieb nur wegen des Verpflegungsangebotes und nicht, um dort einzukaufen, aufsucht?

weil sie gerade „in" ist und weil ihr Besuch zu einem Besuch der Freizeiteinrichtung dazugehört. Ebenso finden sich solche Betriebe in großen Einkaufsstraßen und bieten dort die Möglichkeit einer Pause, aber auch dem Gesehen-Werden.

Die Herausforderung liegt in der stark schwankenden Besucherzahl, z. B. starker Andrang vor Beginn und nach Ende eines Kinofilms, dazwischen Besucherflaute.

Beispiele sind Coffee to go oder Starbucks.

Standortgeprägte Systemgastronomie

Hier unterscheidet man die Betriebsarten nach ihrem Standort:
- Handelsgastronomie.
- Verkehrsgastronomie.
- Messegastronomie.
- Systemgastronomie in Freizeiteinrichtungen.

Alle vier sind sehr stark zielgruppenorientiert, d. h., sie ermöglichen ihren Kunden an ihrem Standort eine möglichst rasche, unkomplizierte und trotzdem hochwertige Verpflegung zu einem vernünftigen Preis. Der Kunde ist nicht hier, um in Ruhe zu speisen, sondern um auf einer Reise, während eines Einkaufs oder einer Veranstaltung rasch zu einer Verpflegung zu kommen. Diesem Anspruch wird die standortgeprägte Systemgastronomie gerecht.

Handelsgastronomie

Diese Form der Gastronomie gibt es in Möbelhäusern, Baumärkten, Warenhäusern etc. Sie bietet dem Gast die Möglichkeit einer Pause während des Einkaufs. Für das Unternehmen bedeutet dies, dass der Kunde länger im Hause bleibt – und auch mehr einkauft bzw. konsumiert.

Das Prinzip beruht auf der **sekundären Nachfrage:** Der Kunde ist in erster Linie hier, um einzukaufen, in zweiter Linie (also sekundär) stellt ihm das Unternehmen auch gleich die Möglichkeit der Verpflegung zur Verfügung.

Die Handelsgastronomie ist sehr effizient, weil sie sich an den Öffnungszeiten – und damit an sicheren Kundenströmen – orientiert.

Die Handelsgastronomiebetriebe werden meist als eigenständige Profitcenters – als Unternehmen im Unternehmen – geführt und agieren selbstverantwortlich.

Verkehrsgastronomie

Unter diesen Begriff fallen die landläufig als **Autobahnraststätten** bekannten Betriebe. Ebenso zählen dazu **Gastronomiebetriebe auf Bahnhöfen und Flughäfen,** die sich standardisierten Konzepten verschrieben haben.

Ihr Merkmal ist, dass die meisten **rund um die Uhr geöffnet** haben bzw. auch zu ausgefallenen Zeiten warme Speisen anbieten. Dieses Fullservice ist meist eine finanzielle Herausforderung, da hohe Energie- und Mitarbeiterkosten anfallen. Demgegenüber steht eine sehr hohe Besucherfrequenz an den Standorten.

Verkehrsgastronomiebetriebe sind meist Fast-Food- oder auch Fullservice-Systemgastronomiebetriebe.

Verkehrsgastronomiebetriebe bieten meist noch übergreifende Angebote wie Seminar- und Konferenzräume, Catering etc. an.

Messegastronomie

Sie stellt eine besondere Herausforderung dar, da die gesamte Infrastruktur zur Verfügung stehen muss, Besucher aber immer nur zu Messeveranstaltungen zu erwarten sind. Für den Betreiber bedeutet das, dass er den Betrieb immer wieder ruhend stellen muss. In der Messegastronomie wird daher mit Zeitarbeitern zusammengearbeitet, die flexibel eingesetzt werden.

Messen stellen für die Gastronomie eine besondere Herausforderung dar

Ziel der Betreiber von Messegastronomiestandorten ist es, auch zwischen Fach- und Publikumsmessen durch Events und Veranstaltungen Gäste abseits des Messepublikums zu gewinnen und den Standort dadurch lukrativ zu machen.

Systemgastronomie in Freizeiteinrichtungen

Gäste von Freizeit- und Erlebnisparks, Shopping- oder Kinocenters wollen auch kulinarisch verwöhnt werden. Die Betriebsarten sind unterschiedlich – von der Fast-Food- über die Fullservice- bis hin zur getränkeorientierten Systemgastronomie finden sich in diesem Segment die verschiedensten Betriebstypen.

Kantinen und Mensen

Kantinen und Mensen sind wichtige Gastronomieformen im Bereich der **Gemeinschaftsverpflegung.** Auch wenn sie nicht immer ausgesprochene Systemgastronomiebetriebe (im Franchise- oder Filialsystem) sind, so haben gerade diese Betriebsformen sehr viel mit Standardisierung zu tun.

Die Herausforderung der Gemeinschaftsverpflegung ist es, möglichst kostengünstig ein vielfältiges, gesundes und abwechslungsreiches Essen anzubieten, das den jeweiligen Anforderungen der Menschen (Arbeitende, Studierende, Bewohner/-innen eines Altenheimes, Patient/-innen in einem Krankenhaus etc.) entspricht.

Auch in der Gemeinschaftsverpflegung ist Standardisierung ein Thema

3.4 Verkaufs- bzw. Ausgabesysteme

Je nach Betriebstyp und Art der Produktpräsentation eignen sich unterschiedliche Verkaufssysteme. Eine Eigenart des Systemgastronomiegedankens ist die intensive Auseinandersetzung mit den verschiedenen Servicemöglichkeiten für den Gast. Nicht immer ist das Service zum Gästetisch die ideale Lösung, nicht immer ist ein Buffetaufbau gefragt. So haben sich für die einzelnen Betriebsarten verschiedene Bedienungssysteme entwickelt und in der Praxis bewährt.

Counterservice, Ausgabetheke

Das wohl bekannteste Verkaufssystem in der Systemgastrononmie ist das Counterservice. Damit ist der **Verkauf über die Theke** gemeint. Der Gast bestellt, bezahlt und erhält die bestellten Speisen und Getränke in einem Schritt direkt an der Theke. Mit einem Tablett trägt er sie zu einem Tisch oder lässt sie gleich zum Mitnehmen verpacken. Die mittlere Ausgabeleistung dieses Systems liegt bei etwa 600 Essen je Stunde – je nach Anzahl der Counterservicestellen (Kassen).

Counterservice kommt z. B. in der **Fast-Food-Systemgastronomie,** aber auch in Kantinen und Mensen zur Anwendung.

Es werden Mitarbeiter/-innen für die Speisenausgabe bzw. Zahlungsabwicklug und für das Abräumen und Sauberhalten der Tische benötigt.

Buffetservice

Der Gast bedient sich am Buffet selbst und zahlt dafür entweder eine Pauschale oder begleicht die Rechnung für tatsächlich konsumierte Speisen und Getränke.

Dieses System kommt vor allem in der standortgeprägten Systemgastronomie zum Einsatz sowie teilweise auch in der Gemeinschaftsverpflegung.

Für dieses System werden Köchinnen und Köche am warmen Buffet benötigt sowie Servicemitarbeiter/-innen zur Aufnahme und zum Service der Getränkebestellungen und zum Abräumen und Sauberhalten der Tische und des Buffets.

Diskutieren Sie die Vor- und Nachteile von Selbstbedienung und Tischservice. Wann eignet sich welche Servierform besser? Wann bevorzugen Sie selbst welches System?

Fließbandausgabe – One-Line-System

Die Fließbandausgabe ist für die Ausgabe von einheitlichen Einzelmenüs geeignet, die vorportioniert werden. Im Vordergrund steht die rasche Ausgabe der Speisen bei gleichmäßiger Portionsgröße. Die Gäste werden in einer Linie an den Ausgabetheken bis zur Kassa entlanggeführt. Die Leistung dieses Ausgabesystems liegt bei etwa 1 000 Essen je Stunde, wenn das Menü aus fünf Teilen besteht, bzw. bei 2 000 Essen je Stunde bei Eintopfgerichten.

Die Fließbandausgabe hat sich vor allem in Kantinen und Mensen bewährt.

Mitarbeiter/-innen werden für die Speisenausgabe sowie für das Inkasso und zum Sauberhalten der Tische und Leeren der Tablettständer gebraucht.

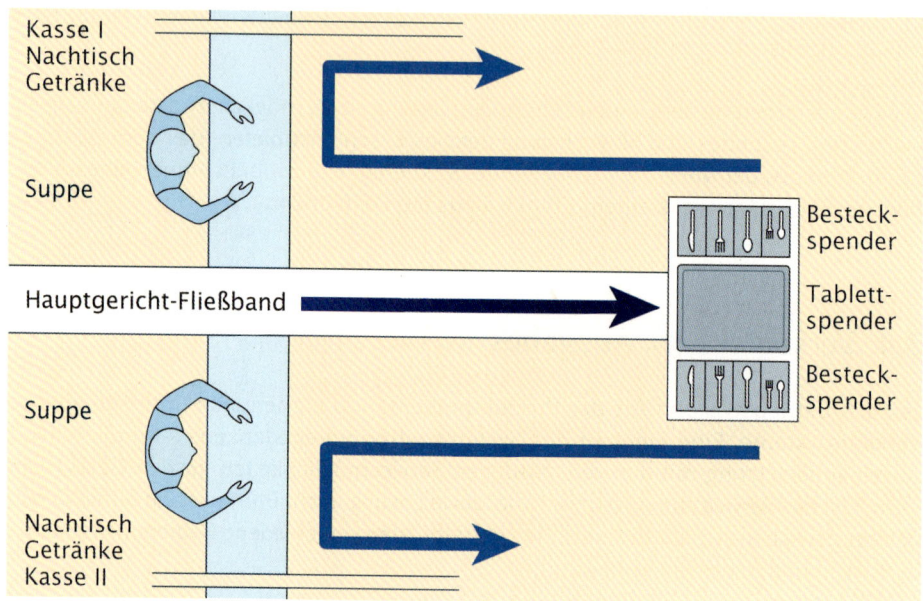

Fließbandportionierung im Tablettsystem

Dieses System eignet sich besonders für die Gemeinschaftsverpflegung in Krankenhäusern oder Kuranstalten. Individuell unterschiedliche Menüs – nach Diät bzw. Kostform – werden am Fließband nach der Patientenkarte zusammengestellt und im Tablettwagen zu den Stationen gebracht.

Mitarbeiter/-innen werden für die Menüzusammenstellung sowie für die Ausgabe der Speisen und das Einsammeln der Tabletts benötigt.

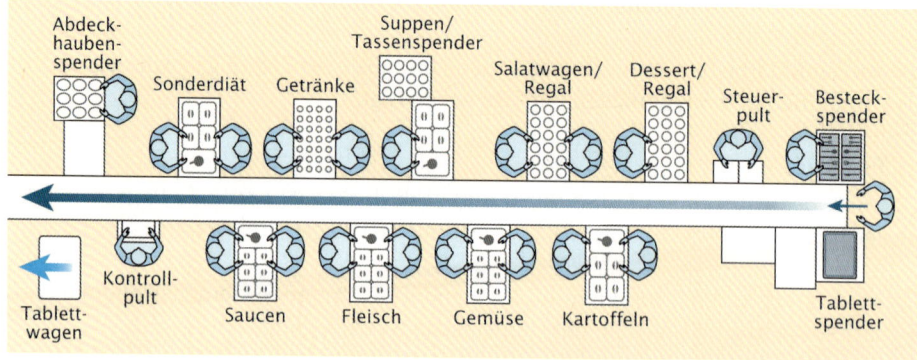

Freelinesystem

In diesem Selbstbedienungssystem kann der Gast aus einem Speisenangebot wählen, das links und rechts von ihm auf zwei gegenüberliegenden Theken angeboten wird. Er wird entlang dieser Theken bis zur Kassa geführt.

Freeflowsystem

Eine Erweiterung des Freelinesystems ist das Freeflowsystem, das dem Gast noch mehr Möglichkeiten bietet. Die Ausgabe erfolgt an mehreren spezialisierten Theken – der Gast geht mit seinem Tablett durch die Ausgabezeilen. Die warmen Menübestandteile (Fleisch, Fisch) werden **vor dem Gast frisch zubereitet** und portioniert und auf Wunsch mit warmen Beilagen ergänzt. Die kalten Menübestandteile werden vorportioniert und können an den Kalttheken frei gewählt werden. Weiters gibt es noch Getränkeausgabestellen und Kassaplätze. Die Produktpräsentation ist meist recht ansprechend und aufwendig, z. B. Gemüse- und Obstarrangements. Ein Vorteil des Freeflowsystems ist, dass es kaum zu Gästestaus kommt.

Das Freeflowsystem kommt vor allem auf Autobahnraststätten, wie z. B. Landzeit oder Rosenberger, zum Einsatz.

Für die Ausgabe der warmen Gerichte werden an der Ausgabestelle Köchinnen und Köche benötigt. Ebenso werden Mitarbeiter/-innen benötigt, die das Speisenangebot immer wieder ergänzen und optisch ansprechend arrangieren. Weiters sind die Kassaplätze mit Mitarbeiter/-innen zu besetzen.

> 💡 Die Zubereitung vor dem Gast ermöglicht es ihm, sich bereits die Rohzutat (ein Fischfilet, ein Stück Fleisch) selbst auszusuchen und macht die Speisenherstellung transparent. Generell ist das Kochen vor dem Gast derzeit sehr im Trend.

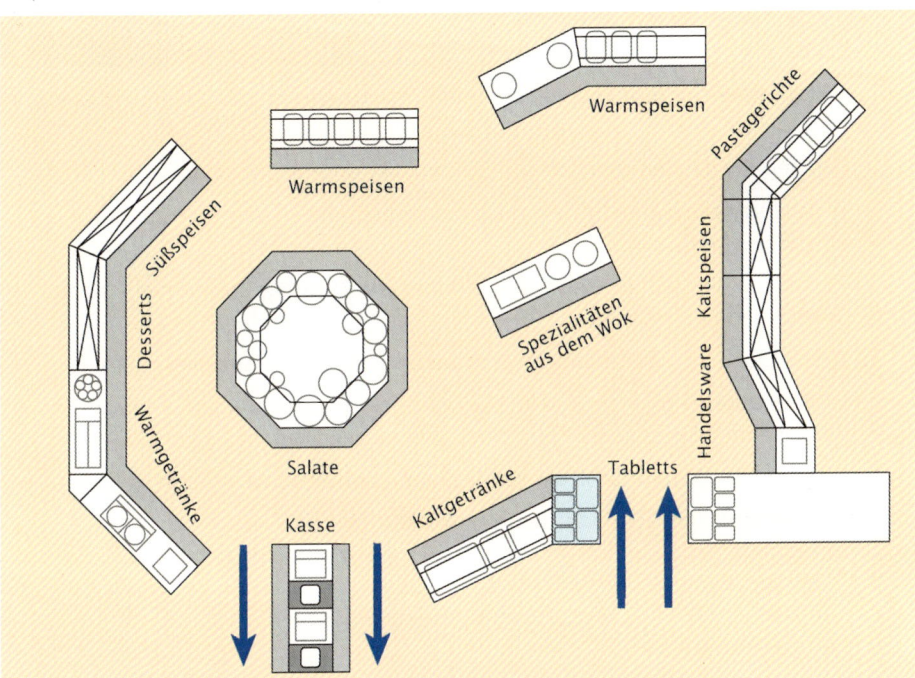

Karuselltheke, Tablettwagentheke, Bandtheke

Die Menübestandteile kommen bereits vorportioniert aus der Küche und werden in der Karuselltheke hinter Glas bereitgestellt. Der Gast kann das Menü selbst zusammenstellen. Die Leistung liegt bei etwa 600–800 Essen je Stunde.

Dieses Ausgabesystem eignet sich vor allem für Kantinen und Mensen.

Der Gast bedient sich selbst. Mitarbeiter/-innen werden verstärkt in der Küche zur Vorbereitung benötigt bzw. zum Abräumen der Tabletts und Sauberhalten der Tische. Ebenso ist ein Kassaplatz zu besetzen.

> 💡 Aus all diesen Verkaufs- und Ausgabesystemen haben sich viele Mischformen, die den unterschiedlichen Betriebstypen ideal entsprechen, entwickelt.

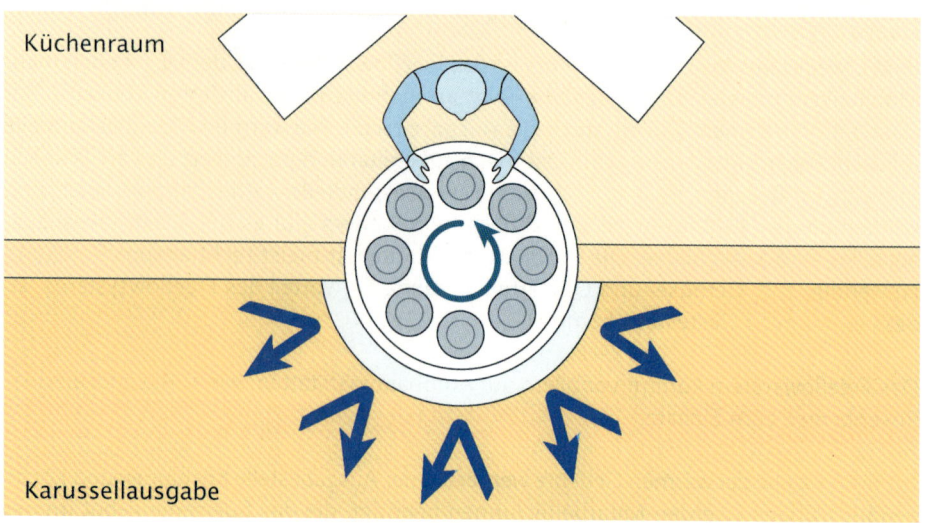

Küchenraum

Karussellausgabe

? Arbeitsaufgaben

1. Welche Bereiche können in einem Systemgastronomiebetrieb standardisiert werden?

2. Nennen Sie die Kennzeichen von Systemgastronomiebetrieben.

3. Welche Vorteile bieten Systemgastronomiebetriebe im Vergleich zu individuellen Betrieben?

4. Zählen Sie die Nachteile auf, die Betreiber von Systemgastronomiebetrieben in Kauf nehmen müssen.

5. Beschreiben Sie den Unterschied zwischen Filial- und Franchisesystem.

6. Welche Unternehmensformen der Systemgastronomie werden unterschieden? Nennen Sie zu jeder Form zwei wesentliche Merkmale.

7. Erklären Sie die unterschiedlichen Verkaufs- und Ausgabesysteme, die sich

   a) besonders für Fast-Food-Gastronomiebetriebe,
   b) besonders für standortgeprägte Systemgastronomiebetriebe, z. B. Autobahnraststätten, und
   c) besonders für die Gemeinschaftsverpflegung eignen.

◎ Unser Ziel

Nach Bearbeitung dieses Kapitelabschnittes werden Sie die Richtlinien und Kategorien der österreichischen Hotelklassifizierung nennen können.

4 Hotelklassifizierung in Österreich

Österreichische Beherbergungsbetriebe haben pro Jahr **etwa 30 Millionen Gäste** – 73 % kommen aus dem Ausland, 27 % aus dem Inland. Da der Gast Qualität fordert und einen international hohen Standard gewöhnt ist, tragen die österreichischen Hoteliers große Verantwortung, den hohen Standards des **europäischen Qualitätstourismus** zu entsprechen.

Die **Hotelsterne** sind dabei eine Hilfe. Einerseits dienen sie den Gästen als Orientierung bei der Auswahl einer Unterkunft, andererseits zeigen sie den Betrieben, was sie den Gästen in ihrer Kategorie zu bieten haben. Die Hotelsterne sind also eine Art **Gütesiegel,** das eine bestimmte Leistung zu einem bestimmten Preis verspricht: Je mehr Sterne, desto höher ist das Qualitätsversprechen, das der Hotelier dem Gast macht.

Die Bewertung der Qualität eines Hotelbetriebes mit **Sternen** ist international **bekannt.** Daher verwendet auch das österreichische System diese Form der Bewertung.

Österreich hat bereits seit über 50 Jahren eine eigene Hotelklassifizierung. 1984 ist eine grundlegende Neufassung in Kraft getreten, die seither ständig überarbeitet wird.

Die Durchführung des Verfahrens erfolgt durch unabhängige Klassifizierungskommissionen.

4.1 Richtlinien für die Hotelklassifizierung

Die Hotelklassifizierung ist eine **Serviceleistung** der
- **Fachgruppen Hotellerie** in den Wirtschaftskammern der Bundesländer (Ein- bis Viersternebereich) und des
- **Fachverbands Hotellerie** in der Wirtschafskammer Österreich (Fünfsternebereich).

Grundsätzlich unterscheidet die Richtlinie für die Klassifizierung von Hotel- und Beherbergungsbetrieben zwischen **Vollbetrieben** (Hotel, Pension, Gasthof) und **Garnibetrieben** (Hotel garni, Frühstückspension). Unterschiede in der Bewertung zwischen Voll- und Garnibetrieb gibt es nur im Gastronomiebereich. Für **Appartementhäuser** und Betriebe, die keine oder nur geringe Dienstleistungen anbieten, gibt es spezielle Richtlinien.

Für eine Klassifizierung muss der Betrieb folgende Anforderungen einer Kategorie zur Gänze erfüllen:
- die für eine Kategorie geltenden **allgemeinen Beurteilungskriterien** und
- die **Mindestkriterien für die einzelnen Kategorien** im Detail.

Die Einstufungskriterien basieren auf aktuellen Marktforschungsergebnissen und spiegeln die Gästeerwartungen an die jeweilige Kategorie wider. Die Kriterien verstehen sich als **Mindestmerkmale,** d. h., jeder Betrieb muss diese vollständig erfüllen, um in die entsprechende Kategorie eingestuft zu werden.

Allgemeine Beurteilungskriterien für die Aufnahme in die Österreichische Hotelklassifizierung sind
- der Gesamteindruck,
- der Erhaltungszustand und
- die Sauberkeit des Betriebes.

Darüber hinaus sind für die einzelnen Kategorien von Bedeutung:
- die Qualität der Dienstleistung, z. B. Auftreten, Kleidung, Freundlichkeit und Kompetenz von Geschäftsführung und Mitarbeitern,
- das äußere Erscheinungsbild des Betriebes, wie Beschilderung, Zufahrt, Parkplätze, Gartenanlage etc.,
- hoteleigene Freizeit- und Zusatzeinrichtungen, z. B. Hallenbad, Sauna, Tagungsräume, Garagenplätze,
- Ausstattung der Zimmer und Sanitärräume etc.,
- Gästezufriedenheit: Häufigkeit von Beschwerden und Umgang mit Beschwerden.

4.2 Kategorien

Hotel- und Beherbergungsbetriebe werden grundsätzlich in **fünf Kategorien** eingeteilt, die mit einem Stern, mit zwei, drei, vier oder fünf Sternen symbolisiert werden. Garnibetriebe und Appartementbetriebe gibt es nur in den Ein- bis Viersternekategorien.

Da die Bewertung objektiv ist, wird sie von Gästen und Betrieben gleichermaßen geschätzt.

Wussten Sie, dass ... die Klassifizierung freiwillig ist? Derzeit nehmen ca. 12 000 von 17 700 österreichischen Betrieben die Klassifizierung in Anspruch.

Wirtschaftskammer Österreich, Fachverband Hotellerie, Wiedner Hauptstraße 63, 1045 Wien, www.hotelverband.at.

Die Mindestkriterien, die jede Sternekategorie voraussetzt (Größe der Zimmer, Zimmerausstattung, Anzahl der Tische im Restaurant, Speisenangebot etc.), finden Sie unter: www.hotelsterne.at. Hier sind auch die Erhebungsbögen für die Einstufung erhältlich.

Die Hotelklassifizierung dient den Gästen zur Orientierung

 Die Sternembleme der Österreichischen Hotelkategorisierung – übrigens markenrechtlich geschützt und im Eigentum des Fachverbandes Hotellerie verbleibend – dürfen jeweils für zwei Jahre angebracht werden.

Die Viersterne-Superior-Klasse

Zur Unterscheidung der zahlreichen Viersternebetriebe gibt es die Möglichkeit für Top-Betriebe, sich in die „Viersterne-Superior-Klasse" einstufen zu lassen. Beurteilt wird zusätzlich zu den bestehenden Kriterien ein außergewöhnlich guter **Service,** der mit Punktesystem und Mystery Check die **besonderen Qualitäten eines Betriebes** bestätigt.

Fünfsterne-Luxus im Hotel Inter-Continental in Wien

Definition der einzelnen Kategorien

Kategorie	Merkmale
★	Einfache Ausstattung, d. h., die für die übliche Aufenthaltsdauer im Betrieb erforderlichen Einrichtungen werden sauber und in tadellosem Erhaltungszustand angeboten. Angesprochen wird damit vor allem die sehr preisbewusste Gästeschicht, die hauptsächlich die Nächtigungsleistung beansprucht.
★★	Für preisbewusste Gäste, die neben der Nächtigung auch ein eingeschränktes Angebot (TV-Gerät, Getränke etc.) suchen, wird eine zweckmäßige Ausstattung mit Komfort geboten. Im Gegensatz zum Einsternbetrieb sind hier die Zimmer komfortabler und mit Farb-TV-Gerät und Nasszellen ausgestattet. Die Qualität wird an ihrer Funktionalität und Sauberkeit gemessen, die verwendeten Materialien sind weniger von Bedeutung.
★★★	Hotel, Gasthof, Pension, Frühstückspension etc. mit gehobener und einheitlicher Ausstattung und wohnlichem Charakter. Gäste dürfen bereits ein gehobenes Dienstleistungsangebot (Empfang/Rezeption, Getränke, Imbiss etc.) erwarten. Von der Zweisternekategorie hebt sich der Dreisternebetrieb durch gediegenere Materialien, größeres Raumangebot, Aufenthaltsmöglichkeiten im Zimmer (Sitzecke, Schreibtisch etc.) sowie durch einen allgemeinen Aufenthaltsraum ab. Vom Viersterneniveau trennen diese Kategorie die kleineren Flächen und (möglicherweise) eine ältere Ausstattung, allerdings in gutem Erhaltungszustand.
★★★★	Geboten wird erstklassige Ausstattung, d. h. großzügige Raumflächen mit qualitativ hochwertiger, zeitgemäßer Ausstattung sowie guter Schallschutz. Vor allem in der Ferienhotellerie darf der Gast hier auf ein umfangreiches betriebliches Angebot (z. B. Wellness, Sport, Gastronomie, Seminareinrichtungen) und hohes Dienstleistungsniveau bauen. Sehr guter Zustand, hohe Qualität der Einrichtungen und großzügiges Raumangebot sind wesentliche Abgrenzungskriterien zur darunter liegenden Dreisternekategorie.
★★★★ Superior	Ist keine eigene Kategorie; geboten wird neben den Kriterien der Viersternekategorie, die auf höchstem Niveau zu erfüllen sind, vor allem eine außergewöhnliche Dienstleistung.
★★★★★	Edle, hochwertige und elegante Materialien mit durchgängiger Gestaltung sorgen ebenso wie Architektur und Ausstattung für ein exklusives, luxuriöses Ambiente. Im Zimmerbereich dominiert räumliche Großzügigkeit, etwa durch baulich getrennte Schlaf- und Wohnbereiche (Suiten). Natürlich gehört auch ein hochwertiges Dienstleistungsangebot zum Niveau dieser internationalen Luxushotellerie. Diesen Standard der Exklusivität erreichen in Österreich nur einige Dutzend Hotels.

(?) Arbeitsaufgaben

1. Warum gibt es eine Hotelklassifizierung in Österreich?

2. Welche allgemeinen Beurteilungskriterien muss ein Betrieb erfüllen, um sich klassifizieren lassen zu können?

3. Beschreiben Sie die unterschiedlichen Merkmale der Ein- bis Fünfsternekategorien.

4. Recherchieren Sie im Internet die Kriterien, die eine Rezeption für eine Fünfsterne-Kategorisierung erfüllen muss und nennen Sie die Ausstattungsmerkmale für das Gästezimmer in einem Dreisternebetrieb.

5 Hotel- und Restaurantführer

Das gastronomische Angebot ist in den letzten Jahrzehnten sehr vielfältig geworden. Die Gäste haben in diesem Überangebot oft die Schwierigkeit, sich zu orientieren und das ideale Angebot für sich zu finden. Daher formieren sich viele Betriebe mit ähnlichen Angeboten zu Gruppen und stellen den Gästen themenbezogene **Gastronomie- bzw. Hotelguides** zur Verfügung, wie z. B. Romantikhotels, Welnesshotels, Wanderhotels.

Daneben gibt es Restaurant- und Hotelführer, die von renommierten **Gastro- und Hotelkritikern** herausgegeben werden. Sie bewerten Betriebe nach Angebot, Qualität der Küche und des Services, aber auch nach Ambiente. Für besondere Qualität bekommen Betriebe von ihnen **Hauben, Sterne** oder andere Zeichen verliehen.

5.1 Themenbezogene Gastronomie- und Hotellerieführer

Um eine konkrete Zielgruppe zu erreichen bzw. dieser Zielgruppe die Suche zu erleichtern, schließen sich eigenständige Hotels oder gastronomische Betriebe einer Region oder eines Landes zusammen und gründen **Dachmarken.** Dadurch können die Betriebe wirtschaftliche Synergien herstellen und Ressourcen gemeinsam nutzen (z. B. die Organisation einer gemeinsamen Imagekampagne). Dachmarken sind z.B. Relais & Château, G'sund und vital, Austria Kuschelhotels, Landhotels, Romantik Hotels & Restaurants, Schlosshotels & Herrenhäuser, Schlank und Schön, Mountain Bike Holidays.

Eine bedeutende österreichische Organisation ist auch der Verband „Beste österreichische Gastlichkeit" (BÖG) der Wirtschaftskammer. Fast vierhundert Mitgliedsbetriebe präsentieren sich auf dieser dem Genuss verschriebenen Plattform. Hier kann man österreichische Ess- und Trinkkultur sowie Wirtinnen und Wirte kennenlernen.

5.2 Unabhängige Gastronomie- und Hotelführer

Guide Michelin
Der Guide Michelin ist einer der weltweit bekanntesten Restaurant- und Hotelführer. Er wurde erstmals im Jahre 1900 und zunächst ausschließlich auf Frankreich begrenzt herausgegeben. Erst seit 2005 gibt es eine österreichische Ausgabe. Für Betriebe ist die höchste Auszeichnung von Guide Michelin der Erhalt von **Guide-Michelin-Sternen.** Bis zu drei Sterne kann ein Betrieb bekommen, doch nicht jeder genannte Betrieb erhält automatisch diese Auszeichnung. Sie ist ein Zeichen besonders herausragender Qualität eines Betriebes.

Bewertungsmodalitäten
Der Guide Michelin hat in Europa für die zwölf europäischen Restaurant- und Hotelführer insgesamt 85 Kritiker im Einsatz.

Die etwa 3 800 Restaurants und 5 000 Hotels werden ungefähr alle 18 Monate besucht, mit Stern ausgezeichnete Betriebe häufiger. Bewertet werden die Betriebe nach einem Punktesystem.

Gault Millau
Der Gault Millau zählt ebenfalls zu den einflussreichsten Restaurantführern, seine Kritiker zu den am meisten gefürchteten ihrer Zunft. Benannt ist der Gault Millau nach seinen Herausgebern Henri Gault und Christian Millau.

Der Gault Millau vergibt die begehrten **Hauben.** Die Betriebe werden nach einem Punktesystem bewertet. Zusätzlich wird im Gegensatz zu anderen Restaurantführern auch der Restaurantbesuch beschrieben. Ein Restaurant kann maximal vier Hauben bekommen.

Unser Ziel

Nach Bearbeitung dieses Kapitelabschnittes werden Sie die wichtigsten Hotel- und Restaurantführer kennen.

In den themenbezogenen Guides bestimmt der Betrieb, was über ihn veröffentlicht wird. In den unabhängigen Guides bestimmt der Kritiker, was über einen Betrieb veröffentlicht wird.

Synergie = positive, ökonomische Leistungsfähigkeit; Energie, die für den Zusammenhalt und die gemeinsame Erfüllung von Aufgaben zur Verfügung steht.

Insgesamt umfasst der Guide Michelin 22 Bände. Für Europa gibt es zwölf Bände.

Wussten Sie, dass ...
2005 der Guide Michelin in Kritik geriet, weil im Benelux-Führer das Brüsseler Restaurant Ostend Queen positiv bewertet wurde, das beim Erscheinen des Restaurantführers aber noch gar nicht eröffnet war. Die 50 000 bereits gedruckten Exemplare der Ausgabe wurden daraufhin vernichtet.

Markenzeichen des Gault Millau ist seine oft zynisch-sarkastische Lokalbeschreibung, die auch schon manches Gerichtsverfahren provozierte.

Man hat übrigens keinen Einfluss darauf, ob man in unabhängigen Restaurantführern bewertet wird, man hat aber die Möglichkeit, Auszeichnungen wie Hauben oder Sterne abzulehnen.

Die Auszeichnungen werden den Betrieben in Form von Urkunden zur Verfügung gestellt

Die Hauben sind neben den Sternen von Michelin die größte und begehrteste Auszeichnung für die Haute Cuisine.

Auch für Österreich und Deutschland gibt es Ausgaben des Gault Millau.

Neben einem Restaurantführer gibt es auch den **Gault-Millau-Weinguide,** in dem Weinerzeuger, ihre Sorten und Weine nach einem Punktesystem beurteilt werden.

„À la Carte"

„À la Carte" ist ein **österreichischer Gourmet-Guide.** Er bewertet Restaurants, wobei neben Service, Tischkultur und Ambiente das Küchenangebot im Vordergrund steht, sowie Weine und Destillate. Für die „À-la-Carte"-Redaktionen sind ebenfalls wie für seine großen internationalen Vorbilder unabhängige Kritiker im Einsatz.

Im „À-la-Carte"-Guide werden die besten heimischen Restaurants, Weine und Destillate empfohlen. Jedes Jahr erscheint eine neue Ausgabe mit neuem Ranking. Vergeben werden ein bis fünf **Sterne** für Restaurant und Küche sowie ein bis drei **Flaschen** für das Getränkeangebot und das Getränkeservice.

Grüne Haube

Die Grüne Haube ist ein markenrechtlich geschütztes Gütesiegel, das seit 1990 von der Non-Profit-Organisation Styriavitalis an Gastronomie- und Hotelleriebetriebe vergeben wird. Die Austria Biogarantie ist als unabhängige Biokontrollstelle ein wichtiger Partner der Styriavitalis und Qualitätsgarant der Grünen Haube.

Damit werden hervorragende Leistungen der österreichischen Naturküche ausgezeichnet. Schwerpunkte sind die Verwendung regionaler, bevorzugt biologisch erzeugter Lebensmittel sowie ihre Frische und die schonende, naturbelassene Zubereitung unter dem Gesichtspunkt der Vollwertigkeit.

Für Betriebe, die nicht alle Bedingungen zum Erhalt einer Grünen Haube erfüllen, besteht die Möglichkeit, mit der „Grünen Küche" ausgezeichnet zu werden.

? Arbeitsaufgaben

1. Was ist der Unterschied zwischen themenbezogenen und unabhängigen Gastronomie- und Hotelführern?

2. Diskutieren Sie Vor- und Nachteile der Nennung eines Betriebes in einem renommierten Gastronomieführer.

Betriebsorganisation

Der Ruf eines Betriebes hängt vom Organisationsvermögen und von den Fähigkeiten der Mitarbeiter/-innen ab. Der ständige Umgang mit Gästen aus allen Bevölkerungskreisen erfordert geistige Flexibilität und Einfühlungsvermögen.

Die Anzahl der Mitarbeiter/-innen und die Aufgabenverteilung sind von der Größe und Kategorie des Betriebes abhängig.

Wie ein Betrieb im Einzelnen organisiert ist und welche Aufgaben die Mitarbeiter/-innen in den verschiedenen Betriebsformen haben, zeigt Ihnen dieses Kapitel.

 Unsere Ziele

Nach Bearbeitung dieses Kapitels werden Sie

- die Aufgaben der Mitarbeiter/-innen aufzählen können;
- die Hilfsmittel des Mitarbeiter/-innen kennen;
- die Begriffe „Front bzw. Back of the House" beschreiben können;
- die Wichtigkeit der Hierarchie in den Betrieben interpretieren können;
- über Mitarbeitermanagement Bescheid wissen;
- die Aufgaben der Kontrollabteilung aufzählen können.

? Welche Berufe der Gastronomie würden Sie diesen beiden Gruppen zuordnen?

Front of the House = Mitarbeiter/-innen, die direkten Kontakt mit den Gästen haben.

Back of the House = Mitarbeiter/-innen, die keinen direkten Kontakt mit den Gästen haben.

◎ Unser Ziel

Nach Bearbeitung dieses Kapitelabschnittes werden Sie die Mitarbeiterorganisation im europäischen System kennen.

Im Hotel werden zwei große Gruppen von Mitarbeitern unterschieden:

Front of the House:	Back of the House:
▪ Direktor/-in	▪ Küchenmitarbeiter/-innen
▪ Rezeptionsmitarbeiter/-innen	▪ Abwäschmitarbeiter/-innen
▪ Hallenmitarbeiter/-innen	▪ Buchhaltermitarbeiter/-innen
▪ Servicemitarbeiter/-innen	▪ Kontrollierende
	▪ Personalbüromitarbeiter/-innen

Bei der Betriebsorganisation unterscheidet man zwischen zwei großen Systemen.

Europäisches System

Es wurde im 19. Jahrhundert von Cäsar Ritz in Paris für die individuelle Betreuung von Gästen entwickelt und später von vielen ähnlichen Betrieben in der ganzen Welt übernommen. Es ist sehr personalintensiv.

Amerikanisches System

Es wird vor allem in den Hotelketten verwendet, beispielsweise Holiday Corporation, Sheraton Corporation, Intercontinental, Marriott, Hilton International etc. Neuerdings werden diese beiden Systeme gemischt bzw. den Betrieben individuell angepasst.

1 Europäisches System

1.1 Großbetriebe

Direktor/-in		
Beherbergungsabteilung	**Verpflegungsabteilung**	**Verwaltungsabteilung**
Empfang/Rezeption Halle Etage	Einkauf und Lagerverwaltung Küche Service	Kaufmännische Abteilung Hilfsabteilung Nebenbetriebe

Direktor/-in

Er/sie kann Eigentümer des Hotels, Gesellschafter oder Aktionär sein oder Angestellter, der vom Besitzer bestellt wird. Der Direktor plant und leitet den Betrieb. Neben fremdsprachlichem, fachlichem und kaufmännischem Können muss er ein guter Menschenkenner sein, da er für die Wahl seiner Mitarbeiter verantwortlich ist und um das Wohl seiner Gäste bemüht sein muss. Vor allem muss er über Führungsqualitäten verfügen.

Beherbungsabteilung – Empfang

Empfangschef/-in	
Rezeptionist/-in	Sekretär/-in

Mitarbeiter/-innen am Empfang

Mitarbeiter/-innen	Aufgaben
Empfangschef/-in, Empfangsdirektor/-in	Abteilungsleiter/-in und verantwortlich für ▪ Rezeption. ▪ Reservierung. ▪ Kassa. ▪ Halle.
Rezeptionist/-in	Unterstützt den Empfangschef, empfängt die Gäste, teilt Zimmer zu, kassiert die Zimmerrechnung, führt das Hoteljournal (EDV) und verwaltet das Depot mit den Wertsachen der Gäste.
Sekretär/-in	Erledigt den Schriftverkehr mit Gästen, Reisebüros, Gemeinden, Kurverwaltung etc. und versendet Prospekte und Werbematerial.

Organisationsmittel für die Tätigkeiten am Empfang
Für die Durchführung der Aufgaben an der Rezeption stehen folgende Mittel zur Verfügung:

- Reservierungsliste
- Zimmerplan oder Zimmerliste (Zimmerspiegel)
- Stammgastkartei
- Zimmerausweis
- Keycard
- Mitteilungsblatt
- Ankunfts- und Abreisebuch
- Restantenbuch (führen nur noch wenige Betriebe)
- Rekapitulationsbuch (führen nur noch wenige Betriebe)
- Gästeblatt

Zimmerplan/Zimmerliste
(Zimmerspiegel oder Zimmercheckliste)
Der Zimmerplan eines Hotels gibt die genaue Lage und die Beschaffenheit aller im Hotel vorhandenen Zimmer und ihre Belegung an. Auf der Zimmerliste sind alle angekommenen bzw. im Hotel wohnenden Gäste mit der Zimmernummer vermerkt.

MONAT MAI

		1.	2.	3.	4.	5.	6.	7.	8.	9.	10.	11.
101	⊨		Fr. Maier									
102	⊨⊨											
103	⊨⊨		Hr. und Fr. Weiß									
104	⊨⊨											
105 SB	⊨⊨				Fam. Müller + 1 Zusatzbett							
106 SB	⊨		Hr. Winter									

⊨ Einbettzimmer   S Blick zum See   ⎫
⊨⊨ Zweibettzimmer   B Balkon   ⎭ Die Symbole sind in den Betrieben verschieden

Reservierungsliste
In der Reservierungsliste werden – ähnlich wie im Zimmerplan – die An- und Abreisen eingetragen. Sie gilt für einen Monat. Sobald eine Reservierung bestätigt wird, wird sie in den Zimmerplan eingetragen. Es werden auch verschiedene andere Reservierungssysteme verwendet, wie z. B. Fidelio, Gastrodat, Protel.

Stammgastkartei
Es werden die besonderen Wünsche des Stammgastes und seine persönlichen Daten vermerkt. Darüber hinaus gibt es den Stammgastausweis für bestimmte Gäste, auf dem der gewährte Rabatt in Prozenten vermerkt ist.

? Welche Formen von Reservierungslisten kennen Sie? Fragen Sie Ihre Klassenkolleg/-innen, mit welchen Reservierungslisten sie schon gearbeitet haben.

Hotel Europa
Hauptplatz 27, 5753 Saalbach
Stammgast

Name	Mayer	Vorname	Ernst
Adresse	Muldenstraße 16 4020 Linz		E. Mayer Unterschrift
Ausweis Reisepass Nr. 08 12 13		Staat	
Ausstellungsort / Datum Linz, 15. 4. 20..		gültig bis	
Beruf / Titel Dr. med.	österreichischer Sichtvermerk		Geburtsdatum 23. 12. 1946

Ankunft	Zimmer Nr.	Preis	Abreise	Pers.	Bem.
2. 10. 20.	1217	72,00	5. 10. 20.	1	
15. 10. 20.	1115	72,00	16. 10. 20.	1	
6. 12. 20.	911	140,00	8. 12. 20.	2	

Zimmerausweis
Das ist der Hotelpass des Gastes für die Schlüsselausgabe, die Garage, die Sauna, das Hallenbad usw. Auf ihm sind vermerkt: Name, Adresse und Telefonnummer des Hotels, Name und Zimmernummer des Gastes. Der Zimmerausweis kann auch eine Computerkarte in Kreditkartenform sein, die gleichzeitig als Zimmerschlüssel, Minibarschlüssel und Safeschlüssel dient und mit der der Gast alle übrigen Hoteleinrichtungen benützen kann.

Türöffner mit Keycard

Keycard

Die Keycard ist mit einem Magnetstreifen versehen und durch den Hotelcomputer programmiert (Ankunft – Abreise) und kann in vielen Hotels als hoteleigene Kreditkarte verwendet werden. Der Gast kann mit der Keycard in der Bar, im Restaurant, in der Sauna etc. bezahlen. Seine Ausgaben innerhalb des Betriebes werden sofort auf sein Zimmer verbucht.

Mitteilungsblatt

Kann ein Gast in seinem Zimmer nicht erreicht werden, so können auf dem Mitteilungsblatt Informationen für ihn schriftlich weitergegeben werden (z. B. Telefonate, Besuche etc.), damit sie vom Empfang oder vom Portier nicht vergessen werden.

Mitteilungsblätter werden im Durchschreibeverfahren beschrieben, eine Kopie kommt in das Schlüsselfach, das Original in das Zimmer des Gastes.

GÄSTENACHRICHT

H·O·T·E·L
Aurora

Herrn/Frau_____ Zi.-Nr.: _____

WÄHREND IHRER ABWESENHEIT

Herr/Frau_____ ☎ _____

☐ hat angerufen   ☐ ruft wieder an
☐ sprach persönlich vor   ☐ bittet um Rückruf

Nachricht:
_____
_____
_____
_____
_____

Aufgenommen von: _____

Uhrzeit: _____   Datum: _____

Ankunfts- und Abreisebuch

Es dient der innerbetrieblichen Information der Rezeption und zur Auskunftserteilung aller Gästeankünfte und Abreisen.

Restantenbuch

Es enthält alle noch nicht bezahlten Beträge von bereits abgereisten Gästen (z. B. bei Hochzeiten, Reisegruppen ...). Heute werden die Restanten mit EDV erfasst.

Rekapitulationsbuch

Darin werden die täglichen Einnahmen und Ausgaben zusammengefasst; es dient der Monatsübersicht. Die Rekapitulation bildet die Grundlage für die Finanzbuchhaltung. Das Buch wird nur noch in jenen Betrieben geführt, die noch keine Hotelsoftware verwenden.

Rekapitulation = Wiederholung, Zusammenfassung.

Gästeblatt, Meldeschein

Das **Meldegesetz** schreibt vor, für jeden Gast (Individualreisenden) bzw. seine Angehörigen oder für eine Gästegruppe ein Gästeblatt auszufüllen. Darin sind Name, ordentlicher Wohnsitz, Staatsbürgerschaft sowie Beginn und Ende des Aufenthaltes erfasst.

Das Gästeblatt wird der Gemeinde bzw. dem Tourismusverband vorgelegt und dient zur Erhebung der Tourismusabgabe.

Gästeblatt

KENNZAHL	Name des Beherbergungsbetriebes Hotel zur Sonne Sonnenweg 6 6346 Ausblick am Berg ÖSTERREICH/AUSTRIA Tel.: +43 931 581 40, Fax: +43 931 581 40 20

Lfd. N° 08

FAMILIENNAME *SURNAME, NOM*	GASTINGER	Geschlecht (Zutreffendes bitte ankreuzen ⊠) *sex, sexe*	⊠ männlich *male, mâle* ☐ weiblich *female, féminin*

VORNAME *first name, prénom*	JOHANN	Geburtsdatum *date of birth, date de naissance* 01.04.19..	Beruf *profession, profession* ANGESTELLTER

REISEDOKUMENT bei ausl. Gästen (Art, z. B. Reisepass; Personalausweis; Nummer; Ausstellungsdatum; ausstellende Behörde)
Passport/Identity card N°, date of issue, issuing authority; Passeport/Carte d'identité N°, date et autorité d'émission
PERSONALAUSWEIS Nr. 47110815 BREMEN 01.04.20.. | Staatsangehörigkeit *nationality, nationalité* DEUTSCHLAND

HAUPTWOHNSITZ *permanent* *residence* *domicile* *principal*	Straße/Gasse/Platz *adress/street/place* *rue/place* IN ALLEN GASSEN 17	
	Postleitzahl *zip code* *code postal* 28195	Ortsgemeinde *place, lieu* BREMEN	Staat Country *pays* DEUTSCHLAND

EHEGATTE *spouse* *epouse(e)*	Vorname, Geburtsjahr *first name, date of birth* *prénom, date de naissance* LIESELOTTE 19..	ANKUNFT am *Arrival on* *Arrive le*	Tag day *jour* 01	Monat month *mois* 04	Jahr year *année* 20..

KINDER *children* *enfants*	Vorname, Geburtsjahr *first name, date of birth* *prénom, date de naissance* EVA 19..	Vorname, Geburtsjahr *first name, date of birth* *prénom, date de naissance* PETER 19..	ABREISE am *Departure on* *Depart le*	Tag day *jour* 15	Monat month *mois* 04	Jahr year *année* 20..
	Vorname, Geburtsjahr *first name, date of birth* *prénom, date de naissance*	Vorname, Geburtsjahr *first name, date of birth* *prénom, date de naissance*	Unterschrift des Meldepflichtigen *Signature* *Signature* *Johann Gastinger*			

Bei REISEGRUPPEN	Gesamtzahl der Reiseteilnehmer ▼ (einschließlich Reiseleiter)	Aufgliederung nach Herkunftsland	Herkunftsland	Anzahl	Herkunftsland	Anzahl	Herkunftsland	Anzahl	Herkunftsland	Anzahl
			Herkunftsland	Anzahl	Herkunftsland	Anzahl	Herkunftsland	Anzahl	Herkunftsland	Anzahl

(Wasserzeichen: MUSTER)

✎ Was wird in das Gästeblatt eingetragen?

Exkurs: Meldegesetz

Meldebehörde
Gemeinde (Bürgermeister) oder Bundespolizeidirektion.

Meldefrist
Unverzüglich nach Ankunft oder Abreise eines Gastes, spätestens jedoch innerhalb von 24 Stunden. Bei der Ankunft an einem Wochenende erfolgt die Meldung am nächstfolgenden Werktag, sofern es keine anderen Möglichkeiten gibt.

Meldepflicht
Meldepflichtig ist der Unterkunftsnehmer (Gast). Verantwortlich für das Gästebuchblatt ist der Unternehmer. Die Eintragungen werden meist vom Betriebsinhaber oder von seinem Beauftragten vorgenommen.

Gästeblattsammlung
Das ist eine durchnummerierte Loseblattsammlung. Die Eintragungen in der Gästeblattsammlung sind fortlaufend, und zwar für jeden Gast gesondert, vorzunehmen. Jedoch genügt bei Familien, die gleichzeitig angemeldet werden, die gemeinsame Eintragung von Ehegatten oder Elternteilen und ihren Kindern auf demselben Blatt, wenn alle Familienmitglieder denselben Familiennamen und dieselbe Staatsangehörigkeit haben. Auch der Beruf ist einzutragen.

Der Beherbergungsbetrieb hat dafür zu sorgen, dass die Gäste keine Möglichkeit der Einsichtnahme in bereits ausgefüllte Meldezettel haben (Datenschutzgesetz). Die Gäs-teblattsammlung bleibt im Betrieb und braucht nicht der Meldebehörde vorgelegt zu werden. Sie ist drei Jahre ab dem Zeitpunkt der letzten Eintragung aufzubewahren. Den Organen der Meldebehörde und den Sicherheitsorganen ist auf ihr Verlangen Einsicht zu gewähren.

Wenn ein Gast länger als zwei Monate in einem Beherbergungsbetrieb wohnt, muss er mit einem **Meldezettel** angemeldet werden. Gastarbeiter sind, wenn sie in Beherbergungsbetrieben Unterkunft nehmen, nicht in das Gästebuch einzutragen, sondern mit einem Meldezettel bei der Meldebehörde an- bzw. abzumelden.

Erleichterung bei Reisegruppen
Bei Reisegruppen mit mindestens acht Personen (ohne Reiseleiter) genügen die Meldung des Reiseleiters, die Angabe der Personenzahl und die Nationalität der Reiseteilnehmer (zahlenmäßig), wenn sie nicht länger als eine Woche gemeinsam im gleichen Beherbergungsbetrieb Unterkunft nehmen.

💡 Die Tourismusabgabeverordnung ist in jedem Bundesland verschieden (siehe www.ris.bka.gv.at; ris = Rechtsinformationssystem). Sie beinhaltet die Tourismusabgabe und die Bestimmungen zur Orts- und Nächtigungstaxe.
Personen, die aus Anlass der Berufsausbildung oder -ausübung einen Zweitwohnsitz als zeitweilige Unterkunft benötigen, sind von der Abgabe befreit. Ebenso sind Kinder bis zum sechsten Lebensjahr ausgenommen. Weitere Ausnahmen sind von Gemeinde zu Gemeinde verschieden, z. B. Befreiung bei Übernachtung auf einer Schutzhütte, die nur zu Fuß erreichbar ist, Befreiung bei Leitung von Kinder- und Jugendveranstaltungen o. Ä.

Mehr Information zum elektronischen Gästeblatt bzw. das Formular zum Download siehe unter www.bmwa.gv.at (Suche: Gästeblatt) bzw. unter www.zmr.at (Zentrales Melderegister).

Die AGBH finden Sie unter www.hotelverband.at oder unter www.trauner.at, Schulbuch, Service.

Das Gästeblatt wird auch zunehmend elektronisch verwaltet. Das Hotelprogramm des Betriebs (z. B. Fidelio) ist in diesem Fall mit der Datenbank der Gemeinde verknüpft – die Daten für das elektronische Gästeblatt werden automatisch aus dem Hotelprogramm übernommen. Das Formular ist über das Zentrale Melderegister erhältlich. Es muss vom Betrieb ausgedruckt und vom Gast unterschrieben werden. Anschließend ist es drei Jahre aufzuheben.

Exkurs: Allgemeine Geschäftsbedingungen für die Hotellerie (AGBH)

Die AGBH regeln die Verträge, die die österreichischen Beherberger üblicherweise mit ihren Gästen beschließen. Sie schließen Sondervereinbarungen jedoch nicht aus. Als Vertragspartner des Beherbergers gilt im Zweifelsfall der Besteller, auch wenn er für andere namentlich genannte Personen bestellt oder mitbestellt hat. Die Beherbegung in Anspruch nehmende Personen sind Gäste im Sinne der Vertragsbedingungen. Die AGBHs beinhalten im Wesentlichen:

- Vertragsabschluss, Anzahlung
- Beginn und Ende der Beherbergung
- Rücktritt vom Beherbergungsvertrag – Stornogebühr
- Beistellung einer Ersatzunterkunft
- Rechte des Vertragspartners
- Pflichten des Vertragspartners
- Rechte des Beherbergers
- Pflichten des Beherbergers
- Haftung des Beherbergers für Schäden an eingebrachten Sachen
- Haftungsbeschränkungen
- Tierhaltung
- Verlängerung der Beherbergung
- Beendigung des Beherbergungsvertrages – vorzeitige Auflösung
- Erkrankung oder Tod des Gastes im Beherbergungsvertrag
- Erfüllungsort, Gerichtsstand und Rechtswahl
- Sonstiges

Beherbungsabteilung – Halle

Mitarbeiter/-innen der Halle

Portier					
Hilfsportier Nachtportier	Türsteher	Page	Hausdiener	Fahrer	Telefonist

Mitarbeiter/-innen	Aufgaben
Portier	■ Beobachten der ein- und ausgehenden Personen. ■ Schlüsselgewalt (Zimmerausweis). ■ Postverkehr: ein- und ausgehende Post. ■ Gepäckverteilung. ■ Besorgung von Theaterkarten, Flugtickets, Postkarten. ■ Anmeldungen für Sightseeingtouren. ■ Reservierungen für Hotels und Restaurants. ■ Informationsstelle des Hotels.
Hilfsportier	Unterstützung des Portiers.
Nachtportier	Er betreut spät ankommende Gäste, sorgt für Ruhe und Ordnung im Hotel und erstellt die Abreiseliste.
Türsteher	Er hilft den Gästen beim Ein- und Aussteigen, regelt die Zu- und Abfahrt der Autos, weist auf Garagen und Parkplätze hin, besorgt Taxis und verständigt die Lohndiener von der Ankunft der Gäste.
Page	Handreichung und Botengänge für Gäste, Portier, Rezeption und Direktion.
Hausdiener	Gepäcktransport von und zu den Zimmern.

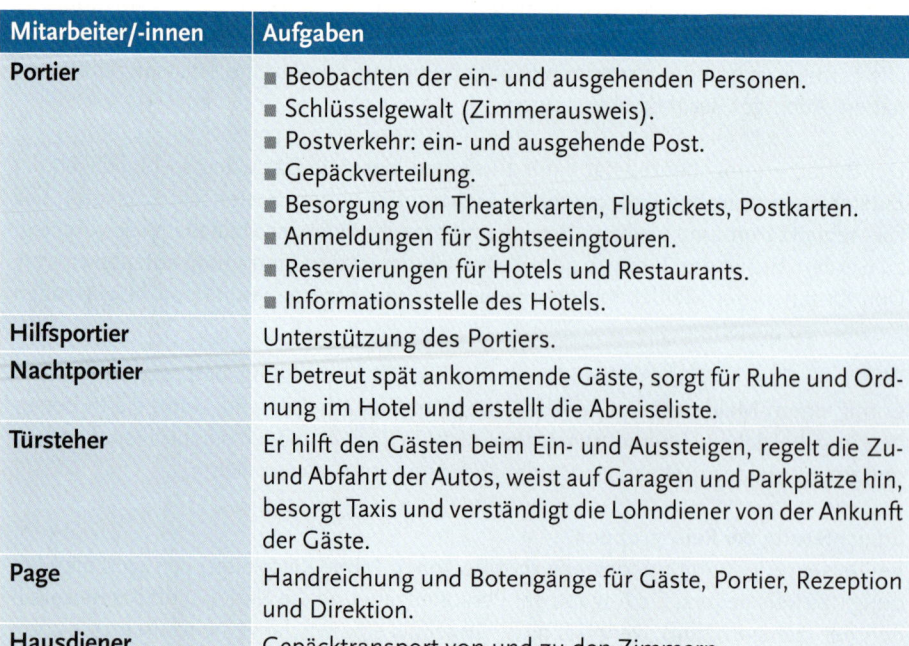

Türsteher

Fahrer	Beförderung der Gäste mit hoteleigenen Fahrzeugen zum Flughafen, Bahnhof, Theater ...
Telefonist	Vermittlung aller eingehenden Gespräche.

Beherbungsabteilung – Etage

Organisationsbeispiel des Housekeepingdepartments im Großbetrieb

Hausdame/Executive Housekeeper		
Stellvertretende Hausdame/Assistant Executive Housekeeper		
Bereichsleitung Etage	Bereichsleitung Wäsche/Laundry	
Etagenhausdame/ Floor Supervisor Abendhausdame Zimmersteward/Zimmerstewardess Abendstewards Hausdiener Reinigungskräfte	Wäschebeschließer/-in Wäscher/-in/Bügler/-in Schneider/-in	Evtl. Garderobier/-e Gärtner/-in

Organisationsmittel für die Tätigkeiten auf der Etage

Hausdamenliste, 1. Etage, 18. Oktober 20..

Zimmernummer	Gastname	Anreise	Abreise	Erwachsene	Kinder
Abreisen					
102	Rieger, Erwin Res.-Info: Gast-Info:	17. 10. 20..	18. 10. 20..	1	–
103	Durakovic, Dina Res.-Info: EZ Gast-Info:	16. 10. 20..	18. 10. 20..	1	–
105	Ekeus, Richard Res.-Info: EZ, späte Anreise Gast-Info: Wäschewechsel	17. 10. 20..	18. 10. 20..	1	–
Anreisen					
102	Out of order Res.-Info: Teppichgrundreinigung Gast-Info:	18. 10. 20..	19. 10. 20..	–	–
103	Bacourt, Eric Res.-Info: EZ Gast-Info: Zeitung	18. 10. 20..	22. 10. 20..	2	–
104	Antinoja, Leena & Ju Res.-Info: Ankunft 11.00 Uhr! Gast-Info:	18. 10. 20..	23. 10. 20..	2	–
105	Schwerin, Matthias Res.-Info: Späte Anreise, EZ Gast-Info:	18. 10. 20..	19. 10. 20..	1	–
Bleiben					
107	Wagener, John Res.-Info: Baden Gast-Info:	17. 10. 20..	21. 10. 20..	1	
109	Pfennig, Regine Res.-Info: Baden Gast-Info:	17. 10. 20..	21. 10. 20..	1	
110	Ging, John Res.-Info: EZ Gast-Info:	16. 10. 20..	20. 10. 20..	1	
1. Etage				**Total: 11**	

Res.-Info = Reservierungsinformation   EZ = Einzelzimmer   DZ = Doppelzimmer

? Arbeitsaufgaben

1. Nennen Sie die an der Rezeption tätigen Personen und ihre Aufgaben.
2. Wozu dient der Zimmerspiegel?
3. Welche Aufgaben hat der Hotelportier?

Das Housekeepingdepartment

💡 Die gut geführte Etage gehört in den Aufgabenbereich des Housekeepings und garantiert zufriedene Gäste.

Wichtige Kriterien für eine gute Atmosphäre:

- Raumgestaltung
- Einrichtung
- Technische Ausstattung
- Hygiene

Mitarbeiter/-innen	Aufgaben
Hausdame	▪ Verantwortlich für die Sauberkeit im gesamten Haus. ▪ Verantwortlich für die Wäscherei. ▪ Organisation der Arbeitsabläufe, Erstellung der Dienstpläne. ▪ Überwachung des Personals und Kontrolle der Gästezimmer. ▪ Beschaffung des Blumenschmucks. ▪ Verkaufskontrolle und Einkauf von Kleinmaterial und Putzmitteln. ▪ Zimmerfreimeldung bei der Rezeption. ▪ Aufbewahrung und Verwaltung von Fundsachen.
Stellvertretende Hausdame	▪ Ihr unterstehen höchstens zwei Etagen. ▪ Ist ein Gästezimmer aufgeräumt, wird es von ihr überprüft, dann der Hausdame und der Rezeption als frei gemeldet.
Etagenhausdame	▪ Reinigung (meist nur für eine Etage zuständig). ▪ Teilbereiche der Organisation.
Etagensteward/ Etagenstewardess	▪ Betreuung und Reinigung der Gästezimmer. ▪ Meldung an die Etagenhausdame.
Hausdiener	▪ Erledigt schwere Etagenarbeiten, wie Staubsaugen, Teppichklopfen, Aufstellen von Extrabetten, Möbeltransport, evtl. Schuhe putzen. ▪ Umsiedlung von Gästen in andere Zimmer.
Reinigungskräfte	▪ Reinigung der öffentlichen WC-Anlagen und der Verkehrswege.
Wäschebeschließer/-in	▪ Koordination aller Arbeiten im Wäschereibereich. ▪ Wäscheverwaltung. ▪ Kontrolle der retournierten Fremdwäsche.
Wäscher/-in/ Bügler/-in	▪ Fachgerechte Reinigung und Trocknung der Wäsche. ▪ Bügeln. ▪ Evtl. Ausbesserungsarbeiten.

Wäscherei

Der Wäschebestand des gastgewerblichen Großhaushaltes hat einen beträchtlichen Wert. Die Anschaffung erfordert hohe Kapitalinvestitionen. Pflege und Erneuerung des Wäschebestandes verursachen ebenfalls Kosten, weshalb die Wäscheverwaltung gut organisiert sein muss. Es ist genau zu überlegen, ob eine **betriebseigene Wäscherei** eingerichtet und geführt wird oder ob die Wäsche an Fremdfirmen gegeben wird.

Depot

Im **Depot** sind die Mittel für die Durchführung der Arbeiten in der Etage untergebracht:
▪ Etagenwagen
▪ Reinigungskontingent und Papierwaren
▪ Wäschereserve
▪ Betriebsmittel: Reinigungsgeräte etc.
▪ Inventarbuch, Inventarkarten und Reparatur-Service-Karten
▪ Belegungsbericht

(?) Arbeitsaufgaben

1. Welche Aufgaben hat die Hausdame?
2. Welche Aufgaben hat der Etagensteward bzw. die Etagenstewardess?
3. Welche Möglichkeiten der Wäschereinigung gibt es?

Verpflegungsabteilung

Die Mitarbeiter/-innen der Verpflegungsabteilung sind für **Küche und Service** zuständig.

Verpflegungsabteilung – Einkauf und Lagerverwaltung

Lagerverwalter/-in	
Wirtschafter/-in	Kellermeister/-in

Mitarbeiter/-innen in Einkauf und Lagerverwaltung

Mitarbeiter/-innen	Aufgaben
Einkäufer	Trägt die Verantwortung für den Einkauf. ■ Entgegennahme und Kontrolle der Bestellungen der Abteilungen. ■ Wahl der Lieferanten. ■ Einkaufsorganisation. ■ Verrechnung der Waren.
Lagerverwalter/-in	Leitet das Lager und trägt die Verantwortung für das Lager. ■ Kontrolle der Waren. ■ Ausgabe der Waren. ■ Führen der Lieferantenkartei.
Wirtschafter/-in	Bestandsüberwachung. ■ Kontrolle der Warenausgabe an Küche, Restaurant und Bar.
Kellermeister/-in	Wareneingangskontrolle der Getränke. ■ Betreuung der gelagerten Waren (hygienische Grundsätze, gesetzliche Bestimmungen). ■ Bestandsüberwachung. ■ Warenentnahme. ■ Verrechnung der Waren.

Die **Lagerverwaltung** ist zuständig für

■ Kontrolle,

■ Verrechnung und

■ sachgemäße Lagerung der eingekauften Ware.

Gibt es keinen Einkäufer, so ist der Wirtschaftsdirektor oder der Lagerverwalter für den Einkauf verantwortlich.

Weg der innerbetrieblichen Abrechnung der Ware

Einkauf
↓
Warenübernahme
↓
Lagerung
↓
Warenausgabe
↓
Bestandsüberwachung und Lagerbuchführung

Einkauf

Wichtig ist, gleichgültig für welche Betriebsgröße, dass der gesamte Einkauf zentralisiert ist, d. h., es ist eine Abteilung oder eine Person, z. B. der Wirtschaftsdirektor, der Einkäufer, der Lagerverwalter, dafür verantwortlich. Dazu ist es notwendig, dass die Abteilungen gemeinsam den **Qualitätsstandard** für alle einzukaufenden Waren festlegen. So wird ein exakter **Qualitäts- und Preisvergleich** zwischen den einzelnen Anbietern möglich.

Ziel des Einkaufs muss es sein, die festgelegte Qualität zum bestmöglichen Preis zu erwerben.

Anhand des Speisen- und Menübuches wird festgestellt, welche Waren in welchem Umfang benötigt werden. Nach Überprüfung des Lagers anhand der Lagerfachkarte wird der eigentliche Bedarf festgestellt, die Ware bestellt und mit dem Lieferanten ein **Kaufvertrag** abgeschlossen. Dieser Kaufvertrag sollte schriftlich festgehalten werden. Rechtsgültig ist der Kaufvertrag, wenn folgende Punkte enthalten sind:
■ Daten des Käufers
■ Daten des Verkäufers
■ Art der Ware, Bezeichnung, Qualität, Herkunft ...
■ Menge
■ Preis pro Einheit und für die bestellte Menge
■ Evtl. Lieferfristen
■ Zahlungsmodalitäten

Warenübernahme

Für die Warenübernahme sollte eine qualifizierte Fachkraft zuständig sein. Sie hat die gelieferten Waren nicht nur auf Quantität, sondern auch auf Qualität zu prüfen. Meist werden stichprobenartige Überprüfungen durchgeführt und Gewicht und Anzahl mit der Rechnung oder dem Lieferschein verglichen.

Warenübernahme

Lager

Für die teuersten Artikel, wie Fleisch, Meeres- und Krustentiere, ist es ratsam, den Küchenchef zur Qualitätskontrolle der Lieferung beizuziehen.

Lagerung

Nach der Warenübernahme kommt die Ware in die dafür vorgesehenen Lagerräume. Es ist dabei zu beachten, dass die noch vorhandenen Waren nach vorne gestellt werden, damit sie vor den frisch gelieferten Waren verbraucht werden = **roulierendes Lager.** Das schützt vor der Überlagerung von Waren. Voraussetzung für die Bestandserrechnung sind regelmäßige Inventuren. Durch den Einsatz der EDV wird eine effiziente Lagerkontrolle ermöglicht.

Warenausgabe

Zu bestimmten Tageszeiten werden die auf dem Anforderungs- oder Fassungsschein aus der Küche angeforderten Waren ausgegeben.
Grundsatz: Keine Ware ohne Beleg!
Die Weiterverarbeitung erfolgt in der Küche.

Bestandsüberwachung und Lagerbuchführung

Es gibt verschiedene Möglichkeiten, den Warenbestand aufzuzeichnen und zu verrechnen.

- **Mengenverrechnung:** Bei wertvollen Waren werden die Mengen der ein- und ausgehenden Waren verrechnet. Der Betrieb ist damit in der Lage, jederzeit den **Sollbestand** der Waren festzuhalten und mit dem Istbestand zu vergleichen (Schwund, Verderb, Schlamperei, Diebstahl).
- **Mengen- und Wertverrechnung:** Die Waren werden sowohl mengen- als auch wertmäßig (zum Einkaufspreis) erfasst.
  Beispiel für eine Mengenverrechnung:
  Auf der Lagerfachkarte wird bei der ersten Mengenkontrolle der mengenmäßige Eingang gebucht, bei der zweiten der Ausgang und in der dritten wird sofort der Bestand ermittelt. Zur Kontrolle wird in regelmäßigen Zeitabständen die Lagerinventur durchgeführt. Waren, die die geringste Lagerumschlagshäufigkeit aufweisen, sind zu ermitteln und der Direktion zu melden.

Lagerfachkarte

Die Lagerfachkarte befindet sich im Fach der Ware. Auf ihr werden die Einlagerung und die Ausgabe der Ware sofort festgehalten.
Jeder Betrieb setzt nach Erfahrungswerten einen sogenannten **eisernen Bestand** fest, der nicht unterschritten werden sollte.
Die Bestellung erfolgt dann, wenn ein bestimmter Bestellpunkt (Tagesumsatz x Lieferzeit + eiserner Bestand) erreicht ist.

Eine wichtige Kennziffer für die erfolgreiche Lagerhaltung ist die Lagerumschlagshäufigkeit. Sie gibt an, wie oft jede Ware in einem bestimmten Zeitraum (Monat, Saison, Jahr) benötigt wird. Die Lagerumschlagshäufigkeit wird wie folgt errechnet:

$$\frac{\text{Anfangs- + Endbestand}}{2} = \text{Durchschnittlicher Lagerbestand}$$

$$\frac{\text{Wareneinsatz}}{\text{durchschnittlicher Lagerbestand}} = \text{Umschlagshäufigkeit des Warenlagers}$$

LAGERFACHKARTE

Artikel-Nr.:	Artikelbezeichnung:					Gewicht:	
Einheit:						Maße:	
Höchstbestand:	Meldebestand:		Mindestbestand:		Ø-Lieferzeit: (in Tagen)	Karten-Nr.:	

Datum 20...... -	Auftrags-Nr./ Beleg-Nr.	Eingangs-menge	Ausgangs-menge	aktueller Bestand	Bedarfsmeldung			Bemerkungen
					am	Menge	Handzeichen	
	Übertrag	✕	✕		nur MM-TT	✕		

(?) Arbeitsaufgaben

1. Nennen Sie die Aufgaben des Lagerverwalters.
2. Welche Kontrollmöglichkeiten gibt es?
3. Was versteht man unter Bestellpunkt?
4. Wie könnte die Lagerhaltung in Ihrem Betrieb noch verbessert werden?

Verpflegungsabteilung – Küche

In der Küchenbrigade großer Hotels oder Restaurants sind meist alle Partieposten mit einem Chef de partie besetzt. Zusätzlich können ein oder mehrere Commis eingesetzt werden. Durch die Technisierung der meisten Küchen werden die Aufgaben – je nach Betrieb – auf wenige Köche aufgeteilt.

Große Küchenbrigade		
Wirtschaftsdirektor	**Küchenleitung**	Assistent
	Chef de Cuisine	
	Souschef	
Rôtisseur	Saucier	Restaurateur
Grillardin		Poissonnier
Potager	Entremetier	Légumier
Hors-dœuvrier	Gardemanger	Boucher
Régimer	Pâtissier	Tournant
Kaffeekoch	Cuisinier du Personnel	Chef de Garde
	Commis – 1., 2., 3. Commis	
	Apprentis	

Mitarbeiter/-innen in der Küche

Mitarbeiter/-innen	Aufgaben
Chef de Cuisine	■ Wirtschaftliche Küchenleitung. ■ Festlegung der Speisenfolge und Speisenkarte. ■ Evtl. Einkauf sowie Kalkulation. ■ Mitarbeiterführung. ■ Überprüfung der Einhaltung der geltenden Bestimmungen. ■ Lehrlingsausbildung.
Chef de Partie	Abteilungskoch.
Apprentis	Lehrlinge.
Souschef	Unterstützung des Küchenchefs.
Saucier	Saucen, Ragouts, Sautés, warme Vorspeisen.
Rôtisseur	Braten, Frittüren, Grilladen.
Restaurateur	À-la-carte-Gerichte, Pfannengerichte, Tagesplatten.
Grillardin	Grillgerichte, die vor dem Gast zubereitet werden.
Poissonnier	Fischgerichte, Fischfonds, Krustentiere, Austern ...
Entremetier	Zwischengerichte, Teigwaren, Eierspeisen, Beilagen.
Potager	Alle Arten von Suppen; Unterabteilung des Entremetiers.
Légumier	Alle Arten von Gemüse.
Gardemanger	Fleischvorbereitung, kalte Platten, Buffets, Vorspeisen, Dekor, kalte Saucen.
Hors-d'œuvrier	Kalte Vorspeisen, Salate, Hors-d'œuvre-Wagen.
Boucher	Vorbereitung von Schlachtfleisch, Wild, Geflügel; Wursterzeugung.
Pâtissier	Warme und kalte Süßspeisen.
Régimier	Zubereitung von Diäten nach ärztlicher Anweisung.
Tournant	Stellvertreter, Springer.
Cuisinier du Personnel	Zubereitung des Personalessens.
Chef de Garde	Überwachung und Verrichtung verschiedener Arbeiten während der Abwesenheit der Köche. Ansetzen von Fonds (Nachtdienst).
Kaffeekoch	Zubereitung von Frühstücksgerichten.

Die Küchenbrigade

Wirtschaftliches Arbeiten in der Küche

Dieses umfangreiche Kapitel über die Verarbeitung der Nahrungsmittel, Zubereitung der Speisen und Verwendung von Resten wird in den Fächern Kochen und Speisen- und Menükunde ausführlich behandelt. Es werden daher nur zusammenfassend einzelne Punkte einer Küchenorganisation aufgezählt.

Der Speisenplan ist abhängig

- vom Betriebstyp und vom Gästekreis,
- von der Standardkarte und von den Menüs,
- von den Vorräten,
- von der Saison.

Organisationsmittel für die Tätigkeiten in der Küche

Organisationsmittel	
Menübuch, Speisenbuch	Grundsätze: - Verderbliche Waren rasch verarbeiten. - Reste nicht horten. - Verdorbenes vernichten.
Rezeptkartei	**Vorteile:** - Informiert rasch und detailliert über Rezepte. - Bei Mitarbeiterwechsel sind keine langen Erklärungen notwendig (standardisierte Speisen mit Speisenfotos). - Preisvergleiche sind möglich. - Kalkulationsgrundlage. - Saisonbedingte Veränderungen der Waren werden festgehalten. - Jouleangaben für die Speisenkarte.
Küchenverbrauchsbogen	- Kontrolle. - Rationelle Küchenführung.
Verwertung der Reste	Grundsatz: Es darf nichts verderben, es darf aber auch nichts Verdorbenes verarbeitet werden. Das Lebensmittelgesetz muss eingehalten werden.

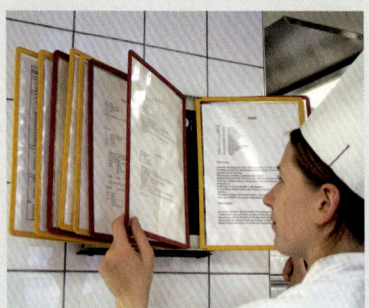

Rezeptkartei

? Arbeitsaufgaben

1. Wer leitet die Küchenbrigade?
2. Welche Aufgaben hat der Küchenchef?
3. Nennen Sie drei Beispiele für einen Chef de Partie und die dazugehörenden Aufgaben.
4. Was ist ein Entremetier?
5. Welche Aufgaben hat ein Saucier?
6. Wovon ist der Speiseplan abhängig?
7. Welche Hilfsmittel sind für die Küchenorganisation notwendig?
8. Vergleichen Sie die Antworten auf die Fragen eins bis vier mit der Küchenorganisation Ihres Betriebes.

Verpflegungsabteilung – Service

Mitarbeiter/-innen im Service

Die Servicemitarbeiter/-innen ist in verschiedenen Bereichen eingesetzt, und zwar überall dort, wo der Gast etwas konsumieren kann. Organisiert ist der Servicestaff ebenfalls in sogenannten Brigaden. Es gibt verschiedene Arten von Servierbrigaden, die je nach Zweckmäßigkeit, Größe des Lokals und Anzahl der Restaurantfachleute zusammengesetzt sind und in verschiedenen Räumen eingesetzt werden, wie z. B. im Restaurant, im Stüberl oder in den Banketträumen, in der Etage, in der Bar, in der Halle oder auf der Terrasse.

Je nach Kategorie des Betriebes werden vier Serviersysteme unterschieden:
- **Einkellner- oder Stationskellnersystem:** in Kleinbetrieben, Kaffeehäusern und auf Kreuzfahrtschiffen.
- **Zweikellnersystem:** in Klein- und Mittelbetrieben und Saisonbetrieben.
- **Oberkellner- oder Zahlkellnersystem:** in Mittel- und Saisonbetrieben.
- **Chef-de-Rang-System oder französisches Serviersystem:** umfangreiche Servierbrigade in Luxusbetrieben.

Einkellner- oder Stationskellnersystem

Mitarbeiter/-innen	System	Aufgaben
1 Restaurantfach-mann/-frau	■ Aufteilung des Lokals in mehrere Stationen. ■ Jede Station besteht aus mehreren Tischen. ■ Jeder Servicemitarbeiter ist für eine Station verant-wortlich.	■ Mise en Place. ■ Platzieren des Gastes. ■ Aufnehmen der Bestel-lungen. ■ Bonieren. ■ Servieren der Speisen und Getränke. ■ Rechnung stellen. ■ Kassieren.

Zweikellnersystem

Mitarbeiter/-innen	System	Aufgaben
2 Restaurantfach-männer/-frauen	Zwei Servicemitarbeiter teilen sich eine Station.	■ Ein Servicemitarbeiter übernimmt das Getränke-service und das Inkasso. ■ Ein Servicemitarbeiter ist für Speisenservice und Ab-servieren zuständig.

Eine Station umfasst etwa 30 Sitzplätze.

Oberkellner- oder Zahlkellnersystem

Mitarbeiter/-innen	System	Aufgaben
3–4 Restaurantfach-männer/-frauen Lehrlinge	■ Das Zweikellnersystem wird um einen Zahlkellner erweitert. ■ Evtl. gibt es einen zweiten Mitarbeiter für das Spei-senservice. ■ Lehrlinge unterstützen die Restaurantfachleute. ■ Die Stationen sind größer als beim Zweikellnersys-tem.	■ Der Zahlkellner ist für das Inkasso, die Platzierung der Gäste und die Bestel-lugen zuständig. ■ Ein Servicemitarbeiter übernimmt das Getränke-service. ■ Ein Servicemitarbeiter ist für Speisenservice und Ab-servieren zuständig. ■ Lehrlinge helfen bei der Mise en Place und beim Servieren.

Eine Station (Zahlplatz) umfasst etwa 25 bis 30 Tische.

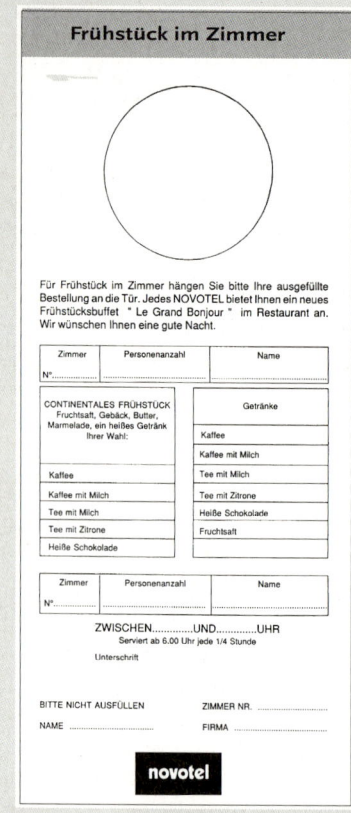

Türhänger für das Etagenservice

Chef-de-Rang-System

Mitarbeiter/-innen	Aufgaben
Directeur de Restaurant Restaurantdirektor	▪ Organisation des Restaurants. ▪ Reservierungsplan. ▪ Dienstplan. ▪ Bestellungsaufnahme von Festessen, Buffets … ▪ Aufnahme des Personals.
Mâitre d'Hôtel Chef de service	Oberste Leitung im Restaurant.
Chef de Service Oberkellner	▪ Repräsentation. ▪ Empfang. ▪ Platzierung der Gäste.
Sommelier/ Chef de Vin Weinkellner	▪ Weinberatung, Verkauf und Präsentation. ▪ Getränkeverkauf. ▪ Käseberatung und Verkauf.
Chef de Rang Stationskellner in Luxusbetrieben	▪ Beratung der Gäste und Aufnahme der Bestellungen. ▪ Arbeiten bei Tisch: Flambieren, Tranchieren, Filetieren, Marinieren. ▪ Kassieren.
Demi-Chef Stellvertreter des Stationskellners; Springer	Stellvertreter des Chef de Rang (steht zwischen Chef de Rang und Commis de Rang).
Commis de Rang Speisenträger	▪ Mise en Place. ▪ Verbindung zwischen Küche und Station.
Commis de Vin Getränkekellner; Assistent des Sommeliers	▪ Mise en Place für das Weinservice. ▪ Fachgerechte Versorgung aller Getränke. ▪ Service der offenen Getränke.
Apprenti de Salle Restaurantfachmann/ -frau-Lehrling	Restaurantfachmann/-frau-lehrling.
Chef de Halle Stationskellner in der Hotelhalle	Service in der Hotelhalle: Imbisse, Getränke.
Commis de Halle Assistent des Chef de Halle	Assistiert dem Chef de Halle.
Chef de Bar Barchef	▪ Führt die Bar. ▪ Herstellung von Mixgetränken. ▪ Kassieren. ▪ Erstellen der Abrechnung.
Commis de Bar Assistent des Chef de Bar	Assistiert dem Chef de Bar und serviert Getränke.
Chef d'Étage Zimmerservicekellner	▪ Verantwortlich für das Zimmerservice. ▪ Kontrolle der Gästeliste. ▪ Entgegennahme von Bestellungen. ▪ Bonieren. ▪ Servieren von Frühstück, Mittagessen, Abendessen, Jause … ▪ Rechnung erstellen und legen. ▪ Kontrolle der Minibar.
Commis d'Étage Assistent des Zimmerservicekellners	▪ Mise en Place der Frühstücksplateaus und der Zimmerwagen inkl. Tischwäschetausch (Servietten etc.). ▪ Einsammeln der Türanhänger. ▪ Auffüllen der Minibars. ▪ Abräumen in den Zimmern.

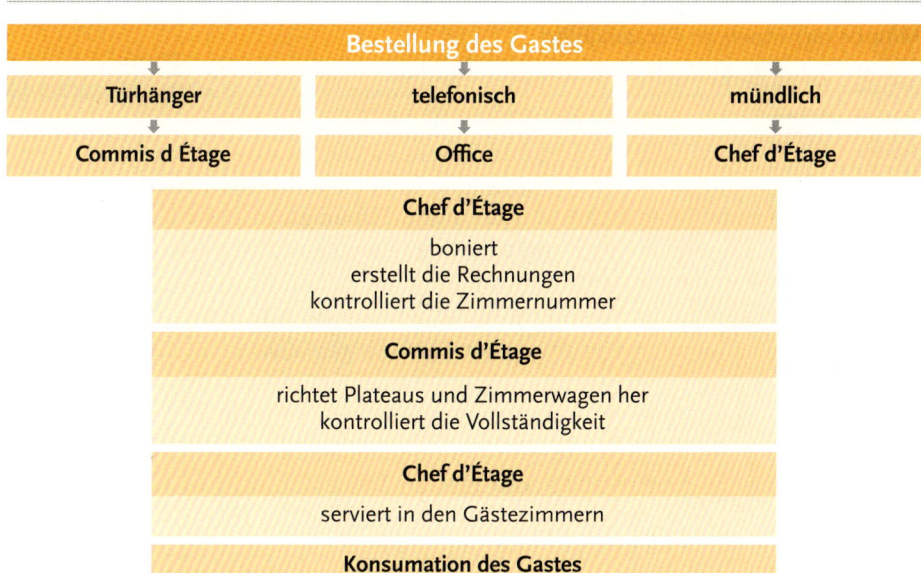

Alle Abteilungen sind gefordert, perfekten Service zu bieten

Bestellung des Gastes		
Türhänger	telefonisch	mündlich
Commis d Étage	Office	Chef d'Étage

Chef d'Étage
boniert
erstellt die Rechnungen
kontrolliert die Zimmernummer

Commis d'Étage
richtet Plateaus und Zimmerwagen her
kontrolliert die Vollständigkeit

Chef d'Étage
serviert in den Gästezimmern

Konsumation des Gastes

⑦ Arbeitsaufgaben

1. Nennen Sie die vier verschiedenen Serviersysteme.
2. Welche Systeme kommen in welchen Betrieben zur Anwendung?
3. Beschreiben Sie die Aufgaben des Lehrlings in den vier Systemen.
4. Nennen Sie den Unterschied zwischen Chef de Rang und Chef de Vin.
5. Zählen Sie die Kellner des Oberkellnersystems auf.
6. Welche Aufgaben hat der Getränkekellner im Zweikellnersystem?
7. Welche Aufgaben haben die Servicemitarbeiter in Ihrem Betrieb?

Verwaltungsabteilung – kaufmännische Abteilung

Kaufmännische Abteilung			
Hauptbuchhaltung + Hauptkassa	Personalbüro	Küchenchef = Küchenbüro	Betriebsbüro
Kaffeehauskassa	Lohnbuchhaltung		
Restaurantkassa			
Hotelkassa			

Mitarbeiter/-innen in der Buchhaltung und Hauptkassa

Mitarbeiter/-innen	Aufgaben
Buchhalter	Führung der Finanzbuchhaltung.
Hauptkassier	■ Einnahme und Kontrolle aller Gelder der gesamten Kassen, wie Restaurantkassa, Kaffeehauskassa, Barkassa, Hotelkassa etc. ■ Bestückung der Kassen mit Wechselgeld. ■ Verrechnung mit Banken und Kreditkarteninstitutionen. ■ Kontrolle der Abrechnungen. ■ Auszahlung fälliger Belege. ■ Führen des Kassenberichts.
Lohnbuchhalter	■ Errechnet Löhne und Gehälter. ■ Führt die Personalpapiere. ■ Ermittelte Lohnsummen, Sozialabgaben und Steuern werden an den Hauptbuchhalter weitergeleitet.

Büro des Küchenchefs

Mitarbeiter/-innen im Personalbüro

Personal	Aufgaben
Personalchef	Führung der Personalabteilung. ■ Planung und Bewertung der Mitarbeiterbedarfs. ■ Finanzplanung für das Personalwesen. ■ Lohn- und Gehaltsabrechnung. ■ Regelung der Mitarbeiterangelegenheiten (Urlaub, Krankenstand etc.).
Hauptkassier	■ Führung der Evidenzkartei des Personals. ■ Einstellung von Personal gemeinsam mit den Abteilungsleitern. ■ Ausstellung von Arbeitszeugnissen und Kündigungen. ■ Entgegennahme von Kündigungen.
Betriebsrat	Gewählter Vertreter der Dienstnehmer, der ihre Interessen vertritt.
Küchenbüro	Das Büro des Küchenchefs gibt es nur in Großküchen und bei Massenerzeugung.
Betriebsbüro	Hier werden alle verwaltungstechnischen Aufgaben, die für den reibungslosen Betrieb eines Hotels nötig sind, durchgeführt.

Verwaltungsabteilung – Hilfsabteilungen und Nebenbetriebe

Diese Abteilungen findet man vorwiegend in Großhotels. Es muss eine genaue Kosten-Nutzen-Rechnung erstellt werden, da sich diese Abteilungen nur in Hotels mit entsprechender Auslastung rechnen. Vorteile hauseigener Professionisten:
■ Weg- und Wartezeiten, die bei Beauftragung fremder Firmen in Kauf genommen werden müssen, entfallen.
■ Mängel können schnell und auch außerhalb der üblichen Arbeitszeiten behoben werden.
■ Reparaturen und Instandhaltungsarbeiten können besser geplant und rascher durchgeführt werden.

In kleineren Betrieben übernehmen Fremdfirmen diese Arbeiten. Einfache Arbeiten werden zum Teil von handwerklich geschickten Angestellten übernommen.

Technische Abteilung
Der Leiter der technischen Abteilung ist der Chefingenieur oder der technische Leiter. Er sorgt für die Behebung von technischen Störungen und die Instandhaltung des Hotelinventars. Ihm stehen zur Ausführung seiner Tätigkeiten andere Handwerker zur Verfügung. Die Rechte und Pflichten der Professionisten sind im Kollektivvertrag ihrer Berufsgruppe geregelt.

Sonstige Abteilungen
■ Garage
■ Sauna
■ Hallenbad
■ Fitnessraum
■ Spa- bzw. Wellnesseinrichtungen
■ Freizeitbereiche (Reithalle, Tennisplatz, Golfplatz etc.)

Technische Abteilung

Tischler

Installateur

Elektriker

Schlosser

Tapezierer ...

Sonstige Abteilungen

Angelerntes Personal

Fachkräfte: Masseur, Sportlehrer, Animateur ...

(?) Arbeitsaufgaben

1. Welche gastgewerblichen Hilfsabteilungen gibt es?
2. Welche Vorteile haben hauseigene Professionisten?
3. Wer führt in Ihrem Betrieb Reparaturen durch?

1.2 Mittelbetriebe

Besitzer/Direktor		
Beherbergungsabteilung	Verpflegungsabteilung	Verwaltungsabteilung

Hallenpersonal		
Rezeption, Journalführung Kassa, Korrespondenz Telefon, Portier	Lager und Keller	
	Küche	

Etagenpersonal	Restaurant	
Hausdame	Stüberl	
Etagenstewardess	Schank	
Hausdiener		

Beherbergungsabteilung

Mitarbeiter/-innen	Aufgaben
Hallenpersonal	Die Aufgaben von Rezeption, Journalführung, Kassa, Korrespondenz, Telefon und Portier übernimmt eine verantwortliche Person mit Lehrlingen (z. B. Hotel- und Gastgewerbeassistenten), Volontären und Hilfspersonal.
Etagenpersonal	Die Hausdame übernimmt gleichzeitig die Aufgaben der Etagenhausdame und der Wäschebeschließerin. Pro Stockwerk arbeitet eine verantwortliche Etagenstewardess mit Hilfskräften. Der Hausdiener ist Gepäckträger und Page.

Organisationsbeispiel der Etage im Mittelbetrieb

Hausdame		
Zimmerstewards/-stewardessen	Wäscher/-in/Bügler/-in	Hausdiener
Reinigungskräfte	Evtl. Hilfskräfte	

Die Vertretung der Hausdame übernimmt ein(e) eigens dafür bestimmte(r) Zimmersteward/-stewardess.

Verpflegungsabteilung

In der **Küche** findet man vor allem – je nach Betriebsstruktur – die mittlere Küchenbrigade.

Küchenchef Chef de Cuisine		
	Saucenplatz Saucier	
Bratenplatz Rôtisseur		Gemüse- und Beilagenplatz Entremetier
Kalte Küche Gardemanger		Süßspeisenplatz Pâtissier
Jungköche		Commis
Lehrlinge		Apprentis

Der **Keller** wird häufig vom Restaurantleiter oder vom Besitzer verwaltet. Die Verwaltung des Lagers wird meist vom Besitzer selbst oder von einer Vertrauensperson (Küchenchef/-in, Wirtschafter/-in) übernommen.

Servicemitarbeiter/-innen

In Mittelbetrieben ist das häufigste Serviersystem das **Oberkellnersystem.** Die Servierbrigade ist auch für das Zimmerservice zuständig. Die Bar und das Stüberl werden im Allgemeinen von einer zusätzlichen Servierkraft betreut.

Verwaltungsabteilung

Die Buchhaltung übernimmt meist auch die Aufgaben und Funktionen des Sekretariats.

1.3 Kleinbetriebe

Hier handelt es sich meist um Familienbetriebe, in denen die Besitzer und Familienangehörige einen Großteil der Aufgaben übernehmen. Dieser Betriebstyp wird meist sehr individuell geführt. Die meisten gastronomischen Betriebe Österreichs sind daher Kleinbetriebe.

Besitzer (Wirt, Wirtin)
Familienangehörige
Fachkräfte Restaurantfachmann/-frau, Koch, Köchin
Hilfskräfte

Der Besitzer ist hauptverantwortlich und führt den Betrieb in allen Belangen selbstständig.

Aufgabenverteilung zwischen Besitzer, Familienangehörigen und Personal:
- Ausstattung und Instandhaltung und Reinigung des Lokals.
- Gästebetreuung: Reservierung, Empfang, Service ...
- Erstellen des Angebotes: Speisen, Getränke, Saisonangebote ...
- Buchhaltung, Kalkulation und Kontrolle.
- Werbung.
- Wareneinkauf und Lager- und Kellerverwaltung.
- Küche, Etage.
- Wäsche- und Inventarverwaltung.

Kleine Küchenbrigade (österreichische Platzeinteilung)		
Chefkoch		
Suppenplatz		Salatplatz
Gemüseplatz		Mehlspeisenplatz
	Küchenkassier/-in	
	Küchenwirtschafter/-in	

⑦ Arbeitsaufgaben

1. Welche Aufgaben übernimmt die Hausdame im Mittelbetrieb?
2. Welche Serviersysteme finden Sie in Mittel- und Kleinbetrieben?
3. Wodurch unterscheidet sich die mittlere von der kleinen Küchenbrigade?

2 Amerikanisches System

In Einzelbetrieben sowie in den internationalen Hotelketten gibt es vor allem das amerikanische Organisationssystem. Die verantwortliche Person für Ketten- oder Großhotels wird international als **CEO (Chief Executive Officer)** bezeichnet.

Generalmanager		
Chiefaccountant	Residentmanager	Food-&-Beverage-Manager
Purchasingdepartment	Housekeepingdepartment	Chef
Cash	Chiefengineer	Banquetmanager
EDP	Frontoffice	Restaurantmanager
Controlling	Reception Reservation Information Telephone	Chiefsteward
		Bar
	Salesmanager	Roomservice
	Publicrelations	
	Human-Resources-Department	

Unser Ziel

Nach Bearbeitung dieses Kapitelabschnittes werden Sie die wesentlichen Unterschiede zwischen dem europäischen und dem amerikanischen System kennen.

Mitarbeiter/-innen	Aufgaben
Generalmanager Generaldirektor	Hotelleitung.
Chiefaccountant Finanzleiter	▪ Dem Generalmanager unterstellt. ▪ Koordination und Kontrolle aller kaufmännischen Tätigkeiten.
Purchasingmanager Einkauf	▪ Tätigt alle Einkäufe außer Nahrungsmitteln und Getränken (obliegt dem F-&-B-Manager).
Cash Kassa	Gegliedert in Haupt- und Nebenkassen, wie Hotelempfangskassa, Restaurantkasse, Barkasse, Kaffeehauskassa …
EDP/Electronic-Data-Processing EDV	Elektronische Datenverarbeitung (EDV).
Controlling Kontrollabteilung	▪ Innerbetriebliche Kontrollabteilung. ▪ Kontrolle der finanziellen Abläufe. ▪ Kontrolle von Mengen- und Arbeitseinsatz. → Kontrollkreislauf.
Residentmanager Verantwortlicher Stellvertreter des Generaldirektors	▪ Leitung und Repräsentation des Hotelbetriebs. ▪ Stellvertreter des Generalmanagers. ▪ Planung, Organisation, Koordination.
Housekeepingdepartment Hausdamenabteilung	→ Europäisches System.
Chiefengineer Chefingenieur	▪ Leitung der technischen Abteilung. ▪ Elektroarbeiten. ▪ Installateurarbeiten. ▪ Schlosserarbeiten. ▪ Tischlerarbeiten.
Frontoffice Frontbüro	▪ Rezeption – Empfang. ▪ Reservierung. ▪ Information – Portier. ▪ Telefonzentrale.

Generaldirektor und Küchenchef

Meeting

Mitarbeiter/-innen	Aufgaben
Salesmanager Verkaufsdirektor	■ Erstellen verkaufsfördernder Programme. ■ Festlegung der Richtlinien für Verkaufsprogramme. ■ Kontakt zu Stammkunden. ■ Firmenbesuche im In- und Ausland.
Publicrelations Werbung und Öffentlichkeitsarbeit	■ Entwicklung von Werbeprogrammen. ■ Informationsmaterial. ■ Pressekonferenzen. ■ Betriebsbesichtigungen. ■ Herausgabe einer Hauszeitung. ■ Fragebögen der Gäste. ■ Wahl des Mitarbeiters des Monats. ■ Kontakt zur Presse.
Humanresourcesdepartment Personalabteilung	■ Einstellen, Kündigen aller Mitarbeiter, der Praktikanten und Aushilfskräfte. ■ Festlegung der Gehaltsschemata und Durchführung der Lohnverrechnung. ■ Evidenzhaltung der Personalakten. ■ Ausstellung von Dienstzeugnissen. ■ Beurteilung der Mitarbeiter zusammen mit dem Abteilungsleiter und dem jeweiligen Mitarbeiter. ■ Kontakte mit Sozialversicherung, Arbeitsamt, Betriebsrat, evtl. Arbeitsgericht, Lehrlingsstellen …
Food-&-Beverage-Manager Wirtschaftsdirektor	■ Stellvertreter des Generalmanagers. ■ Verantwortlich für Küche, Restaurant, Bar, Kaffee, Stewardabteilung (Geschirr, Besteck …). ■ Überwachung der F-&-B-Abteilungsleiter. ■ Erarbeitet mit dem Küchenchef Menüs und À-la-carte-Gerichte. ■ Überwacht den Druck der Speisenkarten. ■ Überwacht die Einhaltung der Hygienevorschriften. ■ Statistiken und Vergleiche. ■ Berichte an den Generalmanager. ■ Genehmigt wöchentliche Lageranforderungen. ■ Zusammenarbeit mit allen Abteilungen. ■ Schlussinventur. ■ Monatliche Abwesenheitslisten, Urlaube und Zeitausgleichsguthaben.
Chef Küchenchef	→ Europäisches System (Küchenchef).
Banquetmanager	■ Verantwortlich für den Ablauf von Veranstaltungen. ■ Bankettmenüs. ■ Beratung der Gäste bei diversen Veranstaltungen. ■ Einteilung des Personals.
Restaurantmanager Restaurantdirektor	→ Europäisches System.
Captain	Stations- oder Bankettoberkellner.
Sommelier	→ Europäisches System.
Commis	→ Europäisches System.
Chiefsteward Verwaltung der Abwasch und des Restaurant- und Plücheninventars	■ Verwaltung und Nachbestückung des Inventars von Restaurant, Küche und Bar. ■ Verantwortlich für Abwasch, Porzellan, Metall, Silber, Gläser … sowie für die Sauberkeit.

Bar

Je nach Größe und Ausstattung der Bar gibt es verschiedene Barmitarbeiter/-innen.

Mitarbeiter/-innen	Aufgaben
Barsupervisor/Barmanager Barchef für alle Bars im Hause	Nur in Großbetrieben mit mehreren Bars: Poolbar, Restaurantbar, Tages- und Nachtbar ...
Barman, Barmaid, Barkeeper, Bartender, Mixer Barmann und -frau	■ Fachkenntnisse über Bargetränke. ■ Zubereitung der Mixgetränke. ■ Service an der Theke.
Barwaiter Barkellner	■ Aufnahme der Bestellungen. ■ Service der Bargetränke zu den Tischen.

Roomservice – Zimmerservice

Die Roomservicezentrale befindet sich neben der Küche.

Mitarbeiter/-innen	Aufgaben
Captain Stations-, Bankett-, Zimmerserviceoberkellner	■ Organisation des Zimmerservices. ■ Erstellen der Dienstpläne. ■ Kontrolle der Gästeliste. ■ Getränke fassen. ■ Bestellungen aufnehmen (telefonisch oder anhand des Türhängers). ■ Bonieren. ■ Rechnungen erstellen.
Chef d'Étage Zimmerservicekellner	■ Bestellungen im Gästezimmer aufnehmen. ■ Servieren von Speisen und Getränken. ■ Rechnung legen. ■ Kontrolle der Minibar.
Commis d'Étage Assistent des Zimmerservicekellners	■ Mise en Place. ■ Vorbereiten der Frühstücksplateaus und -wagen. ■ Einsammeln der Türhänger. ■ Auffüllen der Minibars. ■ Abräumen der Plateaus. ■ Wäschetausch.

Der Chef d'Étage serviert Speisen und Getränke auf das Gästezimmer

(?) Arbeitsaufgaben

1. Welche Abteilungen gibt es nur im amerikanischen System?
2. Welche Aufgaben hat der F-&-B-Manager?
3. Welche berufliche Laufbahn möchten Sie wählen?

3 Mitarbeitermanagement

Das beste Konzept, der schönste Standort, die günstigste Kostenstruktur sind die eine Seite des Erfolgs. Die Mitarbeiter/-innen sind für den Erfolg ebenso mitentscheidend. Besonders beim Gästekontakt müssen Mitarbeiter neben der fachlichen Kompetenz auch mit der Dienstleistungsphilosophie des Unternehmens vertraut sein. Die ersten Sekunden des ersten Kontakts zwischen Gast und Betrieb prägen in der Vorstellung des Gastes das Bild des gesamten Unternehmens – und für diese ersten Sekunden zeichnen meist die Mitarbeiter/-innen verantwortlich.

Motivation von Mitarbeitern

- Neben der **Bezahlung** werden **zeitliche Anreize** immer wichtiger.
- Wunsch nach **persönlicher Entfaltung** bei der Arbeit, Wunsch nach einem **Weiterbildungsangebot.**
- Gutes **Betriebsklima.**
- **Teamarbeit** soll selbstverständlich sein.
- **Übertragung von Verantwortung** wird zum Kernthema.
- **Gute Karrieremöglichkeiten** steigen in der Rangliste der Motivationsfaktoren zunehmend.

Daher sind für die nächsten Jahre folgende Punkte zu beachten:
- Gute Mitarbeiterführung und dadurch Motivation der Mitarbeiter/-innen.
- Neue (flexible) Arbeitsformen.
- Neues Mitarbeitermarketing.

Was können Vorgesetzte tun, damit ihre Mitarbeiter das, was sie tun, mit Freude tun?
- Sich für die Mitarbeiter/-innen Zeit nehmen, wenn sie Fragen haben.
- Konzentration beim Mitarbeitergespräch.
- Eingehen auf die gestellten Fragen, Interesse dafür zeigen.
- Feedback geben: Sachliche Kritik und ehrliches Lob.

Neue flexible Arbeitsformen

Für immer mehr Mitarbeiter nimmt die Bedeutung von Freizeit und Flexibilität zu. Gerade Teilzeitarbeit kann für Unternehmer und Arbeitnehmer sehr sinnvoll sein. So können Arbeit, Freizeit und auch Kinderbetreuung sinnvoll kombiniert werden.

Mitarbeiter/-innen	Aufgaben
Arbeit auf Projektbasis	Neue, multifunktionale Dienstleistungsjobs und die Bedeutung von Personal–Leasingfirmen nehmen ständig zu. Daher müssen auch die Entlohnungssysteme variabler und erfolgsorientierter gestaltet werden.
Teilzeitarbeit/ Jobsharing	Teilzeitjobs mit bis zu 30 Wochenstunden nehmen auch in Österreich zu. Dazu müssen die entsprechenden rechtlichen Rahmenbedingungen geschaffen werden. Für das Unternehmen bringt der Einsatz von Teilzeitkräften ein Mehr an Flexibilität und erlaubt das leichtere Abdecken von Spitzenbelastungen. Voraussetzung dafür ist eine genaue Mitarbeiterplanung.
Telearbeit	Wird weniger im Dienstleistungsbereich als auf dem Gebiet der Organisation der österreichischen Tourismus- und Freizeitwirtschaft an Bedeutung gewinnen.
Jobrotation	Darunter versteht man eine flexible Arbeitsform, bei der die Mitarbeiter innerhalb des Betriebes nach dem Teilzeitprinzip verschiedene Tätigkeiten wahrnehmen. Zum Beispiel kann in der Gastronomie ein Mitarbeiter am Vormittag an der Rezeption, am Nachmittag zum Kaffeeservice eingesetzt werden.

Neues Mitarbeitermarketing

Neue Ideen sind gefragt, um einerseits neue Mitarbeiter/-innen anzuwerben und anderseits die schon länger im Betrieb arbeitenden Mitarbeiter/-innen an den Betrieb zu binden, um eine geringe Fluktuation zu erreichen.

Einige Tipps zum Mitarbeitermarketing

- Aus- und Weiterbildungsprogramme.
- Lehrlingsaustausch mit anderen Betrieben.
- Einladung von Schulklassen: Lehrlinge und Mitarbeiter/-innen informieren die Schüler. Aktion „Lehrlinge werben Lehrlinge".
- Überprüfen des Führungsstils.
- Intensive Mitarbeiterbetreuung.
- Flexible Dienstzeiten.
- Freizeiteinrichtungen auch für Mitarbeiter/-innen, die sie zu bestimmten Zeiten benutzen können.
- Eigene Broschüre mit der (Mitarbeiter-)Philosophie des Unternehmens.
- Betriebliche Voraussetzungen verbessern, wie z. B. Abbau der Teilschichten, Optimierung der Dienstpläne, Einsatz moderner Arbeitsgeräte, Verbesserung der Arbeitsabläufe, Bezahlung, Jobsharing, echter Überstundenausgleich.
- Informationsveranstaltungen für Jugendliche.
- Lehrling des Jahres (Bericht in der Lokalpresse).

Hier liegt das Geheimnis des Erfolgs

Mitarbeitermarketing mit System

Täglich	Die Fünf-Minuten-Service-Besprechung: Morgen-, Mittag- und Abendschicht	<ul><li>Welche Probleme gab es gestern?</li><li>Welche Ziele gibt es heute?</li><li>Verkaufsempfehlungen.</li><li>Besprechung der Speisen- und Getränkekarte, Mise en Place, Qualitätsstandards.</li><li>Diensteinteilung (gesetzliche Bestimmungen wie Jugendbeschäftigungsgesetz, Ruhezeiten, Mutterschutz, Bestimmungen laut Kollektivvertrag sind einzuhalten).</li><li>Allfälliges.</li></ul>
Wöchentlich	Das Kadermeeting	Zum Beispiel: jeden Freitag um 15:00 Uhr für alle Kadermitarbeiter.
Monatlich	Die Mitarbeiterbesprechung	Zum Beispiel: jeden ersten Montag im Monat von 14:00 bis 16:00 Uhr für alle Mitarbeiter.
Jährlich	Zwei Seminartage pro Mitarbeiter	Inner- und außerbetriebliche Weiterbildung.
Ständig bzw. bei anstehenden Problemen	Qualitätszirkel	In jeder Abteilung: Wie kann man die Erwartungen der Gäste besser erfüllen?

Grundregel sollte sein:
Weniger ist oft mehr – lieber langsam mit einem Training beginnen und dieses konsequent durchziehen, als alle mit einem vollen Programm überfordern, das dann wieder im Sande verläuft.

(?) Arbeitsaufgaben

1. Zählen Sie einige flexible Arbeitsformen auf.
2. Welche Möglichkeiten des Mitarbeitermarketings sind zielführend?

Unsere Ziele

Nach Bearbeitung dieses Kapitelabschnittes werden Sie
- die drei Bereiche der Kontrolle aufzählen können;
- den Kontrollkreislauf erklären können;
- die angeführten Kontrollmaßnahmen mit jenen in Ihrem Betrieb vergleichen können.

Controlling

Planen und Leiten, Steuern bzw. Lenken, Führen, Überwachen und Helfen.

Controlling ist Vorausdenken
- Wie entwickelt sich die Gästenachfrage?
- Welches Sortiment bieten wir an?
- Wo soll das Unternehmen in Zukunft stehen?

Controlling ist Führung durch Ziele
- Planung von Umsätzen.
- Planung von Kosten.
- Personaleinsatzplanung.
- Produktionsplanung.

4 Kontrolle in der Hotellerie und Gastronomie (Controlling)

Unter Controlling versteht man das Planen, Steuern, Überwachen und Kontrollieren eines Vorganges. Controlling ist demnach viel mehr als Kontrolle. Beim Controlling handelt es sich um eine klassische Managementaufgabe. Dabei ist es völlig unbedeutend, ob diese Tätigkeit von einer eigens dafür eingesetzten Person, einem Controller, oder von allen Managern im Unternehmen übernommen wird. Die Entscheidungsverantwortung bleibt in beiden Fällen bei der Geschäftsleitung. Der Controller liefert die Voraussetzungen für eine erfolgreiche Führung des Unternehmens.

Controllingschwerpunkte			
Zielorientierung	**Entscheidungsvorbereitung**	**Informationsfunktion**	**Führungsfunktion**
■ Überwachung der Unternehmensziele. ■ Steuerung der Zielerreichung. ■ Controlling als Lotsen- oder Navigationsdienst.	■ Hilfestellung bei der Vorbereitung von Entscheidungen. ■ Unterstützung auf allen Entscheidungsebenen.	■ Systematisches Informationsmanagement. ■ Steigerung der Effizienz der Informationsprozesse.	■ Unterstützung der Unternehmensführung, indem es als autarke (unabhängige) Abteilung alle Bereiche des Hauses streng kontrolliert.

Aufgaben des Controlling

Planungsaufgaben	Steuerungsaufgaben	Überwachungsaufgaben
■ Festlegen der Planungsbereiche und Inhalte. ■ Erstellen von Planungsrichtlinien. ■ Festlegung eines Planungskalenders. ■ Motivation und Beratung der Verantwortlichen der Planungsbereiche. ■ Abstimmung von Teilzielen und Plänen.	■ Aufbau eines Steuerungssystems zur Beeinflussung von Kosten und Leistungen. ■ Unterrichtung der Geschäftsleitung bei Änderung grundlegender Unternehmensdaten. ■ Darstellung der Auswirkung geänderter Daten auf die Zielerreichung. ■ Veranlassung von gegensteuernden Maßnahmen. ■ Mitwirkung an gegensteuernden Maßnahmen.	■ Aufbau eines Berichts- und Informationssystems. ■ Permanente Soll-Ist-Vergleiche aller erfolgswirksamen Bereiche. ■ Permanente Datenkontrolle. ■ Überwachung allgemeiner Unternehmensrichtlinien. ■ Wirtschaftlichkeitskontrolle.

Ungeachtet der einzelnen Aufgaben und Tätigkeiten können sich auch im Controlling Schwerpunkte bilden, wie
- **Funktionscontrolling:** Marketing-, Finanz- und Personalcontrolling.
- **Bereichscontrolling:** Logiscontrolling und F-&-B-Controlling.
- **gesamtunternehmerisches Controlling:** Budget-, Kosten- und Erlöscontrolling.

In folgenden Bereichen des Hotel- und Gastgewerbes werden Kontrollen regelmäßig durchgeführt:
- **Im Verpflegungsbereich (Food-and-Beverage-Control):** Küche und Service.
- **Bei der Warenannahme und -ausgabe:** Lager.
- **Im Beherbergungsbereich:** Rezeption, Housekeepingdepartment.

Kontrolle im Verpflegungsbereich – Food-and-Beverage-Control (Warenkontrolle)

Sie wird vom Wirtschaftsdirektor, dem Küchenchef und dem kaufmännischen Direktor durchgeführt.

Kontrollaufgaben des Wirtschaftsdirektors	
Restaurant	▪ Portionenkontrolle. ▪ Verkaufskontrolle. ▪ Verkaufspreiskontrolle. ▪ Kassakontrolle.
Bar	▪ Inventur. ▪ Bewertung der Cocktailrezepte. ▪ Verkaufskontrolle. ▪ Verkaufspreiskontrolle.
Bankett	▪ Bewertung der Menüs. ▪ Erstellung von Planposten für Bankettmenüs. ▪ Verkaufskontrolle. ▪ Verkaufspreiskontrolle.

Kontrollaufgaben des Küchenchefs	
	▪ Bewertung der Rezepte. ▪ Bewertung der Lebensmittelkosten. ▪ Durchführung von Fleischtests. ▪ Küchen- und Lagerkontrolle.
Küchenchef und Lagerverwalter	▪ Inventur. ▪ Wareneingang. ▪ Lagerkartei. ▪ Warenausgang. ▪ Bestellzeitpunkt und Bestellzeitraumermittlung.

Kontrollaufgaben des kaufmännischen Direktors	
	▪ Kontrolle der Restaurant- und Barrechnungen. ▪ Täglicher Verkaufsbericht. ▪ Bewertung der Wareneingangslisten. ▪ Kontrolle der Warenbegleitpapiere.
Kaufmännischer Direktor und Einkaufsleiter	Marktlisten- und Kaufauftragskontrolle.

Kontrolle bei der Warenannahme und -ausgabe

Nur ein qualifizierter Angestellter wird die Warenannahme gemäß den festgelegten Standardeinkaufsrichtlinien vornehmen können.

Routineüberprüfungen bei der Warenannahme
▪ Werden nur Waren angenommen, die vorher ausdrücklich bestellt wurden? ▪ Werden alle Artikel überprüft, ob sie den festgelegten Standardeinkaufsrichtlinien entsprechen? ▪ Wird jeder Artikel, der nach Gewicht gekauft wird, extra gewogen? ▪ Werden Kisten geöffnet und die darin enthaltenen Artikel kontrolliert? ▪ Werden Gewicht, Anzahl etc. mit den auf den Rechnungen und Lieferscheinen angegebenen Werten verglichen und überprüft? ▪ Wird sofort eine Gutschrift beantragt, wenn Gewicht, Anzahl oder Preis nicht der Bestellung entsprechen? ▪ Wird bei der Annahme von Fleischlieferungen der Küchenchef hinzugezogen?

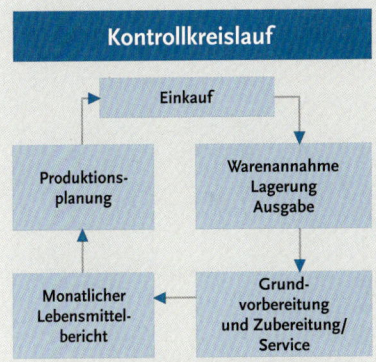

Kontrollkreislauf

Einkauf → Warenannahme Lagerung Ausgabe → Grundvorbereitung und Zubereitung/Service → Monatlicher Lebensmittelbericht → Produktionsplanung → Einkauf

Alle wirksamen Kontrollsysteme und Verfahren haben drei Phasen:
1. die Planungsphase
2. die Vergleichsphase
3. die Korrekturphase

Die Leitung einer Küche ist eine verantwortungsvolle Aufgabe

? Wie wird die Überprüfung der Waren in Ihrem Lehrbetrieb durchgeführt?

Routineüberprüfungen bei der Warenausgabe

Außer der sachgemäßen Pflege der gelagerten Waren gehören zum Aufgabengebiet der Lagerverwaltung auch die Bestandsüberwachung und die Verbrauchsfeststellung.

Lagerkarteien müssen geführt und die täglichen Warenausgänge genau belegt werden.

Wichtige Punkte für eine geregelte Bestandsüberwachung

- Das Lagerverwaltungspersonal sollte dem kaufmännischen Bereich unterstehen.
- Klar geregelte Lageröffnungszeiten müssen vereinbart sein.
- Waren dürfen nur von dazu berechtigten Personen ausgegeben werden. Lageranforderungsscheine müssen unterschrieben sein.
- Ausreichende Sicherheitsvorkehrungen mit Regelung der Schlüsselübergabe müssen eingeführt sein.
- Mindest- und Höchstbestände der jeweiligen Artikel sind festzulegen.
- Aus den Lagerkarteien muss der Sollbestand der einzelnen Artikel jederzeit ersichtlich sein.
- Monatlich muss mitgeteilt werden, welche Artikel den geringsten Umschlag haben.
- Routinemäßige Inspektionen der Warenlagerung und der Warenausgabe durch das Management sind erforderlich.

Kontrolle im Beherbergungsbereich – Kontrolle der Preispolitik

Als deckungsfreudigster Hotelbereich findet der Beherbergungssektor schon immer eine besondere Beachtung bei der Umsatzanalyse. Die Kennzahlen werden in vielen Betrieben pro Monat geplant und im Detail kontrolliert.

Kennzahlen

- Zimmerbelegung in Prozent.
- Durchschnittlicher Beherbergungserlös pro belegtem Zimmer (average room rate).
- Doppelbelegung in Prozent und damit die Anzahl der Hotelgäste.

Deckungsbeitrag = jener Betrag, der übrig bleibt, wenn vom Verkaufspreis einer Ware oder Leistung die gesetzlichen Abzüge und der Wareneinsatz abgezogen werden. Er soll Fixkosten und Gewinn abdecken.

Faktoren, die den Deckungsbeitrag im Bereich Beherbergung beeinflussen

- Verkaufspreise
- Relevante Kosten
- Anzahl der verkauften (belegten) Zimmer

? Arbeitsaufgaben

1. Welche Aufgaben hat die Kontrollabteilung?
2. Zählen Sie die Kontrollaufgaben des Wirtschaftsdirektors auf.
3. Welche Prüfungen sollte man bei der Warenannahme vornehmen?
4. Nennen Sie die wichtigsten Faktoren, die den Deckungsbeitrag im Bereich der Beherbergung beeinflussen.

Gast- und Wirtschaftsräume

Im Beherbergungsbetrieb werden zwei Bereiche unterschieden:
Front of the House: Das sind die Gästebereiche, also die Schauseite des Betriebs, die Bühne, auf der sich der gesamte Aufenthalt des Gastes abspielt.

Back of the House: Das sind die Mitarbeiterbereiche, also alle Bereiche hinter den Kulissen, die dem Gast einen angenehmen Aufenthalt ermöglichen: Housekeepingdepartment, Technik, Küche, Buchhaltung, Personalbüro etc.

 Unsere Ziele

Nach Bearbeitung dieses Kapitels werden Sie

- die Wirtschaftsräume von Vollbetrieben nennen und beschreiben können;
- die Vor- und Nachteile der Brasserie und der Minibar kennen;
- die Unterschiede der einzelnen Gästezimmer erklären können;
- wissen, welche Gast- und Wirtschaftsräume es in Gastronomiebetrieben gibt;
- Vergleiche mit Ihrem Betrieb ziehen können.

Hotelbar

Brasserie = kommt aus dem Französischen und bedeutet eigentlich Bierschenke oder Bierlokal.

💬 Diskutieren Sie über die Vor- und Nachteile einer Brasserie. Denken Sie dabei auch an den Personaleinsatz.

1 Gasträume in Vollbetrieben (Hotels) – Front of the House

Diese Räume sind für die Beherbergung und die Verpflegung der Gäste vorgesehen. Die Einteilung und Ausstattung der Räume richtet sich nach der Kategorie des Betriebes und nach dem Gästekreis.

Gasträume				
Verpflegungs-räume	**Gästezimmer**	**Aufenthaltsräume und Verkehrswege**	**Funktionsräume**	**Freizeiträume**
Hotelrestaurant und Speisesaal Café Bar Stüberl Brasserie Frühstücks-zimmer	Einbettzimmer Doppelbett-zimmer Zweibettzimmer Appartement Suite Penthouse	Hotelhalle Treppenhaus Gänge Lift	Konferenz- und Kongressräume Newsroom Schreib- und Leseraum Spielzimmer für Kinder Seminarräume	Sauna, Dampf-kammer, Whirl-pool, Solarium Hallenbad Fitnessraum Tischtennisraum Tennishalle Kureinrichtungen

1.1 Verpflegungsräume

Hotelrestaurant (à la carte) und Speisesaal (meist in Saisonbe-trieben für Pensions-gäste)	Anforderungen: ■ Raumgliederung durch Blumenkästen, Podien, Stufen ... ■ Angenehme Raumakustik. ■ Etwa 2 m² Raum pro Sitzplatz soll vorhanden sein. ■ Kreuzungsfreie Wege für Gäste und Mitarbeiter.
Hotelcafé	■ Ist in der Regel ein Kaffeerestaurant. ■ Speisen werden nur zu den Hauptmahlzeiten ausgegeben. ■ Zwischen den Hauptmahlzeiten gibt es kleine Imbisse. ■ Hauptsächlich in Stadthotels.
Hotelbar	■ Ist eine Americanbar, Aperitifbar, evtl. auch Tanzbar. ■ Öffnet um ca. 11: 00 Uhr.
Stüberl	■ Vorwiegend in Ferienhotels. ■ Kleine, gemütliche, oft rustikal eingerichtete Gasträume. ■ Meist Service von ortsüblichen Speisen. ■ In manchen Betrieben ist das Stüberl auch Schankraum.

Brasserie

Brasserien findet man heute vor allem in den Vier- und Fünfsternehotelbetrieben. Der Verwendungszweck reicht von der Einnahme des Frühstücks über die Hauptmahlzeiten bis zur Kaffeejause. Die meisten Brasserien haben in der Saison rund um die Uhr geöffnet. Im Zentrum der Brasserie steht häufig eine Bar.

Vorteile	Nachteile
■ Dem Gast wird eine alle Betriebstypen umfassende zusätzliche Gaststätte angeboten. ■ Für Reisegruppen steht ein geeigneter Raum zur Verfügung. ■ Für Passanten und früh abreisende Gäste ist die Brasserie ein idealer Frühstücks- und Aufenthaltsraum. ■ Die erweitere Betriebsfläche bewirkt eine Umsatzsteigerung.	■ Es müssen weitere Investitionen getätigt werden, und zwar für die Einrichtung einer Nebenküche. ■ Zusätzliches Personal ist notwendig, sowohl für die Betreuung der Gäste als auch für die Küche. Sehr personalintensiv ist die Brasserie wegen der durchgehenden Öffnungszeiten.

Frühstückszimmer

In Klein- und Mittelbetrieben kann man die Frühstückszeit begrenzen, z. B. von 7:00 bis 10:00 Uhr. Im gleichen Raum wird dann für das Mittagessen gedeckt, damit der Raum gut ausgenützt ist. In Großbetrieben lassen sich die Essenszeiten kaum begrenzen. Man wird versuchen, den Frühstücksraum, der zu Mittag ungenützt bleibt, für andere Zwecke zu nutzen.

1.2 Gästezimmer

Die Ausstattung der Gästezimmer muss den Richtlinien der Klassifizierung von Beherbergungsbetrieben entsprechen. Sie ist abhängig von der Kategorie und vom Standort des Betriebes.

Das Gästezimmer hat folgende Bedürfnisse des Gastes zu erfüllen:
- Schlafen.
- Wohnen.
- Waschen.
- Essen und Trinken, z. B. Frühstück oder kleine Imbisse.
- Schreiben, z. B. Geschäftspost oder private Post.
- Aufbewahren der Kleidung, der persönlichen Dinge.

Gästezimmer werden nach der Größe gegliedert:

Einbettzimmer	Einzelbett oder Grandlit. Mit oder ohne Bad/Dusche und WC. Evtl. Balkon, Loggia.
Doppelzimmer	Großes Bett oder Grandlit für zwei Personen. Mit oder ohne Bad/Dusche und WC, Balkon, Loggia.
Zweibettzimmer	Zwei getrennte Betten; sonst wie Doppelzimmer.
Appartement	Abgeschlossener, getrennter Wohn- und Schlafraum und ein oder mehrere Nebenräume (oft für Dauermieter).
Juniorsuite	Kleineres Appartement. Ein größerer Raum, Schlaf- und Wohnbereich optisch getrennt.
Suite – Zimmerflucht	Mehrere Schlafzimmer und ein Wohnzimmer mit Verbindungstüren. Bei Bedarf können diese Zimmer auch getrennt vergeben werden.
Penthouse – Großsuite	Eine vom übrigen Hotelbetrieb abgeschlossene, große Suite im obersten Stockwerk eines Hotels.

Zimmerbar – Minibar

In vielen Hotels befindet sich im Gästezimmer eine Minibar. Darunter versteht man einen der Zimmereinrichtung angepassten Kühlschrank, der dem Gast die rasche und vom allgemeinen Roomservice unabhängige Konsumation von Getränken und Imbissen ermöglichen soll.

Vorteile	Nachteile
- Der Gast kann unabhängig vom Roomservice konsumieren. - Der Umsatz wird gefördert, da viele Gäste bei kleineren Bestellungen auf die Dienste des Zimmerkellners verzichten. - In vielen Betrieben kann durch die Zimmerbar die Dienstzeit günstiger eingeteilt werden, da das Zimmerservice rund um die Uhr entfällt. - Die erweiterte Betriebsfläche bewirkt eine Umsatzsteigerung.	- Investitionen: Es müssen der Zimmereinrichtung angepasste Kühlschränke gekauft und eingebaut werden (Elektroinstallationen) - Die Kontrolle lässt sich nur dann genau durchführen, wenn Ehrlichkeit und Genauigkeit des Gastes und der Mitarbeiter gegeben sind. - Deshalb sind Zimmerbars in Stadtbetrieben mit häufigem Gästewechsel gerade kostendeckend und manchmal sogar unrentabel.

? Wofür könnte ein Frühstückszimmer in der übrigen Zeit genutzt werden?

Klassisch ...

... oder modern – egal, hauptsache der Gast fühlt sich wohl.

Grandlit = französisches Bett, das ca. um ein Drittel größer ist als ein Einzelbett.

Der tatsächliche Konsum aus der Minibar ist nicht leicht festzustellen

? Welche Für und Wider könnte es für eine Zimmerbar noch geben?

? Wissen Sie noch, welche Abteilungen für die Bereiche
- Aufenthaltsräume,
- Gesellschaftsräume und
- Freizeiträume
  zuständig sind?

1.3 Aufenthaltsräume und Verkehrswege

Dazu gehören
- Hotelhalle,
- Treppenhaus,
- Gänge und
- Lift.

Die Halle soll einladend und angenehm sein. Ihre Ausstattung und die Ausstattung von Treppenhaus, Gängen und Lift soll dem Rang des Hauses entsprechen.

Hotelhalle eines europäisch geführten Hotels

In **europäisch** geführten Hotels ist die Halle gut überschaubar, der Portier hat einen Überblick über die ein- und ausgehenden Gäste.

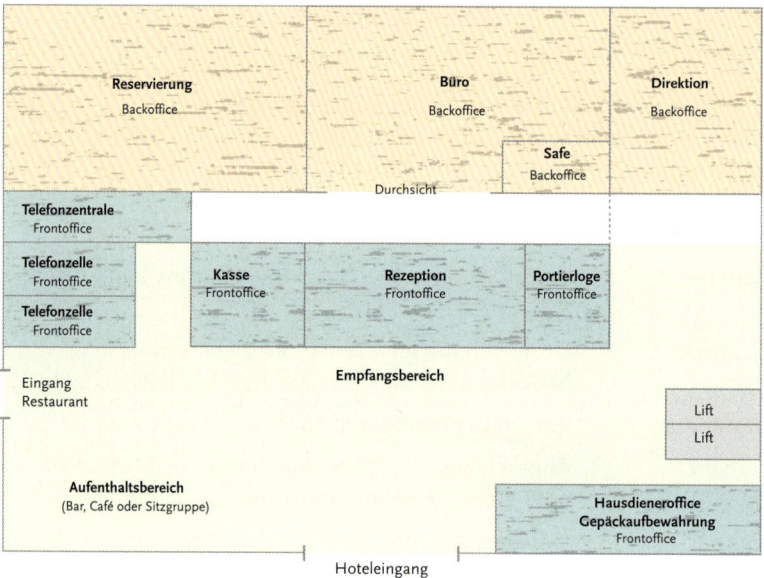

Hotelhalle eines amerikanisch geführten Hotels

In **amerikanischen** Großhotels hingegen sind viele Nebenbetriebe in der Hotelhalle integriert, was die Überschaubarkeit beeinträchtigt.

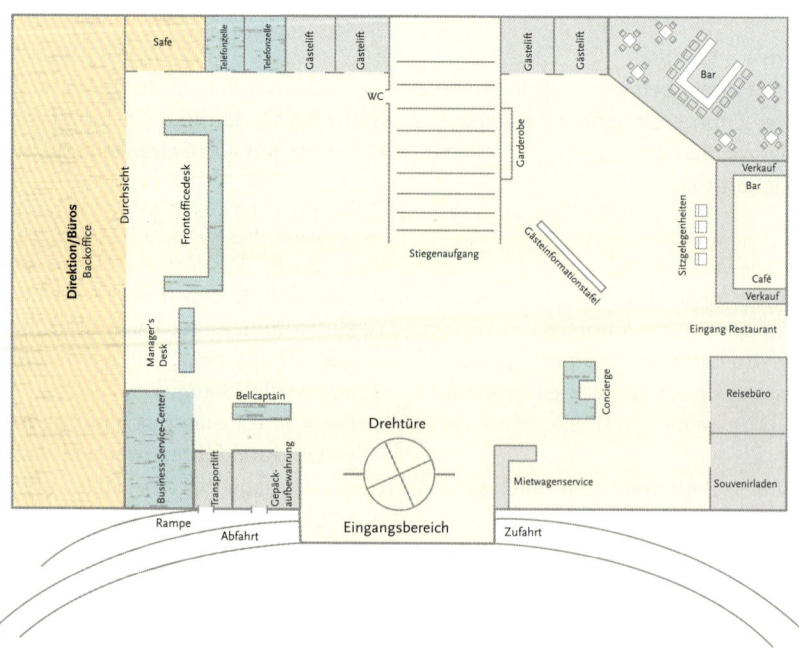

1.4 Funktionsräume

Sitzungs-, Konferenz- und Kongressräume	Veranstaltungen aller Art (Seminare, Konferenzen, Modeschauen, Vernissagen, Ballveranstaltungen etc.).
Newsroom	Gemütliche Sitzmöbel, Fernsehgeräte mit den wichtigsten Nachrichtensendern, Zeitungen, Zeitschriften, Computer mit Internetzugang etc.
Schreib- und Lesezimmer	Gut beleuchtete Schreib- und Lesetische gehören zur Ausstattung.
Spielzimmer für Kinder	■ Es sollte wegen des Lärms etwas abseits liegen. ■ Kinder werden von einer Fachkraft (Kindergärtner/-in) betreut.
Bibliothek/Schreibzimmer	Für Raucher und Nichtraucher getrennt.
Lounge/Vip-Lounge	Hier findet der Gast einen Platz zum Verweilen, um einen Kaffee zu trinken oder um kurz auf jemanden zu warten. Sie bietet auch die Möglichkeit, dem Hotelgeschehen als Zuschauer beizuwohnen.

In der VIP-Lounge sind die Gäste ungestört und haben eine eigene Betreuung

1.5 Freizeiträume

Sauna, Dampfbad,	■ Meist im Erdgeschoß, Keller oder evtl. im Dachgeschoß. Wichtig ist, dass sich die Besucher nach der Sauna an der frischen Luft bewegen können.
Solarium, Hallenbad	■ Das Hallenbad muss sauber und hygienisch einwandfrei sein.
Whirlpool (Jakuzzi)	■ Das Betreiben eines Whirlpools ist wegen der gestiegenen Energiekosten sehr teuer, in vielen Betrieben aber notwendig.
Fitnessraum	■ An die Sauna und das Hallenbad angeschlossen. ■ Mit verschiedenen Fitness- und Sportgeräten ausgestattet. ■ Betreuung durch Fachkräfte. ■ Fitnesskurse werden von Sportlehrern bzw. -lehrerinnen abgehalten.
Kureinrichtungen	■ In Betrieben, die Massage, Gymnastik und verschiedene Therapien mit ärztlicher Betreuung anbieten.
Tischtennisraum	■ Meist im Untergeschoß des Betriebes oder neben dem Fitnessraum.
Tennishalle	■ Meist in Hotels in Urlaubsorten.

Wellnessbereich

(?) Arbeitsaufgaben

1. Beschreiben Sie ein Hotelrestaurant.
2. Zählen Sie die Vor- und Nachteile einer Brasserie auf.
3. Worin besteht der Unterschied zwischen einem Doppel- und einem Zweibettzimmer?
4. Nennen Sie je drei Gesellschafts- und Freizeiträume und beschreiben Sie sie.
5. Welche Räumlichkeiten gibt es in Ihrem Betrieb?

Nach Bearbeitung dieses Kapitelabschnittes, werden Sie die Einteilung der Wirtschaftsräume kennen.

Im Hintergrund wird alles für den Gast getan, was seinen Aufenthalt noch angenehmer macht

Getränkelager

Die optimale Lagerhaltung kann nur erreicht werden, wenn die richtige Menge der richtigen Ware zum richtigen Preis und zur richtigen Zeit am richtigen Ort bereitgestellt ist.

Tragen Sie hier die Lagerarten Ihres Betriebes ein und vergleichen Sie sie mit den hier angeführten Lagerarten.

_____

_____

_____

_____

_____

2 Wirtschaftsräume in Vollbetrieben (Hotels) – Back of the House

Wirtschaftsräume sind jene Räume, die der Gast nicht betritt = Back of the House.

Wirtschaftsräume				
Lager	Offices	Sozialräume	Wäscherei	Büros und Werkstätten
Küche				
Abwasch				

2.1 Lager, Küche und Abwasch

Lager

Die Warenvorräte sind ein wesentlicher Teil des Vermögens der Hotel- und Gastgewerbebetriebe. Der Einkauf ist für die Ertragslage eines Betriebes von großer Bedeutung.

Die ständige Kontrolle der Lagervorräte ist aus wirtschaftlichen Gründen besonders wichtig. Je öfter die Lagervorräte überprüft werden, umso genauer ist die Lagerhaltung. Ein Schwund kann sofort registriert und die Ursache dafür schnell erhoben werden. Aus Gründen der Lagerkapazität, aber auch, um Sonderangebote und Saisonangebote nützen zu können, beschränken sich viele Betriebe auf kleinere Lagervorräte. Frische Waren werden täglich angeliefert.

Arten von Lagern

Lagerräume				
Handmagazine	Tageskühlraum oder Kühlschränke und Tiefkühltruhen in der Küche	Hauptlager	Weinkeller und Getränkelager	Müllraum
in der Küche		Magazine		gekühlt
im Office		Ökonomaten		ungekühlt
in der Bar		Kühlräume		
in der Schank		Vorbereitungsraum		
beim Zimmerservice		Kühlraum für Obst, Tagesgemüse und Reste		
		Kühlraum für Fleisch, Fleischwaren und Wurst		
		Kühlraum für Milch und Milchprodukte		
		Kühlraum für Gemüse		
		Kühlraum für Fisch		
		Kühlraum für Speisereste		
		Tiefkühlraum		

Handmagazine	■ Befinden sich nahe bei den Arbeitsplätzen, die mit Verpflegung zu tun haben, Küche, Office, Zimmerservice, Schank. ■ In den Handmagazinen sollen genügend Waren für den täglichen Bedarf in unmittelbarer Nähe des Arbeitsplatzes bereitgehalten werden. Es können Regale, Behälter, Kühlschränke, Tiefkühltruhen sein.
Tageskühlräume	■ Sollen sich in der Nähe der Küche befinden. ■ Sie haben Ablagevorrichtungen und müssen begehbar sein. ■ Im Tageskühlraum befindet sich der aus dem Hauptlager gefasste Tagesvorrat einer Küche.
Hauptlager	Es wird in verschiedene Räume unterteilt, in denen die Produkte gesondert aufbewahrt werden.
Magazine	Hier werden hauptsächlich Porzellan, Silber, Glas, Putzmittel u. Ä. aufbewahrt.
Ökonomaten/ Trockenlager	Lagerung von Lebensmitteln, die nicht gekühlt werden müssen. Zum Beispiel Teigwaren, Mehl, Grieß, Zucker, Konserven.
Kühlräume	Sie gliedern sich in: ■ Vorbereitungsraum: ausgestattet mit Waage und Fleischhauerutensilien. Hier werden Fleisch und Fisch ausgelöst und portioniert bzw. ausgenommen und filetiert. Gemüse, Erdäpfel, Salate usw. werden für die Zubereitung hergerichtet. In Kleinbetrieben ist der Vorbereitungsraum in die Küche integriert. ■ Kühlraum für Tagesbedarf an Obst und Gemüse sowie für Reste. ■ Kühlraum für Fleisch, Fleischwaren und Wurst. ■ Kühlraum für Milch und Milchprodukte. ■ Kühlraum für Obst und Gemüse. ■ Kühlraum für Fisch. ■ Tiefkühlraum.
Weinkeller	■ Viele Betriebe haben heute wieder einen richtigen Weinkeller. ■ Er muss kühl, dunkel, nicht zu trocken und erschütterungsfrei sein und darf keinen schnellen Temperaturschwankungen unterworfen sein. ■ Wein, Schaumwein, Sekt und Champagner werden nach Sorte, Art und Jahrgang getrennt auf Stellagen liegend (damit der Kork immer feucht ist) mit dem Etikett nach oben gelagert.
Getränkelager	■ Bierlager: Container-, Fass- und Flaschenbier. ■ Spirituosenlager: nach Kategorien geordnet. ■ Lager für alkoholfreie Getränke: meist in Kisten gestapelt oder in Fässern und Containern gelagert. In modernen Betrieben sind diese Räume klimatisiert und bieten eine optimale Lagermöglichkeit.
Leergutlager	Zum Aufbewahren von Leergebinden.
Müllraum	■ Klare Trennung von den Küchenräumen. ■ Verwendung verschließbarer, korrosionsfreier Behälter. ■ Teilung in einen gekühlten und einen ungekühlten Bereich. ■ Heißwasseranschluss – Desinfektionsanlage. ■ Vorübergehende Lagerung von Abfällen im Küchenbereich nur in gekennzeichneten und verschließbaren Behältern. ■ Speisereste und Flüssigkeiten sind von den übrigen Abfällen zu trennen. ■ Müllbehälter müssen bis zur Abholung so aufgestellt und verschlossen werden, dass keine Nagetiere und Insekten angelockt werden.

Ökonomat

💡 Für Betriebe, die nur ein minimales Lager betreiben, genügen anstelle der Kühl- und Tiefkühlräume Kühlschränke und Tiefkühltruhen.

Lage der Lagerräume

Bei Neu- oder Umbau eines Gastgewerbebetriebes ist darauf zu achten, dass alle Lagerräume in der Nähe der Küche liegen, bevorzugt in nördlicher Richtung.

Der Lieferanteneingang und das Anlieferungsbüro sollen sich zusammen mit der Warenannahmestelle vor den Magazinen befinden, sodass die Gäste nicht gestört werden.

Ausstattung der Lagerräume

Alle Magazine und Lager müssen mit einem fugenfreien Bodenbelag und mit abwaschbaren Wänden ausgestattet sein.

Die Lagerräume müssen frei von Insekten und Nagetieren sein und über eine gute Belüftung verfügen.

Diese Kriterien werden vom Arbeitsinspektorat und von den Aufsichtsorganen, die die Einhaltung des Lebensmittelgesetzes überwachen, besonders kontrolliert.

§ Bei Klein- und Mittelbetrieben sowie für alle begehbaren Kühlräume gilt § 15 Abs. 1 der Kälteraumverordnung. Es heißt hier, alle versperrbaren Kühlraumtüren müssen jederzeit von innen geöffnet werden können.

Exkurs: Arbeitsinspektorat und Lebensmittelpolizei

Das Arbeitsinspektorat ist die zur Wahrnehmung des gesetzlichen Schutzes der Dienstnehmer und Lehrlinge berufene Behörde. Das Arbeitsinspektoratsgesetz regelt die Befugnisse der Arbeitsinspektoren. Sie haben Zutritts-, Besichtigungs-, Überprüfungs-, Probeentnahme- und Einsichtsrechte.

Die Inspektoren sind befugt, die Arbeitsräume, Betriebsstätten, Lager- und Aufenthaltsräume jederzeit zu betreten und zu besichtigen. Festgestellte Mängel sind entsprechend den behördlichen Vorschriften sofort zu beheben.
Die Arbeitsinspektorate sind Verwaltungsbehörden, die im ganzen Bundesgebiet, örtlich gegliedert nach Aufsichtsbezirken, durch besonders geschulte Organe (Arbeitsinspektoren) zur Überwachung der Arbeitnehmerschutzvorschriften berufen sind.

Die Aufsichtsorgane, die die Einhaltung des Lebensmittelgesetzes überprüfen sollen, sind die Lebensmittelpolizei, Amtsärzte, Lebensmittelinspektoren ua. Sie achten darauf, dass die hygienischen Voraussetzungen zum Schutz der Gesundheit gegeben sind. Sie kontrollieren die Lebensmittel und die Ess-, Trink-, Koch- und Aufbewahrungsgeschirre und können gegen eine Bestätigung Proben und Muster entnehmen.

Die Überprüfung der Bestimmungen erfolgt nach den HACCP-Richtlinien.

? Arbeitsaufgaben

1. Nennen Sie fünf Arten von Lagerräumen.
2. Beschreiben Sie das Hauptlager.
3. Was ist beim Lagern von Flaschenwein, Sekt bzw. Champagner zu beachten?
4. Wie sind die Kühlräume des Hauptlagers gegliedert?

? Wer in Ihrem Lehrbetrieb kauft was bei welchem Lieferanten für wie viel?
Welche Lieferanten sind die leistungsfähigsten? Arbeiten Sie mit den richtigen Lieferanten zusammen? Kennen Sie alle Stärken und Schwächen Ihrer Lieferanten?

Exkurs: Lieferantenbewertung

Eine erfolgreiche und langfristige Partnerschaft mit Lieferanten erfordert genaue Kenntnisse über ihre Leistung. Nach Erstellung eines Stärken-Schwächen-Katalogs können Entscheidungen, welche Lieferanten für einen Betrieb gut sind, getroffen werden.

Bei der Lieferantenbewertung werden Fehllieferungen, Rücksendungen (je nach gelieferter Menge wird eine bestimmte Stichprobe gezogen, wobei kein Teil dieser Stichprobe fehlerhaft sein darf), Terminschwierigkeiten etc. berücksichtigt. Daraus wird eine Qualitätszahl, eine Mengenzahl und eine Terminzahl ermittelt. Diese Kennzahlen ergeben dann eine Lieferantenzahl, zu der noch eine subjektive Punktewertung (Kostentransparenz, Qualitätssystem, Zusammenarbeit etc.) hinzukommt. Die so ermittelte Kennzahl dient als Kriterium für die Lieferantenbewertung.

Lieferantenkategorien

A-Lieferanten	Stammlieferanten, zu denen ein partnerschaftliches Verhältnis besteht.
B-Lieferanten	Sollten zu A-Lieferanten werden. Ist dies nicht möglich, sollte man auf einen anderen Lieferanten umsteigen. Hat der B-Lieferant aber eine Art Monopolstellung, d. h., es gibt für eine bestimmte Ware nur ihn, oder würde ein anderer Lieferant zu teuer sein, wird man bei diesem bleiben.
C-Lieferanten	Von solchen Lieferanten wird man sich nach Möglichkeit trennen.

Die Wahl des Lieferanten ist mitbestimmend für die Qualität des Betriebes

Kriterien der Lieferantenbewertung

Preis-Leistungs-Verhältnis	Ist der Preis im Verhältnis zur Leistung akzeptabel?
Verlässlichkeit	Werden die Bestellungen auch so geliefert, wie sie geordert wurden: Zeitpunkt, Menge, Qualität, Größe ...?
Flexibilität	Werden zusätzliche, außerordentliche Bestellungen prompt bearbeitet und geliefert? Gibt es Sonderangebote?
Qualität	Entspricht die Lieferung den gesetzlichen (HACCP-Richtlinien) und den vom Betrieb vorgegebenen Qualitätsnormen?
Saisonale Angebote	Werden saisonale Angebote rechzeitig bekannt gegeben und sind diese preislich attraktiv?
Artikelgröße	Werden die bestellten Artikel auch in der vom Betrieb vorgegebenen Größe, Menge und Gewicht auch tatsächlich geliefert?
Konkurrenzanalyse	Bieten andere Lieferanten für den Betrieb ein besseres Preis-Leistungs-Verhältnis bei gleicher Qualität und Menge?
Up to date	Ist der Lieferant bereit, neue Produkte vorzustellen und zu liefern?

Notieren Sie zusätzliche Kriterien der Lieferantenbewertung (aus Ihrem Betrieb):

Kostenmindernde Einkaufspraktiken der gastgewerblichen Betriebe

- Produktionsplanung im Betrieb befolgen.
- Erforderliche Qualität dem Verwendungszweck anpassen.
- Saisonale Angebote nutzen.
- Artikelgröße nach dem geringsten Zubereitungsverlust ausrichten.
- Grundsätzlich nicht nur von einem Lieferanten kaufen.
- Einkauf unter Zeitdruck vermeiden.
- Für Konservenartikel immer Nettoeinwaage bewerten.
- Bei größeren Quantitäten auf Lagerdauer und Lagerräumlichkeiten achten.
- Verluste durch Schwund, Lagerkosten, Kapitalbildung mit einkalkulieren.
- An Lagerumschlagsgeschwindigkeit denken.
- Befristete Sonderangebote ausschöpfen.
- Übersicht über die Preisentwicklung am Markt schaffen.
- Gute Kontakte mit allen einschlägigen Lieferanten aufrechterhalten.
- Ständig über Transportkosten, Zollbestimmungen und Einfuhrbestimmungen aus dem Ausland informiert sein.
- Neue Märkte und neue Produkte kennen.
- Daueraufträge beim Einkauf unterlassen.
- Regelmäßige Besuche der Großmärkte mit der Küchenchefin/dem Küchenchef vornehmen.
- Zwischen Eigenproduktion und Fertigproduktkauf abwägen.
- Naturalrabatte, Zahlungsbedingungen, buchhalterische Abwicklung berücksichtigen.
- Kooperation im Einkauf mit anderen gastgewerblichen Betrieben im Rahmen der gesetzlichen Bestimmungen erweitern.

Formblatt zur Lieferantenbewertung

Werden für alle Lieferanten Bewertungsblätter angelegt, ist ein Vergleich der einzelnen Lieferanten leicht möglich. Diese Bewertungsblätter können auch für Gespräche mit den Lieferanten herangezogen werden, um evtl. auftretende Probleme auszuräumen. Ein Beispiel finden Sie auf der nächsten Seite.

	Note 1–6	Neue Note 1–6
Lieferant _____		
Anschrift _____		
Qualität		
Preis		
Lieferfähigkeit/Zuverlässigkeit		
Ökologie		
Service		
Sonstige Aspekte		
Bemerkungen:		
Datum _____ Unterschrift _____		

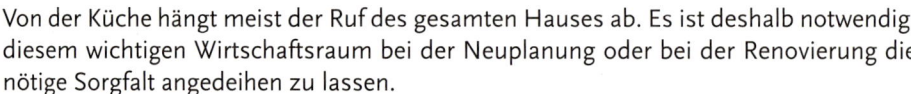

? Arbeitsaufgaben

1. Welche Lieferantenkategorien kennen Sie?
2. Was versteht man unter A-Lieferanten?
3. Zählen Sie fünf Kriterien der Lieferantenbewertung auf.
4. Nennen Sie zehn kostenmindernde Einkaufspraktiken der gastgewerblichen Betriebe.

Küche

In jedem gastgewerblichen Unternehmen, sei es ein Hotel, ein Restaurant, ein Kaffeehaus oder ein Gasthaus, ist die Küche das Herz des Betriebes.

Von der Küche hängt meist der Ruf des gesamten Hauses ab. Es ist deshalb notwendig, diesem wichtigen Wirtschaftsraum bei der Neuplanung oder bei der Renovierung die nötige Sorgfalt angedeihen zu lassen.

In einer gut geplanten Küche ist auch die personelle Organisation wesentlich leichter. Sie sorgt nicht nur für einen klaglosen Arbeitsablauf, sondern gibt den Mitarbeiten auch jenes Wohlgefühl, das sie brauchen, um die von ihnen verlangten Leistungen erbringen zu können.

Arten von Küchen

Hauptküche	Neben- oder Satellitenküchen
Konventionelle Küche – zentrale Küche	Fertigungsküche
	Anrichteküche
Produktionsküche (als Hauptküche) und Fertigungsküche – dezentrale Küche	Frühstücksküche
	Fast-Food-Küche
	Kaffeeküche im Hotel, im Kaffeehaus

Hauptküche	■ Die Hauptküche trägt die Hauptlast bei der Speisenproduktion.
	■ **Warme Küche:** Herstellung und Ausgabe der warmen Gerichte (À-la-minute-Gerichte, À-la-carte-Gerichte, Menüs).
	■ **Kalte Küche:** Vorbereitung von Fleisch, Geflügel, Wild, Fisch, Schal- und Krustentieren. Herstellen von kalten Speisen, einfachen Salaten, Vorspeisen und Hors-d'œuvres.
	■ **Patisserie:** Herstellung aller Teige und Massen, Cremes, süßen Saucen, Erzeugung von Backwaren und Eis.
Konventionelle Küche – zentrale Küche	■ Die gesamte Küche befindet sich in einem Raum.
	■ Bekannteste und am weitesten verbreitete Küche, vor allem in Gasthäusern, mittelgroßen Restaurants, Kaffeerestaurants, Pensionen und kleinen Hotels.
Produktions- und Fertigungsküche – dezentrale Küche	■ Hier wird die Küche organisatorisch in eine Produktions- und eine Fertigungsküche gegliedert.
	■ Diese Trennung muss aber nicht räumlich erfolgen.
	■ Die Produktionsköche oder geschultes Hilfspersonal bereiten die Rohmaterialien zur Weiterverarbeitung und die Mise en Place vor.
	■ Die Fertigungsköche können sich auf Bestellungen konzentrieren.

Ablauf und Kontrolle

Konventionelle Küche – zentrale Küche

Lager
Ökonomat • Kühlraum • Tiefkühlraum • Vorbereitung

Küche
Schwarzabwasch

Ausgabe

| Office | Weißabwasch |

Speisesaal

Produktions- und Fertigungsküche – dezentrale Küche

Lager
Ökonomat • Kühlraum • Tiefkühlraum • Vorbereitung

Produktionsküche
Schwarzabwasch

Fertigungsküche
Ausgabe

Weißabwasch

Office

| Restaurant | Bankett | Stüberl |

Neben- oder Satellitenküchen
Die Fertigung der Speisen kann organisatorisch in verschiedenen Nebenküchen, auch Satellitenküchen genannt, erfolgen. Die Hauptfertigungsküche ist unterteilt in eine **Nebenfertigungsküche,** die Restaurant und Stüberl versorgt, in eine **Anrichteküche,** die für Bankette und Zimmerservice zuständig ist, und in eine **Frühstücksküche** für Kaffeehaus und Zimmerservice. Als Beispiel für diese Organisation dient das Schema:

Bei Neben- oder Satellitenküchen handelt es sich um kleinere Betriebsräume mit verschiedenen Aufgabenbereichen. Nebenküchen gibt es hauptsächlich in größeren Betrieben.

In der Anrichteküche muss viel Gästegeschirr zur Verfügung stehen

Produktionsküche		
Fertigungsküche	**Anrichteküche**	**Frühstücksküche**
Restaurant Stüberl	Bankett Zimmerservice	Frühstücksraum Zimmerservice (Frühstück) Kaffeehaus

Fertigungsküche	▪ Die vorgefertigten Speisen oder die Basis-Mise-en-Place (Saucen, blanchiertes Gemüse, Salate etc.) kommen aus der Hauptküche zum Vollenden und Warmhalten bis zum Ausgabezeitpunkt.
Anrichteküche	▪ Diese Art der Nebenküche, wie z. B. die Brasserieküche oder die Bankettküche, ist mit wenigen Arbeitsgeräten, jedoch mit viel Gästegeschirr ausgestattet.
Frühstücksküche	▪ Vor allem in Großbetrieben mit hoher Bettenanzahl oder in Frühstückspensionen. ▪ Die Küche ist in der Nähe der Frühstückszimmer. ▪ Ein Teil der Speisen wird vorgefertigt von der Hauptküche bezogen, gelagert und hier ausgegeben. ▪ Viele Frühstücksgerichte werden jedoch à la minute ausgegeben, weshalb viele Geräte benötigt werden.
Kaffeeküche	▪ In Kaffeehäusern, Pensionen, Kaffeerestaurants und Snackbars. ▪ In kleineren Betrieben ist die Kaffeeküche meist in die Hauptküche integriert. ▪ Eine Mindestausstattung an Küchengeräten ist erforderlich.
Fast-Food-Küche	Es ist jene Küchenform, die keine eigene Produktionsstätte hat und alle Speisen als Conveniencefood (ganz oder teilweise vorgefertigte Speisen) bezieht. **Einrichtung:** ▪ Gekühlter und ungekühlter Lagerraum, ▪ Tiefkühlschränke und -truhen, ▪ Aufbereitungsteil mit Mikrowellen- und Umluftöfen, Grillplatten, Fritteuse, Salamander, ▪ Anrichteplatz für vorgefertigte Patisserien, kalte Vorspeisen und Salate.

Warenweg von bestellten vorgefertigten oder fertigen Produkten – Kontrolle
Lager Ökonomat • Kühlraum • Tiefkühlraum • Vorbereitung
Aufbereitungseinheit in Mikrowellen-, Dampf- oder Heißluftaggregaten – Griller – Salamander – Bain-Marie
Office – (bei Selbstbedienung = Ausgabe)
Gastraum

Küchenplanung

Wichtig bei jeder Planung sind Überlegungen und Genauigkeit. Der Neubau einer Küche oder die Renovierung einer bestehenden Küche stellt an die Unternehmensführung gewaltige finanzielle Anforderungen. Ein grober Fehler bei der Planung lässt sich später nicht mehr oder nur mit weiteren finanziellen Mitteln ausbessern, hemmt den Arbeitsfluss und sorgt für täglichen Ärger. Folgendes ist daher unbedingt zu beachten:

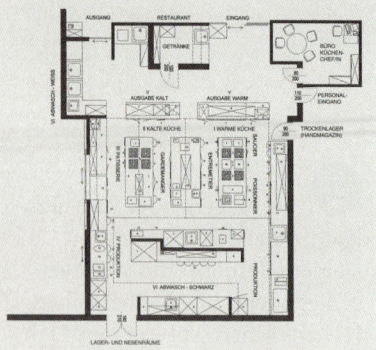

Ziele des Unternehmens
Betriebstyp Leistung Gästekreis Verkaufsprogramm Servierart
Voraussetzungen
Gesetzliche Bestimmungen
Arbeitsweise • Arbeitsablauf
Lage und Größe
Nach der Himmelsrichtung Nach der Ausrichtung zu den Gasträumen Nach der Betriebsart
Küchengestaltung und Kücheneinrichtung
Beleuchtung Belüftung Wandverkleidung und Bodenbelag Kücheneinrichtungen Küchengeräte

Ziele des Unternehmers

Der Bauherr, das ist der Besitzer oder der Wirt, muss sich überlegen,

- für welchen Betriebstyp die Küche gebaut werden soll;
- welche Leistung (Kapazität) in der Küche erbracht werden soll;
- welcher Gästekreis angesprochen werden soll: z. B. Dauergäste, Passanten, Stammgäste, Kurgäste …
- welches Verkaufsprogramm eingeführt werden soll: z. B. À-la-carte-Gerichte, Menüs, Wahlmenüs, Spezialitäten, Diätprogramme, Schnellimbisse, Veranstaltungen …
- welche Art von Service durchgeführt werden soll: z. B. Guéridonservice, Platten- oder Tellerservice, Buffetservice, Selbstbedienung …

Bei bestehenden Anlagen muss festgestellt werden, wie sie mit den Zielen in Einklang gebracht werden können.

Gesetzliche Bestimmungen

Für das Gastgewerbe gibt es eine Reihe gesetzlicher Vorschriften für Bau und Hygiene, die zu beachten sind.

Arbeitsweise und Arbeitsablauf

Aus den vorher genannten Punkten lassen sich Arbeitsweise und Arbeitsablauf im Detail planen. Ist der Arbeitsablauf in der Küche durch ungünstig gegliederte Aufbewahrungsräume, Arbeitsplätze oder die Abwasch gestört, kann nicht rationell produziert werden. Alle Arbeiten vom Rohprodukt bis zum fertigen Gericht müssen reibungslos und mit dem geringsten Kraftaufwand erledigt werden können.

Lage und Größe der Küche

Sie soll nach folgenden Gesichtspunkten geplant werden:

- **Nach der Himmelsrichtung:** Durch Sonneneinstrahlung entsteht zusätzlich Wärme, weshalb eine nördliche, nordwestliche oder nordöstliche Lage am günstigsten ist.
- **Nach der Ausrichtung zu den Gasträumen:** Die Küche ist in jedem Fall in der gleichen Geschoßhöhe wie das Restaurant unterzubringen. Für Bankett- und Etagenservice baut man Anrichteküchen. Zwischen Küche und Gastraum sollen ein der Frequenz des Betriebes angepasstes Office zur Aufbewahrung der Kellner-Mise-en-Place, die Weißabwasch, die Gläserspüle und eventuell die Servicebar (Getränkeausgabe) eingeplant werden. Das Office soll Lärm und Gerüche abhalten.
- **Nach der Betriebsart:** Die Küchenfläche ist von der Betriebsart und von der Zahl der Sitzplätze in den Gasträumen abhängig.

Besprechen Sie mit Ihren Klassenkollegen die Küche in Ihren Betrieben und vergleichen Sie diese mit dem nebenstehenden Kapitel Küchenplanung.

Der Arbeitsablauf bestimmt die Anordnung der Einrichtungsgegenstände

Perfekte Kücheneinrichtung

Gastronorm = Normierung aller in der Küche gebräuchlichen Einsätze wie Schalen, Bleche, Roste, die in allen Abteilungen verwendet werden, wie beim Wareneingang, im Lager und in den Vorbereitungs-, Zubereitungs- und Servicezentren.

✎ Notizen zur Küchenplanung

- **Küchengestaltung und -einrichtung**
  Die Küchenmöbel, -apparate und -maschinen werden auf den Betriebstyp und die Betriebsgröße abgestimmt. Sie sollen dem neuesten Stand der Küchentechnik entsprechen und rationelles Arbeiten ermöglichen. Selbstverständlich müssen sie den gesetzlichen Vorschriften entsprechen.
- **Beleuchtung:** Ein gut beleuchteter Arbeitsplatz schützt vor rascher Ermüdung und vor Unfällen. Es ist darauf zu achten, dass die Farbe der Speisen in der Küche nicht durch unterschiedliche Beleuchtung von der im Restaurant abweicht. Blendfreie Leuchtstoffröhren mit einer Stärke von 20 bis 25 Watt pro Quadratmeter sind zu empfehlen. Für begehbare Lager- und Kühlräume sind Kontrolllampen nötig.
- **Belüftung:** Für die Leistungsfähigkeit und für die Gesundheit der Mitarbeiter ist eine gut funktionierende Belüftung der Küche wichtig. In der Küche soll Niederdruck herrschen, damit Küchengerüche nicht ins Restaurant, zum Eingang des Betriebes oder in die Fremdenzimmer gelangen. Küchenluft soll über eine Dunsthaube (Fettabscheider) ins Freie gelangen.
- **Wandverkleidung und Bodenbelag:** Ein fugenfreier, strapazfähiger, rutschfester Bodenbelag ist für die Sicherheit der Mitarbeiter notwendig. Die Wandverkleidung kann in verschiedenen Materialien gewählt werden, muss aber schmutzabweisend und abwaschbar sein.
- **Kücheneinrichtung:** Sie ist aus rostfreiem Stahl und im Baukastensystem gearbeitet (Gastronorm – GN), d. h., es passen alle Teile zusammen, die jederzeit ausgetauscht bzw. ergänzt werden können.
- **Küchengeräte:** Die Anzahl der Küchengeräte, -herde, -maschinen und -werkzeuge ist von der Größe, der Art der Küche und von der Einsatzmöglichkeit der Geräte abhängig. Es ist darauf zu achten, dass genügend Steckdosen für Zusatzapparate vorhanden sind (380/220 Volt).

Abwasch

Die Reinigung des schmutzigen Geschirrs wird in zwei Bereiche geteilt:

Weißabwasch	Reinigung von ■ Tellern, ■ Suppengeschirr, ■ Anrichteplatten, ■ Schüsseln und ■ Gläsern.
Schwarzabwasch	Reinigung von ■ Töpfen, ■ Pfannen, ■ Kasserollen, ■ Blechen, ■ Schalen, ■ Werkzeugen: Messern, Kochlöffeln, Sieben etc.

? Arbeitsaufgaben

1. Nennen Sie die zwei Hauptarten der Küche.
2. Was versteht man unter Nebenküchen?
3. Wie funktioniert der Einkaufskreislauf bei einer zentralen Küche?
4. Welche Punkte sind bei der Küchenplanung zu beachten?

2.2 Serviceoffices

Das Office ist ein für das Service und für die Servicemitarbeiter bestimmter Arbeitsraum.
Es gibt folgende Arten:
- Restaurantoffice
- Etagenoffice
- Roomservice-Zentraloffice
- Bankettoffice
- Baroffice

Restaurantoffice	Verbindung zwischen Küche und Restaurant. - Aufbewahrung von Serviergegenständen aller Art, wie z. B. Menagen, Tellerwärmern, Eismaschinen für Crushedice, Würfeleis), Weinschrank, Flambiergeräten … - Reinigung: Gläser und Weißabwasch. - Aufenthalt: Vorbereiten der Mise en Place für das Service. - In vielen Betrieben befinden sich auch die Restaurantkassa und die Servicebar im oder vor dem Office.
Etagenoffice	Je nach Größe des Betriebes kann in jedem Stockwerk ein Etagenoffice untergebracht werden. - Speisenlift in der Kaffeeküche. - Rechauds. - Plateaustapler. - Trolleys, Zimmerwagen. - Kühlschrank, Eismaschine. - Computerterminal. - Telefon, Ruftafel (optisches Signal mit aufleuchtender Zimmernummer). - Schreibtisch. - Aufbewahrungskasten für Serviergegenstände aller Art, Besteckladen, Menagen und Weinkästen. - Abwasch für Gläser und Geschirr.
Roomservice – Zentraloffice	Vorwiegend in amerikanisch geführten Betrieben; - liegt im Parterre in der Nähe der Haupt- und Kaffeeküche. - Captain's Place: Schreibtisch mit Telefon, Karteikasten zum Reihen der vorbestellten Frühstücke nach der Uhrzeit. - Computer. - Preislisten. - Einrichtung wie beim Etagenoffice nach der Größe des Betriebes. - Abwasch für Gläser und Geschirr. - Kaffeefilter- und Espressomaschinen. - Eigene Liftanlage mit Stellagen; Lift mündet in jedem Stock in ein kleines Office.
Bankettoffice	- Aufbewahrung von Bankettgeschirr. - Abstellmöglichkeiten. - Aufbewahrungskästen und Schränke. - Staplerwagen mit Tellerrechauds. - Getränkeausgabe, Servicebar. - Eismaschine. - Kellnerplätze mit Computerterminals. - Teller- und Gläserabwasch.
Baroffice	Das Baroffice ist ein an die Bar angeschlossener Raum, dessen Einrichtung ähnlich wie die der übrigen Offices ist. - Aufbewahrungskästen und Abstellmöglichkeiten: Kühlladen für Wein, Bier, Spirituosen, Obst und Garniturmaterial. - Espresso- und Kaffeemaschine. - Telefon. - Computer.

(?) Arbeitsaufgaben

1. Nennen Sie die Unterschiede zwischen Etagenoffice und Roomservice-Zentraloffice.

2. Welche Funktionen soll das Restaurantoffice haben?

3. Stellen Sie Vergleiche mit dem Office Ihres Betriebes an.

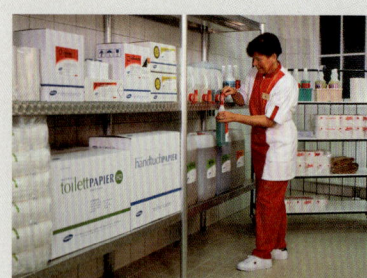

Zentraldepot

§ Arbeitnehmerschutzgesetz,
BGBl. 234/1972

Wäscherei
Es gibt drei Möglichkeiten der
Wäschereinigung:
- Eigenwäsche
- Mietwäsche
- Lohnwäsche

2.3 Depots und Offices für das Housekeepingdepartment

Die Depots für die Etagenführung gliedern sich – besonders in Großbetrieben – in
- ein Zentraldepot,
- ein Etagenoffice pro Etage,
- ein Lost-and-Found-Office,
- ein Maschinendepot,
- ein Wäschedepot und
- ein Möbeldepot.

Böden und Wände der Depots und Offices müssen leicht zu reinigen sein, die Böden müssen rutschfest ausgestattet sein. Die Stellagen und Kästen für die im Depot untergebrachten Betriebs- und Arbeitsmittel sollen gelochte Fachböden aufweisen, um eine gute Belüftung zu ermöglichen. Ihre Höhe ist der maximalen Griffhöhe anzupassen. Unfallsichere Aufstiegshilfen sind bereitzustellen.

2.4 Sozialräume

Das Arbeitnehmerschutzgesetz schreibt vor, dass den Arbeitnehmern Sozialräume zur Verfügung gestellt werden müssen. Es handelt sich – je nach Art des Betriebes – um Umkleideräume mit einem Kleiderkasten für jeden Mitarbeiter, Waschräume, Duschanlagen, eigene Toiletten und um Räume, in denen die Mitarbeiter die Mahlzeiten einnehmen können.

2.5 Wäscherei

Die Wäsche eines Gastgewerbebetriebes stellt einen großen Teil des Anlagevermögens dar, da die Anschaffung einen hohen Kapitaleinsatz erfordert. Durch häufiges Waschen wird die Wäsche schnell verbraucht. Der Wäschebestand muss daher ständig erneuert werden.

Anstelle betriebseigener Wäsche kann auch Mietwäsche oder Lohnwäsche verwendet werden. Für die Wäscherei sind Sortiergestelle und -boxen, Waschmaschinen, Tumbler, Trockenmaschinen, Bügelmaschinen, evtl. eine Nähmaschine und eigene Trockenräume erforderlich.

Betriebseigene Wäscherei und Eigenwäsche
Der Betrieb kauft die Wäsche selbst ein und führt die Reinigung und Wartung in der betriebseigenen Wäscherei durch.

Vorteile	Nachteile
- Unabhängig von Fremdfirmen ist jederzeit frische Wäsche im Haus. - Die Qualität der Wäsche kann selbst bestimmt und sie kann evtl. mit Monogramm versehen werden. - Gästewäsche und Personalwäsche kann ebenfalls gewaschen werden.	- Wäsche und Wäschereieinrichtung erfordern kostenintensive Anschaffungen und verursachen Instandhaltungskosten. - Der Wasser-, Strom- und Waschmittelverbrauch muss kontrolliert werden, um Verschwendung zu vermeiden. - Die Mitarbeiterorganisation ist manchmal schwierig, weil es Zeiten mit geringem Arbeitsanfall und Stoßzeiten gibt, die nicht immer planbar sind.

Mietwäsche

Die Textilien werden von einem externen Betrieb bereitgestellt, der auch die Reinigung durchführt.

Vorteile	Nachteile
■ Investitionen für Wäsche und Wäscherei entfallen. ■ Instandhaltungskosten entfallen.	■ Die Reinigungskosten können sehr hoch sein. ■ Die Kosten sind nicht genau kalkulierbar. ■ Die Qualität der gelieferten Wäsche ist nicht immer einwandfrei. Schäden oder Schmutz wird oft erst bei der Wäscheausgabe festgestellt. ■ Evtl. mangelnder Wäschevorrat.

Lohnwäsche

Der Beherbergungsbetrieb kauft die Textilien selber und vergibt die Reinigung an eine externe Wäscherei. Gewartet wird die Wäsche im Unternehmen.

Vorteile	Nachteile
■ Das Design der Wäsche kann nach eigenen Wünschen ausgewählt werden. ■ Außer einem Wäschelager wird kein Raum beansprucht. ■ Die Wäscheorganisation wird vereinfacht.	■ Ein höheres Wäschekontingent ist erforderlich, damit immer genügend Wäsche vorhanden ist. ■ Wäschestücke könnten vertauscht werden oder verloren gehen. ■ Die Haltbarkeit der Wäsche ist meist geringer.

2.6 Büros und Werkstätten

Entsprechend der Betriebsgröße und der Betriebsart gibt es Büroräume (→ europäisches System):

- Backoffice
- Küchenbüro
- Lagerverwaltung
- Buchhaltung
- Personalbüro

In manchen Betrieben sind auch eigene Werkstätten, die zur → technischen Abteilung gehören, vorhanden.

Personalbüro

? Arbeitsaufgaben

1. Erklären Sie den Begriff Sozialräume.

2. Zählen Sie die Vor- und Nachteile einer betriebseigenen Wäscherei auf.

3. Überlegen Sie, welche Form der Wäscherei für Ihren Betrieb optimal wäre.

Unsere Ziele

Nach Bearbeitung dieses Kapitelabschnittes werden Sie

- Gast- und Wirtschaftsräume der Gastronomiebetriebe nennen und beschreiben können;
- die Ausstattung der Schank erklären können;
- die Organisationsformen der Schank beschreiben können;
- Vergleiche mit Ihrem Betrieb anstellen und die Unterschiede erklären und begründen können.

Listen Sie die Ausstattung der Schank Ihres Betriebes auf:

3 Gast- und Wirtschaftsräume in Gastronomiebetrieben

Zu den Gast- und Wirtschaftsräumen in Gastronomiebetrieben zählen:

- Restaurant, Gaststube mit Schank oder Café
- Extrazimmer
- Gastgarten, Schanigarten
- Wirtschaftsräume

Die Einrichtung dieser Räume ist dem jeweiligen Betriebstyp angepasst.

3.1 Restaurant, Gaststube oder Café

Restaurant

Restaurants bieten meist eine gehobene Küche in einem anspruchsvollen Ambiente. Das Lokal spiegelt den Charakter des Hauses wider. So finden sich in Ethnolokalen landestypische Ausstattungselemente, moderne Restaurants setzen auf schlichtes Styling, klassische Betriebe auf edle Eleganz.

Gaststube

Zum Unterschied von Restaurants werden in Gaststätten meist landesübliche Speisen und einfache Menüs sowie Getränke verabreicht. In Gasthäusern werden aber auch Getränke alleine verkauft. Gaststätten werden meist von einheimischen Gästen frequentiert. Die Einrichtung der Gaststube richtet sich deshalb auch nach diesen Bedürfnissen. In der Gaststube befindet sich auch der Stammtisch; örtliche Vereine können hier ihre Vereinsabende halten.

Café

Cafés gestalten ihre Einrichtung nach dem Umfeld und den Bedürfnissen des Lauf- und Stammpublikums. Ein Wiener Café wird Räumlichkeiten mit gemütlichen Lese- und Spieltischen aufweisen, ein Bahnhofscafé Stehtischchen und Selbstbedienungstresen.

Schank

Zentraler Punkt des Gastraumes ist die Schank. Sie ist der Einrichtung der Lokalität entsprechend ausgestattet und dient der kurzzeitigen Aufbewahrung sowie der Ausgabe der Getränke. Meist gibt es auch Stehplätze für Gäste, die schnell ein Getränk konsumieren wollen.

Ausstattung

- **Schankpult** aus rostfreiem Stahl oder aus anderem, leicht zu reinigendem Material.
- **Kühlfächer** mit unterschiedlichen Temperaturen für die verschiedenen Getränke.
- **Abgabeautomaten** (Premixanlagen) für offene Getränke, wie Bier, Limonaden, Sodawasser.
- **Portionierer** für Spirituosen.
- **Kaffeemaschine.**
- **Gläserspülmaschine.**
- **Waschbecken.**
- **Zement:** geeichte Gefäße zur Überprüfung der Ausschankmenge (Schankgefäßverordnung).
- **Registrierkassa oder Computer.**

Organisation der Schank

Die Schank kann ähnlich wie die Bar auf unterschiedliche Art geführt bzw. abgerechnet werden.

Auf Rechnung des Wirtes	Der Schankbursche gibt die Getränke gegen einen Bon oder gegen einen Jeton aus und ist für den einen Verlust verantwortlich.
Automatische Schankanlage	Hier werden alle Getränke unter Verschluss gehalten. Der Schankbursche oder der Servicemitarbeiter erhält die Getränke mit einem Schlüssel oder Stift portionsweise vom Getränkeautomaten. Gleichzeitig mit der Abgabe der Getränke wird boniert. Eine genaue Kontrolle ist möglich (fast kein Schwund).
Auf Rechnung des Schankburschen	Der Schankbursche oder der Servicemitarbeiter kauft vom Wirt sämtliche Getränke zum Verkaufspreis ein, macht die Kontrolle und muss für den Verlust aufkommen (wird heute nur mehr selten angewendet).

3.2 Extrazimmer

Das Extrazimmer wird nur im Bedarfsfall verwendet, z. B. bei starkem À-la-carte-Geschäft, für Reisegruppen sowie für Veranstaltungen, wie Familien- und Firmenfeiern, Vereinsabende etc.

3.3 Gastgarten, Schanigarten

Vor allem in den Städten hat der Gast- oder Schanigarten eine große Bedeutung, z. B. in Fußgängerzonen, Hinterhöfen, auf Dachterrassen, aber auch in Ausflugsgebieten.

3.4 Wirtschaftsräume

In Gastronomiebetrieben sind die Wirtschaftsräume entsprechend kleiner als in Vollbetrieben. Manche Wirtschaftsräume können auch zusammengelegt sein, z. B. können Kühlschrank und Tiefkühltruhe in der Speisekammer untergebracht sein.

> **?** Welche Art der Schankabrechnung gibt es in Ihrem Betrieb? Was sind die Vor- bzw. Nachteile der einzelnen Abrechnungsmöglichkeiten?

Wirtespruch aus Wien:
Schani, trag den Garten außi!

? Arbeitsaufgaben

1. Wie sind Gastronomiebetriebe eingerichtet? Welche Unterschiede ergeben sich aus der Betriebsart?

2. Beschreiben Sie eine Gaststube, das Extrazimmer und den Gastgarten.

3. Zählen Sie die Ausstattungsmerkmale einer Schank auf.

4. Erklären Sie die drei Organisationsformen einer Schank.

5. Stellen Sie Vergleiche mit der Schank in Ihrem Betrieb an.

Veranstaltungs-
management

Neben traditionellen Veranstaltungen haben sich in der Fungesellschaft von heute viele weitere Arten von Veranstaltungen entwickelt. So unterschiedlich sie auch sein mögen, der Wunsch der Gäste nach Essen und Trinken ist allen gemein. Um Veranstaltungen durchführen zu können, sind präzise und eindeutige Informationen notwendig. Auch die räumlichen und personellen Voraussetzungen sind zu bedenken.

 Unsere Ziele

Nach Bearbeitung dieses Kapitels werden Sie

- über verschiedene Veranstaltungstypen Bescheid wissen;
- organisatorische Hilfsmittel zur Durchführung von Veranstaltungen kennen;
- über den Ablauf des Verkaufs von Veranstaltungen informiert sein;
- fähig sein, eine kleinere Veranstaltung zu planen und mit den Klassenkolleginnen und -kollegen zu organisieren.

1 Veranstaltungsarten

Veranstaltungen (Caterings) sind für einen Betrieb eine gute Chance für zusätzlichen Umsatz und Steigerung des Bekanntheitsgrades. Neben den nachfolgenden Veranstaltungsarten unterscheidet man in der Hotellerie Veranstaltungen, die **im Haus (Inside-Catering)** und solchen, die **außer Haus (Outside-Catering)** durchgeführt werden.

1.1 Konventionelle Veranstaltungen

Ballveranstaltung

Ein Ball kann vom Betrieb selbst durchgeführt werden, z. B. Hausball. Er kann aber auch für einen Verein (Rotes Kreuz, Lions, Sportverein), ein Unternehmen oder eine Privatperson organisiert werden.

Bankett

Ein Bankett ist die aufwendigste, aber auch eleganteste Form einer Veranstaltung. Perfekte Rahmenbedingungen, sehr gut geschulte Mitarbeiter/-innen und eine genaue Planung sind Voraussetzung für gutes Gelingen. Für das Bankett werden Tische sehr oft zur Tafel gestellt. Es gibt ein Protokoll und die Menü- und Getränkeauswahl ist erlesen. Bankette eignen sich im Besonderen für Hochzeiten, Staatsempfänge, Firmenjubiläen.

Buffet

Buffets sind weit verbreitet, da sie dem modernen Lebensstil entsprechen. Das Speisen- und Getränkeangebot steht frei zur Wahl und ist meist während der ganzen Veranstaltung verfügbar. Die Auswahl wird vom Gast individuell getroffen. Vorteilhaft für den Betrieb ist der geringere Personaleinsatz im Service. Zu beachten ist jedoch auch der Mitarbeiterbedarf zum Sauberhalten der Buffettische sowie zum Abräumen der Gästetische.

Cocktailparty

Dies ist eine Veranstaltungsform, die aus Amerika kommt und auf maximal zwei Stunden begrenzt ist. Cocktailpartys werden z. B. bei Presseempfängen oder bei Produktpräsentationen durchgeführt. Weder beim Kommen noch beim Gehen sind die Gäste an eine bestimmte Zeit gebunden. Es gibt keine Sitzplätze, höchstens einige wenige am Rand des Raumes. Zum Abstellen von leeren Gläsern oder Tellern gibt es kleine Tische. Die Cocktailparty kann in Form eines Cocktailbuffets organisiert sein, wobei ein kleines Buffet für kalte und warme Speisen und eine kleine Bar für alle Getränke aufgebaut sind, oder die Speisen und Getränke werden auf Platten bzw. Serviertassen angeboten. Die Speisen sind als Fingerfood vorbereitet.

Konferenzen, Seminare, Schulungen, Tagungen, Vorträge, Symposien, Präsentationen

Diese Veranstaltungen werden für die Hotellerie immer wichtiger, da sie vorwiegend im Herbst und Frühjahr stattfinden und damit auslastungsschwächere Zeiten füllen können. Wichtig für diese Art von Veranstaltungen sind der entsprechende Raum und die (seminar-)technische Ausstattung. Zum guten Gelingen der Veranstaltung tragen aber ebenso das passende Speisen- und Getränkeangebot sowie ein perfektes und freundliches Service bei.

Sektempfang

Ein Sektempfang wird im Allgemeinen bei außergewöhnlichen Anlässen gegeben. Er kann sowohl privaten, als auch geschäftlichen und/oder offiziellen Charakter haben (Beginn einer Feier, Geburtstag, Geschäftseröffnung, Theaterpremiere).

Ein Sektempfang kann zu jeder Tageszeit stattfinden, dauert meist kurz und wird normalerweise als Stehempfang organisiert. Gegebenenfalls werden Gourmandises gereicht.

 Wussten Sie, dass ...
das Wort Bankett im 15./16. Jahrhundert aus dem Italienischen entlehnt wurde? „Il banchetto" bedeutet „kleine Bank". So wurden die kleinen Tische bezeichnet, die bei einem festlichen Diner um die Tafel herum aufgestellt wurden und dann dem Festmahl selbst den Namen gaben.

 Catering industry = Gaststättengewerbe.
Caterer = Lieferant von Lebensmitteln und/oder Speisen und Getränken bzw. Zur-Verfügung-Stellung sämtlicher Dienstleistungen (Dekor, Sicherheitsdienste etc.).

Protokoll = Ablaufplan einer Zeremonie.

Egal, welche Veranstaltung organisiert werden soll, entscheidend für den Erfolg sind kompetente, freundliche, korrekte Mitarbeiter/-innen

Fingerfood = Happen, der ohne Besteck gegessen wird.

Gourmandises = pikante Häppchen.

1.2 Zeitgemäße Veranstaltungen

Charity

Dies sind Wohltätigkeitsveranstaltungen im gehobenen gesellschaftlichen Rahmen. Der Reingewinn kommt Bedürftigen zugute. Charities können als Bankett, Cocktailparty oder auch als Event veranstaltet werden.

Clubbing

Clubbings sind Tanzfeste, die eine Reizflut aus Musik, Videoclips und Videosamplings bieten. Extra dafür kreierte Cocktails und Speisen in Form von Fingerfood werden angeboten.

Event

Events dienen zur Bekanntmachung eines Produktes, einer Marke oder zur positiven Stimulation von Mitarbeitern eines Unternehmens. Ein Event kann aber auch ein Marketingschritt sein, der den Menschen an sich in den Mittelpunkt stellt. Bei einem Event werden im Besonderen die Gefühle angesprochen.

Incentive

Incentives sind Motivationsveranstaltungen. Sie sind geplanter und bewusst eingesetzter Anreiz (engl. incentive) für Mitarbeiter oder Kunden, um bestimmte Unternehmensziele besser zu erreichen. Incentives finden häufig in Verbindung mit einer Tagung statt und haben Freizeit- und Erlebnischarakter (z. B. Wochenende in einem Fitnesshotel, Ballonfahrt etc.

Splash

Als Splash wird eine Open-Air-Veranstaltung bezeichnet, bei der man sich bei lauter Musik sportlich und wettkämpferisch betätigt (z. B. Beachvolleyball-Splash). Die Getränke werden aus Flaschen angeboten, die Speisen entsprechen dem Fast-Food-Gedanken. Eine Weiterführung des Splash-Gedankens sind die als „Summer Splashes" angebotenen Maturareisen.

2 Betriebliche Voraussetzungen

Damit eine Veranstaltung gelingen kann, müssen in einem Betrieb bestimmte Voraussetzungen wie genügend Platz und geeignete Infrastruktur (Garderoben, zusätzliche Schankanlagen etc.) gegeben sein.

2.1 Räumlichkeiten

Räumlichkeiten, die für Veranstaltungen vorgesehen sind, müssen sich von den übrigen Gasträumen separieren lassen. Fassungsvermögen und die Bestuhlung müssen geeignet sein.

Raumbedarf pro Person:
- Für Stehempfänge: ca. 1,5 m².
- Für Festessen: ca. 2–2,5 m².
- Für Buffets: ca. 2,5–3,5 m².

In größeren Betrieben findet man für Veranstaltungen meist ein System von variablen, miteinander in Verbindung stehenden Räumen, die der Größe und Art der Veranstaltung angepasst werden können. Im Allgemeinen steht ein großer Saal zur Verfügung, der durch Raumteiler in mehrere kleinere Räume geteilt werden kann.

Welche Events kennen Sie? Denken Sie an Veranstaltungen, die von Herstellern bekannter Markenartikel inszeniert werden, oder an Megapartys trendiger Musiksender.

Überlegen Sie den unternehmerischen Nutzen dieser Events.

Incentives dienen der Motivation

Geeignete Räumlichkeiten sind eine wichtige Voraussetzung für die Durchführung von Veranstaltungen

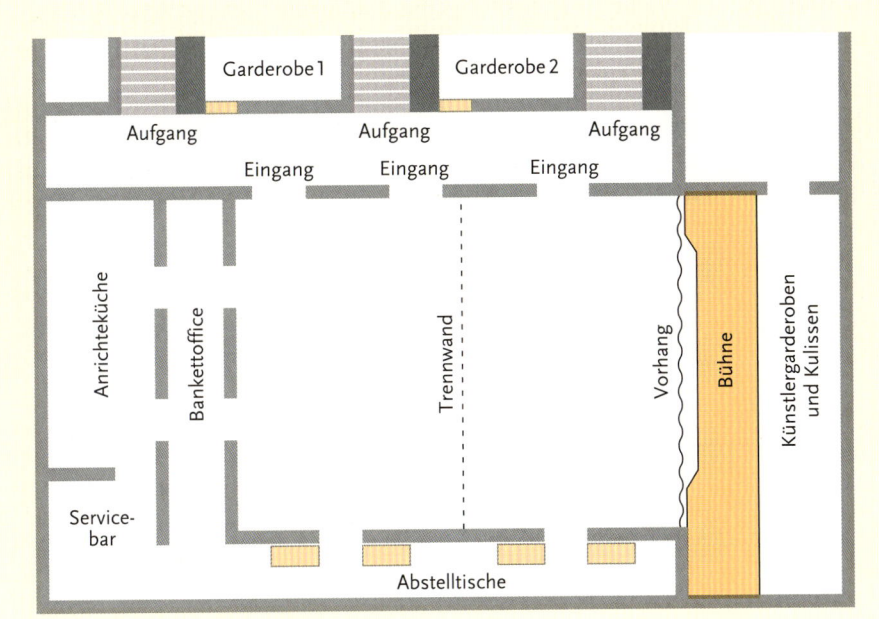

Mehrzwecksaal

Bankettoffice

Hier werden sämtliche Utensilien gelagert und vorbereitet, die für ein gutes Service notwendig sind. Die Ausstattung besteht aus Stellagen und Abstelltischen mit Tellerwärmern, Reservegeschirr, -besteck und -gläsern, Tischwäsche etc.

Servicebar

Hier steht eine Schankanlage, die nur nach den Bestellungen für die Veranstaltung bestückt ist und nach Bedarf in Betrieb genommen wird. Ausgegeben werden hier alle Getränke, angefangen bei Aperitifs, über Bier, Wein bis hin zu den Heißgetränken, den Cocktails und Digestifs.

Garderobe

Sie gehört zu jedem großen und mittleren Festsaal. Bei Bedarf wird ein Mitarbeiter dort eingesetzt.

2.2 Technische Einrichtungen

Für Veranstaltungen wie Seminare, Kongresse oder Präsentationen ist eine technische Grundausstattung unbedingt erforderlich. Es ist für eine ausreichende Anzahl von Stromanschlüssen sowie für störungsfreie Anschlüsse für Fernsehen, Radio, PC, Internet, Videoanlagen, Projektoren/Beamer, Leinwand oder Verdunkelungsmöglichkeiten zu sorgen.

2.3 Tisch- und Tafelinventar

Für Veranstaltungen ist es meist notwendig, **eigene Tische und Sessel** anzuschaffen. Sie sollen platzsparend, d. h. stapel- und/oder zusammenklappbar, einfach in der Handhabung und leicht zu transportieren sein. Stabilität und Formschönheit sind selbstverständliche Voraussetzungen.

Für Veranstaltungen soll **Tischwäsche** in ausreichender Zahl vorhanden sein, um Engpässe zu vermeiden.

✏️ Sie organisieren eine Kaffeepause für 60 Personen. Berechnen Sie die Bestückung mit Bankettgeschirr.

Die meisten Betriebe verfügen über ein **eigenes Bankettgeschirr.** Die Anschaffung stellt einen hohen Kostenfaktor für den Betrieb dar. Bei einem regen Veranstaltungsgeschäft wird sich diese Investition jedoch bezahlt machen.

Bei der Berechnung der Menge des Bankettgeschirrs geht man immer von der Gesamtzahl der Plätze in den Veranstaltungsräumen aus und rechnet ein Drittel als Reserve dazu. Bei Buffets nimmt man die Gesamtzahl der Plätze mal zwei und rechnet anschließend noch Reserve dazu (z. B. zwei Reserven/zehn Gäste).

3   Mitarbeiter/-innen

Um einen exakten und erfolgreichen Ablauf einer Veranstaltung gewährleisten zu können, benötigt ein Betrieb geschulte Mitarbeiter/-innen und eine genaue Organisationsstruktur.

Während in Klein- und Mittelbetrieben der/die Besitzer/-in, Geschäftsführer/-in, Restaurantleiter/-in oder Rezeptionist/-in die Veranstaltungen anbahnt, aufnimmt, plant und organisiert, gibt es in großen Betrieben und Betrieben, die sich für das Veranstaltungswesen spezialisiert haben, eine eigene Food-&-Beverage- oder Bankettabteilung (siehe auch „Amerikanisches System", S. 117).

Wirtschaftsdirektor/-in		
Marketing- und Verkaufsdirektor/-in	**Bankettmanager/-in**	**Bankettküchenchef/-in**
Sales Manager/-in	Assistent-Bankettmanager/-in	Bankett-souschef/-in
Bankett-sekretär/-in	Bankettservice-leiter/-innen	Bankett-köche/-köchinnen
	Bankettservice-mitarbeiter/-innen	

Zusätzlich sind die **Haustechnik** für die Installierung und Instandhaltung aller technischen Einrichtungen sowie das **Housekeeping** für die Dekoration, Wäsche und den Etagenbedarf einzubeziehen. In Klein- und Mittelbetrieben müssen Mitarbeiter/-innen flexibel agieren oder es werden Aushilfskräfte zugezogen.

Aufgaben der Bankettabteilung

Veranstaltungsverkauf		
Veranstaltungsplanung		
Menüplanung	Korrespondierende Getränke	Servicevorarbeiten Individuelle Wünsche
Mitarbeiterorganisation und -koordination		
Vor- und Zubereitung der Speisen	Vorbereitung Getränke-Mise-en-Place	Setup, Dekoration Erfüllung der individuellen Wünsche
Koordination der Durchführung		
Aufräumarbeiten		
Reflexion und Evaluierung		
Organisation von Follow-ups		

💡 **Gut geplant ist halb gewonnen**
Erfolgreiche Veranstaltungen sind das Ergebnis einer sehr detaillierten Planung, die die Erfahrung der Mitarbeiter/-innen widerspiegelt. Es ist ein gewisses Maß an Flexibilität und Kreativität erforderlich, wenn die Veranstaltung gelingen soll.

4 Verkauf und Organisation von Veranstaltungen

Verkauf und Organisation von Veranstaltungen liegen je nach Betriebsart und -größe im Aufgabenbereich der Sales- und Marketingabteilung.

4.1 Verkaufsanbahnung

Um Veranstaltungsräumlichkeiten optimal nützen zu können, genügt es meist nicht, auf Anfragen zu warten. Entscheidend für den Verkauf einer Veranstaltung ist die Verkaufsanbahnung.

Der Betrieb muss aktiv werden und auf sein Leistungsangebot laufend aufmerksam machen. Man unterscheidet dabei zwischen indirekter und direkter Werbung.

Indirekte Werbung	So wird jene Form der Werbung bezeichnet, die durch ein bestimmtes Medium an eine anonyme Gruppe von Menschen herangetragen wird, z. B. Rundfunkwerbung, Inserate in Zeitungen, Werbung im Internet.
Direkte Werbung	Bei dieser Form der Werbung wendet sich der gastronomische Betrieb unmittelbar an eine bestimmte Person, Institution oder Unternehmung, um auf sein Leistungsangebot aufmerksam zu machen. Zeigt ein Kunde Interesse, werden ihm umgehend Informationen zugesendet.

4.2 Verkaufsinstrumente

Informationsmappe

Eine Informationsmappe enthält:

- allgemeine Informationen über den Betrieb und über die Umgebung des Betriebes,
- Übersichtsblätter und -formulare über die Veranstaltungsräumlichkeiten mit Plänen, Verwendungsmöglichkeiten und allen technischen Details,
- Möglichkeiten der Tischordnung und Sesselstellung,
- Standardisierte und frei wählbare Menüvorschläge, Vorschläge für Getränke,
- Veranstaltungspauschalen,
- Konferenzpauschalen (Conference Packages),
- Formulare, z. B. mit allgemeinen Geschäftsbedingungen (Vorauszahlungen, Storno etc.),
- Checkliste für das Verkaufsgespräch (siehe S. 153).

Konferenzmappe

Die Konferenzmappe ist eine Ergänzung zur Informationsmappe mit genaueren Details. Sie informiert Interessierte im Speziellen über die Möglichkeiten, Tagungen und Seminare im Haus zu gestalten, enthält alle technischen Details sowie Pauschalangebote, Kombinationen mit Incentives, den Ansprechpartner etc.

Um eine optimale Raumausnützung erzielen zu können, muss das Fassungsvermögen der Räume bei unterschiedlicher Bestuhlung bekannt sein.

„Der erste Eindruck entscheidet, der letzte bleibt."

Suchen Sie konkrete Beispiele für indirekte und direkte Werbung. Welche Rolle spielt die Homepage eines Betriebes bei der Darstellung des Leistungsangebots?

Mundpropaganda
Sie ist jene Form der Werbung, die durch zufriedene Gäste erfolgt. Sie ist sehr zielführend und bürgt dafür, dass Nachfolgeaufträge eintreffen. Daher sei besonders darauf hingewiesen, wie wichtig die erfolgreiche Durchführung von Veranstaltungen ist.

Überlegen Sie sich die optische und inhaltliche Gestaltung einer Konferenzmappe. Welche Angebote können Sie von anderen Mitbewerbern abheben? Was macht Ihr Seminarangebot einzigartig? Was zeichnet Ihren Lehrbetrieb aus?

Seminarräume (conference rooms)

Raum room	Länge length m	Breite height m	Höhe height m	m² sqm	Runde Tische banquet	U-Tafel U-shape	Blocktafel boardroom	Parlament classroom	Theater theatre	Cocktail cocktail party
Wien	24	11	2,6	264	150	100	80	120	180	220
Lobau	13	8	2,6	104	40	40	30	50	100	100
Wagram	12	8	2,6	96	40	40	30	50	100	100
Grinzinz	12	5,5	2,6	66	20	20	18	20	50	50
Leopoldau	10	6	2,6	60	18	20	18	20	50	50
Stadlau	7	6	2,6	42	12	12	10	15	25	25
Aspern	5	5	2,6	25	6	6	6	6	12	12
Essling	5	5	2,6	25	6	6	6	6	12	12

Die Verpflegung während der Veranstaltung bzw. in den Pausen – meist als Aktivpause, Coffee-Break, Refreshment-Break oder Mind-Break bezeichnet – stellt für den Betrieb einen Zusatzverkauf dar oder ist in einem Conference Package enthalten. Werden diese Pausen gut vorbereitet und betreut, sind sie ein guter Werbeträger für den Betrieb.

Sesselstellungen und Tischstellungsmöglichkeiten

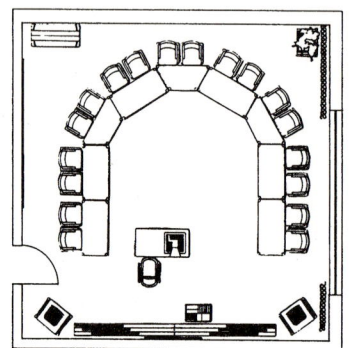

U-Tafel

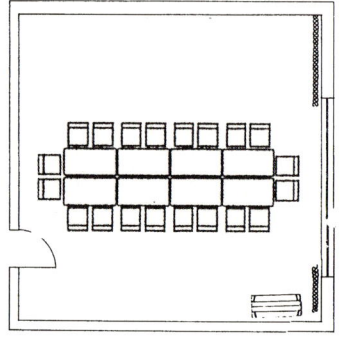

Block

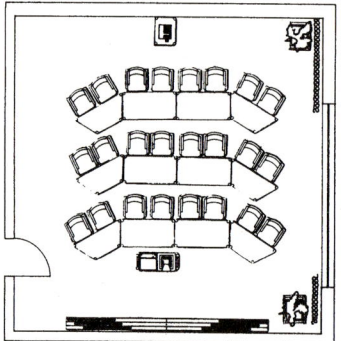

Parlamentbestuhlung

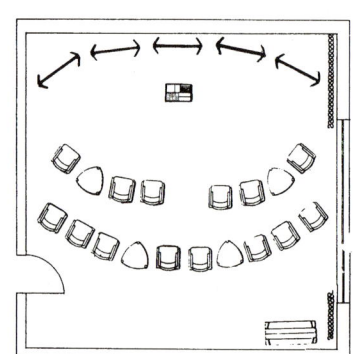

Theaterbestuhlung

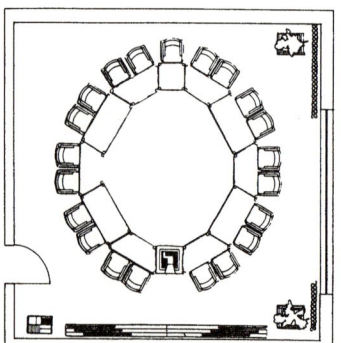

Runder Tisch (speziell für Konferenzen)

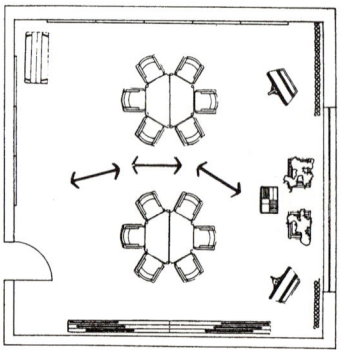

Für Seminare (wenn Gruppenarbeiten im Vordergrund stehen – Interaktion)

Bankettmappe

Eine Bankettmappe enthält

- allgemeine Informationen über den Betrieb,
- Bilder von bereits organisierten Banketten,
- standardisierte und frei wählbare Menüvorschläge, Buffetvorschläge inklusive korre-spondierende Getränke, Cocktailpartys mit Canapés, Pausenarrangements, Seminar-getränke, komplette Getränke- und Weinkarte.
- die Allgemeinen Geschäftsbedingungen,
- Zusatzangebote wie Organisation eines Zuständigen für Fotografie oder Film, Bereit-stellen der Blumen, Bereitstellung der technischen Geräte, Tanzparkett, Bühne etc.
- Raumpläne mit Tafel- bzw. Tischstellungen.

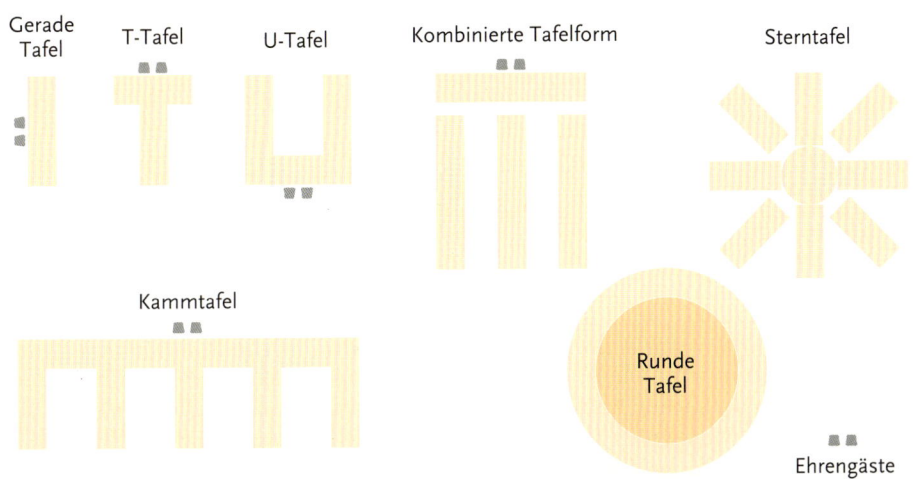

Tafelformen

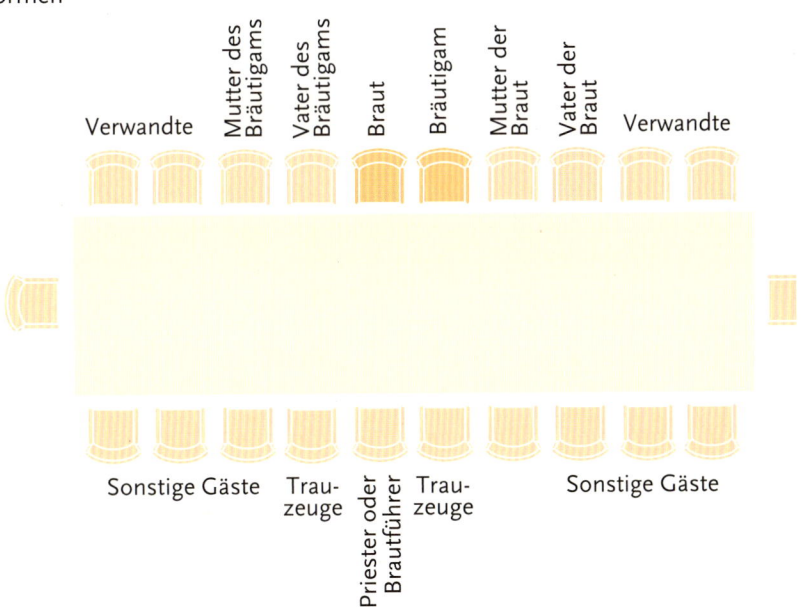

Beispiel eines Sitzplanes für ein Hochzeitsbankett

Verkaufsgespräch

Grundvoraussetzung für einen Geschäftsabschluss ist das Gelingen des ersten Ver-kaufsgespräches.

Je besser der Verkäufer darauf vorbereitet ist, je besser er sich auf den Auftraggeber einstellen kann, umso eher wird es zu einem Geschäftsabschluss kommen. Daher sind geeignete Verkaufsunterlagen wie eine professionell gestaltete Informationsmappe, Checklisten für die technische Ausstattung, Reservierungsformulare etc. von großer Bedeutung (Checkliste für das Verkaufsgespräch siehe S. 153).

Auf Wunsch des Kunden oder auf Einladung des Betriebes kann ein Probeessen erfolgen, bei dem Menü- und Getränkeaus-wahl besprochen werden.

Durch die Führung eines Veranstaltungsplanes werden folgende Fehler vermieden:

- Vergessen einer Veranstaltung.
- Doppelte Raumvergabe.
- Nicht ausreichender Personalstand.
- Überforderung der Leistungsstärke des Betriebes.

Im Anschluss an das Gespräch wird dem Kunden die Informations-, Konferenz- bzw. Bankettmappe überreicht. Sind die Verhandlungen bereits so weit vorangeschritten, dass eine Bestellung absehbar ist, kann das Reservierungsformular ausgefüllt werden.
Ist die Veranstaltung terminlich fixiert, muss sie im **Veranstaltungsplan** eingetragen werden.

Beispiel für einen Veranstaltungsplan

Monat/Tag	Uhrzeit	Veranstaltungsart, Besteller, Personenzahl	
		Saal I	Saal II
Juni 1.	17:00	Business Circle, ca. 100 Personen	
Juni 1.	20:00		Frauenforum, 45 Personen
Juni 2.	12:00		Senior Dinner, 50 Personen
Juni 2.	17:00	Pressekonferenz, Concordia, 50 Personen	

4.3 Checklisten, Functionsheet, Memos

Checklisten

Um Veranstaltungen optimal organisieren zu können, sind präzise und klare Informationen notwendig. Sie sind für Kunden/Gäste und Veranstalter gleichermaßen hilfreich. Mithilfe von sogenannten Checklisten werden immer wiederkehrende Daten und Infos, die für einen Ablauf wichtig sind, gesammelt, gereiht und zum aktuellen Ergänzen angeführt. Wichtiges wird sofort festgehalten. Checklisten vereinfachen die Informationsweitergabe und eine spätere Kontrolle.

Beispiele
Checkliste für die Verpflegung: Dient zur rechtzeitigen Bereitstellung der gewünschten Speisen und Getränke.

Bei Seminaren oder ähnlichen Veranstaltungen werden die Speisen und Getränke für die Pausen auf kleinen Buffettischen oder Servierwagen vorbereitet

Checkliste – Verpflegung					
Veranstaltungsbezeichnung:					
Termin: von bis		**Veranstaltungsort:**			
Getränke/Speisen		Portionen	Tag	Uhrzeit	Personenanzahl
Tagungsgetränke					
Obst-, Gemüsesäfte	☐				
Mineralwasser, Wasser	☐				
	☐				
Kaffeepause(n) vormittags					
Kaffee/Tee	☐				
Gebäck, Kuchen, Obst	☐				
	☐				
Mittagessen					
Menü ☐ vegetarisch	☐				
☐ koscher	☐				
Buffet	☐				
	☐				
Kaffeepause nachmittags					
Kaffee/Tee	☐				
Gebäck, Kuchen, Obst	☐				
	☐				
Abendessen					
Buffet, kalt/warm	☐				
Menü ☐ vegetarisch	☐				
☐ koscher	☐				
	☐				

Checkliste für ein Verkaufsgespräch: Dient zur Geschäftsanbahnung und kann gleichzeitig als Reservierungsformular verwendet werden.

Checkliste – Anfrage/Verkaufsgespräch

H·O·T·E·L
Aurora

Ansprechpartner/Kunde:

Telefonnummer: **E-Mail:**

Faxnummer:

Art der Veranstaltung/Anlass:

Datum: **Uhrzeit: von**   **bis**

Inside:

Outside:

Gesprächspartner im Hotel:

Telefonnummer: **E-Mail:**

Faxnummer:

Veranstaltung	Übernachtungen
Teilnehmerzahl	Anzahl der Gäste
Raum/-größe	Zimmer
Bestuhlungsart	Daten der An- und Abreise
Beschilderung	Namensliste fällig am
Namensschilder	Parkmöglichkeiten
Dekoration	**Sonstiges**
Technik	Menü
Empfangstisch	
Garderobe	
Musik	Buffet
Gastgeschenke, Give-aways	
	Imbiss, Fingerfood
	Konferenzgetränke
	Kaffepause

Veranstaltungsablauf/Programm

Definitive Meldung bis:

H·O·T·E·L
Aurora

Sie organisieren für Ihre Großmutter ein Geburtstagsessen zum 60. Geburtstag als Abendveranstaltung. Zu diesem Anlass werden 30 Personen eingeladen. Füllen Sie dafür die Checkliste aus.

Die Mitarbeiter/-innen im Verkauf müssen sprachlich geschult, perfekt in der Präsentation und dem Betrieb gegenüber absolut loyal sein. Sie wägen ab, ob eine Veranstaltung machbar ist, haben den Überblick über den Veranstaltungskalender und beraten die Kunden.

Schlüpfen Sie in die Rolle eines Mitarbeiters/einer Mitarbeiterin der Bankettabteilung und füllen Sie das Functionsheet für die angesprochene Geburtstagsfeier aus.

Ein Functionsheet ist ein Laufzettel, der im Betrieb bleibt und zur verlässlichen, einheitlichen Information aller Abteilungen dient.

Functionsheet

Darunter versteht man einen internen Laufzettel, der zur allgemeinen Information über eine Veranstaltung der betroffenen Abteilungen dient. Ein Functionsheet wird durch Unterschrift des/der Verantwortlichen in der Abteilung bestätigt. Auf dieser Basis wird für den Besteller/die Bestellerin eine Auftragsbestätigung erstellt, die diese/-r rückbestätigt.

Functionsheet

H·O·T·E·L
Aurora

1. **Art der Veranstaltung/Raum:**

2. **Datum:**   3. **Zeit:**

4. **Personenanzahl (PAx):**

5. **Name des Bestellers, Firma, Rechnung ergeht an:**

   Adresse:

   Telefon/Telefax:

   E-Mail:

6. **Bestellung:**

   Menü: Getränke:

   Servierart:

   Sonstiges:

7. **Preis pro Person:** €

8. **Raummiete:** €

9. **Sonderwünsche**

   a)   Dekor:

   b)   Tisch-/Tafelform:

   c)   Sitzplan/Tischkarten:

   d)   Musik:

   e)   Aperitifs:

        Digestifs:

   f)   Rauchwaren:

   g)   Technische Einrichtungen (Lautsprecher, Tonband, Beamer für Bilder, Video, TV etc.):

10. **Veranstaltungsablauf** (Begrüßung, Reden):

Ergeht an: Unterschrift:

a) Küche:

b) Lager/Einkauf:

c) Restaurant

d) Wäscherei/Wäschebeschließung:

e) Garderobe:

f) Portier:

g) Personaldirektion:

h) Sales Management:

i) Direktion:

Memos

Memos sind Erinnerungszettel, die abteilungsintern geführt werden. So werden Details für eine Veranstaltung individuell bekanntgegeben. Sie sind aber auch bei Dienstübergaben hilfreich und können an andere Abteilungen zur Kenntnisnahme weitergeleitet werden.

4.4 Kostenplanung

Mit jeder Aktion steigen neben den Umsätzen auch die Kosten. Daher muss die budgetäre Seite wohlüberlegt und kalkuliert sein. Das Budget für:
- Werbung,
- aktionsspezifischen Wareneinkauf,
- zusätzliche Personalkosten,
- Rahmenprogramm,
- Dekoration und
- Materialeinsatz für Speisen und Getränke

muss kalkuliert werden.

> 💡 Für statistische und kalkulatorische Zwecke wird in vielen Betrieben, in denen das Bankettgeschäft wichtig ist, ein sogenanntes Bankettkontrollbuch geführt.

Kalkulationsziel muss sein, eine Umsatzmaximierung, Gewinnmaximierung oder zumindest eine Kostendeckung zu erreichen.

⬇ Einen Auszug aus einem Bankettkontrollbuch finden Sie unter: www.trauner.at, Schulbuch, Service.

5 Durchführung von Veranstaltungen

Eine gelungene Durchführung hängt davon ab, ob alle Mitarbeiter/-innen positiv motiviert sind und gemäß dem Zeitplan arbeiten können, sowie davon, ob die Lieferungen rechtzeitig eingelangt sind.

5.1 Bankett

Vorbereitungsarbeiten

Für einen reibungslosen, gelungenen Ablauf des anspruchsvollen Bankettservice sind intensive Vorbereitungsarbeiten unabdingbare Voraussetzung.
- Bereitstellen des Inventars unter Einbeziehung der Stewarding-Abteilung (Besteck, Gläser, Porzellan, Silber etc.) und der Housekeeping-Abteilung (Tafeltücher, Servietten, Buffettücher, Blumenschmuck etc.).
- Installation technischer Einrichtungen durch die Haustechnik-Abteilung.
- Stellen der Tische.
- Auflegen der Moltons und der Tafeltücher.
- Stellen der Sessel, um den Platz gleichmäßig aufzuteilen.
- Wenn Kopfgedecke aufgedeckt werden, müssen aus Platzgründen die links und rechts platzierten Gedecke in Richtung Tafelmitte eingerückt werden, um ein korrektes Eindecken der Gläser zu ermöglichen.
- Einstellen der Platzteller und/oder Auflegen der Mundservietten.
- Auflegen der Besteckteile (von innen nach außen).
- Aufstellen der Brotteller und Auflegen der Buttermesser.
- Aufstellen der Gläser.
- Aufstellen der Tafeldekoration.
- Stellen oder Legen der Menükarten, evtl. auch der Tischkärtchen.
- Endkontrolle der gedeckten Tafel bzw. Tische. Ob die Gedecke exakt ausgerichtet sind, wird mit langen Schnüren, die an beiden Enden fixiert werden, überprüft.
- Überprüfung des Raumes (Lichtquellen, Vorhänge etc.) sowie der technischen Anlagen.
- Aufstellen des Sitzplanes im Eingangsbereich im Foyer.

er Platzbedarf an einer Festtafel beträgt pro Gast mindestens 80 cm.

💡 Vom Bankettleiter/von der Bankettleiterin wird ein Mustergedeck vorgegeben.

Banketttische lassen sich zu beliebig vielen verschiedenen Formen zusammenstellen (siehe S. 151). Der Platzbedarf für Servierwege, Ein-, Aus- und Notausgänge, Geschenktische mit Blumenvasen sowie für ein Rahmenprogramm ist zu berücksichtigen.

Vorbereitungsarbeiten im Office

Neben den herkömmlichen Mise-en-Place-Arbeiten sind folgende Vorbereitungen durchzuführen:

- Kopie eines Functionsheets bei der Ausgabestelle anbringen.
- Teller, Tassen, Platten, Timbalen sowie Saucieren etc. nach Bedarf vorwärmen.
- Unterteller für das Suppenservice sowie für Timbalen und Saucieren etc. vorbereiten.
- Brotkörbe mit Stoffservietten bereitstellen.
- Vorleger und Saucenlöffel vorbereiten.
- Getränke einkühlen.
- Kaffee-Mise-en-Place herrichten.
- Aperitifs und Digestifs vorbereiten.
- Serviertassen bzw. Tabletts vorbereiten.

Mitarbeitereinsatzplanung

Bereits bei der Planung ist von der Bankettmanagerin/vom Bankettmanager die Anzahl der benötigten Servicemitarbeiter/-innen zu berücksichtigen. Eine flexible Diensteinteilung der hausinternen Mitarbeiter/-innen hilft die Kosten für zusätzliche Aushilfskräfte zu reduzieren. Auch die Servierart ist in die Überlegungen mit einzubeziehen. Sie entscheidet über die Größe der Servierbrigade.

Servicebesprechung oder Servicemeeting

Vor dem Eintreffen der Gäste versammelt die Bankettleiterin/der Bankettleiter die Servicemitarbeiter/-innen und bespricht mit ihnen die Details der Veranstaltung sowie den Veranstaltungsablauf:

- Einteilung der Stationen unter Berücksichtigung der Ehrengäste.
- Festlegen der Gehrichtung beim Service.
- Tischplan und Sitzordnung (Hinweis auf Ehrengäste, Titel etc.).
- Sonderwünsche des Veranstalters (Ansprachen, Dauer der Reden etc.).
- Detaillierte Erklärungen der Speisen- und Getränkefolge, Anrichteweise der einzelnen Speisenfolgen sowie Besonderheiten im Menü.
- Service des Aperitifs und Digestifs.

Nach der Servicebesprechung werden die bereitgestellte Mise en Place im Office sowie die Tische auf Vollständigkeit überprüft.

Service und Serviceablauf

Das Bankettservice kann auf verschiedene Arten (Serviermethoden) durchgeführt werden. Serviermethoden, die bei Banketten meist angewendet werden, sind:

- Tellerservice mit Cloches,
- Vorlegen,
- Einreichen (meist nur bei Staatsbanketten).

Besondere Merkmale des Bankettservice

- Gemeinsamer Einmarsch aller Servicemitarbeiter/-innen.
- Gemeinsamer Servicebeginn auf ein Zeichen (Kopfnicken) des Bankettleiters/der Bankettleiterin hin, wenn die Mitarbeiter/-innen ihre Stationen erreicht haben.
- Gemeinsames Servieren und gemeinsames Verlassen des Raumes.

> **❗** Beim Bankettservice kommt es in besonderem Maße auf Exaktheit, Disziplin und Aufmerksamkeit beim Servieren an.

💬 Was meinen Sie? Wie viele Gäste kann ein Mitarbeiter/eine Mitarbeiterin betreuen?

Abhängig von der Art der Veranstaltung und von der Servierart gibt es folgende Richtwerte für den Einsatz pro Mitarbeiter/-in

- 30–40 Gäste bei einem Buffet oder bei einer Cocktailparty, bei der angeboten wird.
- Bis 20 Gäste bei einem Essen mit Tellerservice.
- Bis 10 Gäste bei einem Essen mit Plattenservice (Vorlegen).
- 20–30 Gäste beim Getränkeservice.

5.2 Buffet

Die Durchführung eines Buffets ermöglicht dem Betrieb, seine Vielseitigkeit und Leistungsfähigkeit unter Beweis zu stellen. In kurzer Zeit kann eine relativ große Anzahl von Gästen bewirtet werden. Zum Frühstück, Brunch, Lunch oder Abendessen schätzen die Gäste eine große Auswahl an Gerichten. Sie suchen selbst aus und können sich am Buffet beliebig oft Speisen nachholen.

Beim sogenannten **offenen Buffet** (z. B. Heringsschmaus) bedienen sich die Gäste entweder selbst oder die Servicemitarbeiter/-innen sind dabei behilflich, sehr oft auch Köche. Die Speisen werden portionsweise angerichtet. Üblicherweise bezahlt der Gast einen Pauschalpreis zuzüglich seiner Getränkekonsumation. Bei Bällen ist es üblich, pro Portion zu bezahlen.

Bei einer geschlossenen Veranstaltung spricht man von einem **geschlossenen Buffet.** Es wird nach den Wünschen des Gastgebers und der Anzahl der Gäste organisiert und dem Besteller in Rechnung gestellt.

Vorbereitungen

Grundsätzlich muss zuerst über die beste Raumaufteilung (entsprechend der Gästezahl) entschieden werden. Bei mehr als 100 Personen empfiehlt es sich, mehrere Buffetblöcke aufzubauen.

Je nach Gegebenheiten werden die Buffettafeln in Block-, L- oder U-Form bzw. in halb ovaler oder runder Form gestellt. Beim Stellen von Buffet- und Gästetischen müssen folgende Punkte berücksichtigt werden:
- Das Buffet muss gut im Blickfeld der eintretenden Gäste platziert sein.
- Die Buffettische dürfen nicht zu breit sein. Die Speisen sollen so platziert sein, dass sie gut erreichbar sind.
- Die Größe der Buffettische richtet sich nach dem Angebot.
- Die Servierwege müssen genügend Abstand zwischen den Gästetischen und dem Buffet aufweisen.
- Zugangsmöglichkeiten für Gäste, Köchinnen und Köche und Servicemitarbeiter/-innen berücksichtigen.
- Notausgänge dürfen nicht verstellt werden.

Anschließend werden die Tische für die Gäste platziert. Als die vorteilhaftesten haben sich bei geschlossenen Buffets runde Tische für acht bis zehn Personen erwiesen. Dann werden die Moltons, die Tafel- und Buffettücher sowie die Buffetschürzen aufgelegt.

Decken der Gästetische

Im Allgemeinen besteht das Gedeck auf den Gästetischen bei einem Buffet aus:
- Mundserviette,
- Tafelmesser und -gabel (für das Hauptgericht),
- Dessertmesser und -gabel (für die kalte Vorspeise),
- evtl. auch Bouillonlöffel,
- Dessertlöffel und -gabel (Besteck für Käse befindet sich meist auf dem Buffet),
- Wasserglas,
- Weinglas,
- Brotteller mit Buttermesser,
- evtl. Buffetkarte,
- Tischinventar,
- Tischdekoration.

Spezielle Vorbereitungsarbeiten für ein Buffet

Beim Bereitstellen der Teller ist darauf zu achten, dass die Anzahl der Teller mindestens doppelt so groß wie die Anzahl der zu erwartenden Gäste ist. Zusätzlich ist eine Reserve bereitzustellen.

❗ Kontrollieren Sie die Raumtemperatur: Die richtige Raumtemperatur ist mitentscheidend, ob sich die Gäste wohlfühlen oder nicht.

Die Gerichte müssen abgedeckt und mit Preisschildern versehen sein.

Weitere Vorbereitungen
- **Buffetschürzen:** Sie verleihen jedem Buffet oder Schautisch eine vornehme Eleganz. Sie sind mit speziellen Halterungen (Klettverschlüssen, Druckknöpfen, Klammern) leicht anzubringen.

- **Wahl der Beleuchtung:** Eine optimale Beleuchtung erhöht die Attraktivität eines jeden Buffets.

Gelegentlich werden auch Brot und Butter kurz vor Servicebeginn eingestellt.

Die Teller werden auf der Buffettafel oder auf einem separaten Tisch beim Buffet bereitgestellt. Teller für warme Gerichte werden meist in einem Tellerwärmer warm gestellt. Falls große Fleischstücke tranchiert werden, ist eine Wärmelampe über dem Tranchierbrett zu installieren.

Service

Die Getränke können auf dem Buffet angeboten oder serviert werden. Nachdem sich der Gast vor allem selbst bedient, ist auf das Abservieren und Sauberhalten der Tische zu achten. Zusätzlich ist das Buffet zu betreuen, damit es optisch ansprechend bleibt.

5.3 Outside-Catering

Für den Betrieb bedeutet eine außer Haus durchgeführte Veranstaltung eine wertvolle Umsatzsteigerung, ohne die eigenen Räumlichkeiten zu belasten.

Outside-Catering kann auf verschiedene Arten – **von der Einzelleistung bis zum Komplettservice** – durchgeführt werden. Wird die Lieferung von Speisen und Getränken mit oder ohne Serviceleistung gemacht, dann spricht man von Food-&-Beverage-Catering.

Wer im Bereich Outside-Catering erfolgreich sein möchte, muss professionell arbeiten und ein **Komplettservice aus einer Hand** anbieten können. Wird die gesamte Durchführung der Veranstaltung außer Haus übernommen, dann muss auch das ganze Inventar (laut Liste, siehe Rand) bereitgestellt werden.

Stärker noch als im Bankettgeschäft hängt der erfolgreiche Ablauf der Veranstaltung von der sorgfältigen Planung ab. **Wichtige Planungsinstrumente sind:** Checklisten, Functionsheet, Memos, Inventarlisten, Terminplan, Raumplan, Organisationsplan.

Beratung, Verkauf

Eine fachlich gute Beratung lässt keine Fragen offen. Der Kunde kann sich ein gutes Bild machen. Das Motto dabei lautet: Es gibt keine Probleme, es gibt nur Lösungen.

Details auf der Checkliste für das Verkaufsgespräch: Veranstaltungsablauf, Terminziel, Ausweichtermine, Ausweich-Locations, Garderobe, Toiletten, Ansprachen, Tischplan, zu betreuende Personen (Chauffeure, Bodyguards, Kleinkinder etc.), Dekoration, Speisen, Getränke, Tanzbühne, Musik etc.

Vorbereitungsarbeiten

- Ein Lokalaugenschein des Event-Ortes ist unerlässlich.
- Personalbedarfsberechnung.
- Kontakte mit Geschäftspartnern (Dekoration, Transport, Technik etc.).
- Ordern des Personals zur Sicherung (Feuerwehr, Rettung, Polizei etc.).

Details auf der Checkliste für die Vorbereitungsarbeiten: Anfahrtswege, Transportwege (Lift etc.), Raumaufteilung (Küche, Office, Schank etc.), Geschirrrücklauf, Strom, Gas, Wasser, Abflüsse, Möglichkeiten der Tischstellung, Beschaffenheit der Räumlichkeiten, Lagermöglichkeiten, Arbeitsflächen.

Organisation

Die Leiter/-innen der zuständigen Abteilungen (Bankettleiter/-in, Food-&-Beverage-Manager/-in, Techniker/-in, Küchenchef/-in) legen den Organisationsplan in einem Meeting fest und arbeiten für ihre Abteilungen einen Ablaufplan aus. Nach Bedarf werden Inventarlisten angefertigt.

Für den Transport sind geeignete Transportfahrzeuge mit Stapelschränken, Zählboxen und Kühlmöglichkeiten zu organisieren.

Die komplette Inventarliste finden Sie als Download unter: www.trauner.at, Schulbuch, Service.

Inventarliste	Anzahl
Tische	
Stühle	
Bistrotische	
Serviertische	
Servierwagen (klappbar)	
Bar/Hocker	
Tischtücher	
Tafeltücher	
Buffetschürzen	
Moltons	
Mundservietten	
Papierservietten	
Spitzenservietten	
Handservietten	
Brotmesser	
Suppenlöffel	
Fleischmesser	
Fleischgabeln	

Praktische Vorbereitung

Die Mitarbeiter/-innen erhalten in einem Meeting (einer Vorbesprechung) alle notwendigen Infos und können anschließend mit ihrer Tätigkeit beginnen.

Durchführung der Veranstaltung

Der Food-&-Beverage-Manager/die Food-&-Beverage-Managerin – in Großbetrieben der Bankettmanager/die Bankettmanagerin – ist verantwortlich für die Durchführung der Veranstaltung und erste Ansprechperson. Jede Abteilung hat darüber hinaus einen Verantwortlichen, der für seinen Bereich zuständig ist.

Abtransport und Reinigungsarbeiten

Dabei ist sehr umsichtig und genau vorzugehen, denn erstens bedeutet vergessenes Inventar einen Verlust und zweitens ziehen schlampig hinterlassene Event-Orte Beschwerden nach sich.

Abrechnung

Es ist wichtig, dass auf der Abrechnung alle wesentlichen Schritte einzeln aufgelistet und dokumentiert werden. Einer Reklamation kann dadurch fachlich und sachlich Stand gehalten werden. Der Finanzplan muss eingehalten werden.

Reflexion, Evaluierung

Nach Ende einer Veranstaltung wird mit allen Mitarbeiter/-innen eine Positiv-/Negativ-Liste erarbeitet, um aus Fehlern zu lernen und Gelungenes hervorzuheben. Bei standardisierten Veranstaltungen ist nicht jedes Mal eine Nachbesprechung erforderlich, aber es sollten zu einem regelmäßigen Zeitpunkt **Qualitätschecks** stattfinden, weil auch Routine gefährlich werden kann.

Follow-up

War der Gast zufrieden, kann es zu Folgeaufträgen kommen.

Nur nicht übernehmen!

Abschließend sei gesagt, dass sich mit einem umfangreichen Outside-Catering nur leistungsfähige, gut organisierte Betriebe befassen sollten. Improvisierte Veranstaltungsdurchführung bringt Reklamationen und schadet dem Image des Betriebes. Falls die Bestellung zu umfangreich sein sollte, ist es daher besser, den Kunden an einen anderen Betrieb weiterzuempfehlen.

6 Seminare, Konferenzen, Tagungen, Symposien

Die Veranstaltung von Konferenzen, Seminaren, Tagungen und Symposien hat in den letzten Jahren einen immer höheren Stellenwert in der Gastronomie bekommen. Viele Betriebe haben erkannt, dass Veranstaltungen dieser Art von Saisonen unabhängig sind und sich daher in umsatzschwächeren Wochen des Jahres stabilisierend oder einnahmensteigernd auswirken können.

Die Verpflegung während einer Veranstaltung bzw. in den Pausen stellt für den Betrieb einen Zusatzverkauf dar. Oft wird dafür ein Pauschalpreis – das sogenannte Conference-package – verrechnet. Die Kalkulation der Speisen und Getränke basiert auf Erfahrungswerten.

 Wussten Sie, dass ...
ein Symposium ursprünglich ein mit Unterhaltung und Trinkgelage verbundenes Gastmahl war? Heute versteht man darunter eine Tagung von Wissenschaftern, auf der in zwangloser Form über eine bestimmte fachliche Frage diskutiert wird.

Unternehmen investieren heute viel in die Aus- und Weiterbildung ihrer Mitarbeiter/-innen. Da die Praxis gezeigt hat, dass das Lernen „außer Haus" besser geht, ziehen sich die Seminaristen immer öfter in Seminarhotels zurück.

6.1 Allgemeines

Veranstaltungsformen

Unter dem Oberbergriff Seminar verbergen sich unterschiedlichste Formen:

- Wissensvermittlung
- Verhaltenstraining in Kleingruppen
- Produktpräsentationen
- Meetings und Sitzungen
- Internationale Tagungen
- Podiumsdiskussionen
- Vorträge
- Incentive-Veranstaltungen und vieles mehr

Seminarmethoden

Die angewendeten Seminarmethoden wechseln oft mehrmals am Tag:

- Vorträge
- Lehrgespräche
- Workshops
- Plenumsdiskussionen
- Gruppenarbeit
- Interaktion
- Moderation
- Multi-Media-Show
- Computerunterstützte Trainings etc.

Seminardauer

Die Dauer kann sehr unterschiedlich sein, sie kann drei Stunden oder mehrere Tage betragen. Die meisten Seminare dauern einen Tag bis vier Tage.

Zielgruppen

Je nach Teilnehmerkreis werden verschiedene Anforderungen gestellt, z. B.:

- Obere Führungsebene
- Mittlere Führungsebene
- Sachbearbeiter
- Verkäufer
- Techniker (Servicetechniker)
- Freie Mitarbeiter/-innen
- Offenes oder Freizeitseminar

Tagesablauf eines typischen 3-Tages-Seminars			
	Mittwoch	Donnerstag	Freitag
Frühstück	–	8:00	8:00
Seminarbeginn	10:00	9:00	9:00
Pause	–	10:30	10:30
Mittagessen	12:30	13:00	13:00
Seminarbeginn	14:00	14:30	14:30
Pause	15:30	16:00	–
Seminarende	18:00	18:00	16:00
Abendessen	19:00	19:00	–
Evtl. Kamingespräch	20:30	20:30	

Überlegen Sie, welche Seminare in Ihrem Hotel durchgeführt werden und diskutieren Sie die Vor- und Nachteile.

Nennen Sie Beispiele für Incentive-Veranstaltungen:

Zählen Sie die Mahlzeiten (Frühstück, Pausen, Mittagessen, Abendessen) eines typischen 3-Tages-Seminars.

(Dies ist die Grundlage für die Verrechnung!)

Betriebliche Voraussetzungen eines Seminarhotels

- **Standort:** Nicht immer spielt die leichte Erreichbarkeit eine Rolle bei der Wahl eines Seminarhotels. Gerade abgelegene, schwer erreichbare Hotels in Alleinruhelage werden gerne aus Gründen der Entwicklung gruppendynamischer Prozesse der Teilnehmer/-innen gewählt
- **Zielgruppe:** Die wichtigsten Zielgruppen stellen Wirtschaftsunternehmen, Weiterbildungsinstitutionen, Vereine etc. dar.
- **Art der Veranstaltung:** Nicht jedes Hotel ist für alle Arten von Veranstaltungen geeignet. Es ist zu überlegen, für welche Veranstaltungen der jeweilige Betrieb besonders geeignet ist.
- **Rahmenprogramm:** Seminarpauschalen mit Rahmenprogramm, z. B. Begrüßungscocktail, Ausflugsangebote oder Freizeit- und Kulturangebote, werden gerne genutzt.
- **Angebot:** Das Seminarpaket soll in einem übersichtlichen Prospekt oder in einer Konferenz- oder Seminarmappe inklusive der notwendigen Checklisten (siehe S. 152 ff) angeboten werden. Der Ansprechpartner im Hotelbetrieb und jener des Veranstalters müssen auf den Unterlagen aufscheinen.
- **Rentabilität:** Die gebotenen Konditionen müssen für den Veranstalter attraktiv sein. Der spezielle Nutzen für das Seminarhotel liegt in der Verbesserung der Auslastung, dem Zusatzumsatz mit Extras, einem evtl. Folgegeschäft, z. B. einer Urlaubsbuchung, und im Ansprechen neuer Zielgruppen.
- **Kooperationsmöglichkeiten:** In Österreich gibt es mehrere Hotelgruppen, die gemeinsam werben. Prospekte werden gemeinsam erstellt, die Teilnahme an Messen und Workshops wird abgesprochen. Einige Kooperationen sind z. B. der österreichische Kongressverband, Round-table-Konferenzhotels, Seminare und Tagungen Niederösterreich, Seminarhotels Oberösterreich, Steirische Seminarhotels, Symposion-Hotels etc.

6.2 Erwartungen der Teilnehmer/-innen

Oft dauern Seminare bis zu 12 Stunden pro Tag und sind geprägt von hoher Arbeitsintensität, daher ist es für die Teilnehmer wichtig, Freizeiteinrichtungen zur Erholung und Regeneration auch außerhalb der Arbeitszeiten nutzen zu können.

Wichtige Voraussetzungen sind insbesondere:
- Ruhige Lage des Hotels und der Seminarräume
- Sauberkeit der Räume
- Angenehme Atmosphäre
- Freundliche Mitarbeiter/-innen des Hotels
- Seminargerechte Verpflegung
- Gut organisierter Ablauf der Veranstaltung
- Aufmerksames Service

Erwartungen des Seminarleiters/der Seminarleiterin
Trainer/-innen stehen immer unter Erfolgsdruck. Ihr Arbeitsplatz ist der Seminarraum. An den Raum und sein Umfeld stellen sie hohe Ansprüche:
- Freundliche, kompetente Mitarbeiter/-innen (mit speziellem Ansprechpartner)
- Funktionierende Technik, in einwandfreiem Zustand
- Gutes Raumangebot mit perfekter Ausstattung
- Einhalten von Absprachen
- Professionelle Beratung
- Angebot eines ganzheitlichen Konzeptes (z. B. inklusive Entspannungsangebot)

Trainerzimmer
Die Vor- und Nachbereitung eines Seminars geschieht oft im Hotelzimmer des Trainers/der Trainerin. Ein Businesszimmer mit Schreibtisch, Lampe, genügend Steckdosen und technischer Grundausstattung ist wichtig. Eine Sitzgarnitur und genügend Bewegungsfreiheit sind selbstverständlich.

Versprechen Sie nur, was Sie halten können!

✎ Zählen Sie weitere Ausstattungen eines Trainerzimmers auf:

Erwartungen des Veranstalters

Oft sind Trainer/-in und Seminarorganisator/-in nicht dieselbe Person. Zuständigkeitsklärung, präzise Vorinformationen, verbindliche Einhaltung von Vereinbarungen, Informationen über Anreise, Abrechnungsmodalitäten und eventuelle Rahmenprogramme sind besonders wichtig und müssen bereits vor Seminarbeginn vorliegen.

6.3 Räumliche Anforderungen

Die Teilnehmer/-innen erwarten die Unterbringung in komfortablen Einbettzimmern. Die Mahlzeiten für Seminargäste sollen in einem eigenen Raum oder zumindest an einer eigenen Tischgruppe serviert werden.

Zwischen dem Seminarraum, den Gruppenräumen, den Pausenzonen, den sanitären Anlagen und den Zimmern sollen die Wege nicht zu lange sein.

Die Pausenzonen sollen genügend Bewegungsfreiheit zum Entspannen bieten. Die sanitären Anlagen sollen leicht erreichbar sein. Eine Garderobe und ein Abstellraum sind ebenfalls in unmittelbarer Nähe vorzusehen.

Bei Schönwetter sollten die Arbeit oder auch die Pausen im Freien möglich sein. Ein Raum für gemütliche Kamingespräche abends nach dem Seminar soll vorhanden sein. Hier sollten auch noch nach 22:00 Uhr Getränke und kleine Speisen serviert werden.

Ausstattung der Seminarräume

- Tageslicht und gute Beleuchtung, evtl. mit Helligkeitsreglern.
- Gute Akustik, nicht hallend (Teppichboden).
- Schallisolierung.
- Verdunkelungsmöglichkeit durch Jalousien und/oder Vorhänge.
- Gute Belüftung und gute Heizung.
- Ausreichende Anzahl von Steckdosen.
- EDV-Anschluss (Internetzugang).
- Beamer, Leinwand.
- Ruhige, harmonische Farben.
- Multifunktionstische, evtl. Klappvariante.
- Ergonomisch gestaltete, stapelbare Stühle.
- Pinnwände, Magnettafeln oder -schienen, Klemmschienen, Korkplatten etc.

Gruppenräume

Ideal wäre, wenn es drei bis vier kleinere Räume oder Nischen in der Nähe der Seminarräume für Gruppenarbeiten gäbe. Hier soll ein ungestörtes Arbeiten in Kleingruppen möglich sein.

6.4 Ablauf einer Seminarveranstaltung

Vor der Ankunft

Der gebuchte Seminarraum und die Gruppenräume sollen vor der Ankunft der Teilnehmer/-innen in der gewünschten Bestuhlung vorbereitet, die Medien auf ihre Funktion überprüft und das benötigte Material hergerichtet sein. Der Ansprechpartner im Hotel ist vorbereitet und kennt den Seminarleiter/die Seminarleiterin mit Namen. In der Rezeption liegt eine Teilnehmerliste mit der Zimmereinteilung auf. VIPs sollen vermerkt sein. Auf den Zimmern liegen alle Unterlagen über das Haus, den Ort und das Freizeitangebot bereit (Lageplan, Öffnungszeiten der Freizeiteinrichtungen, Veranstaltungen außer Haus etc.).

Seminarleiter/-in – Trainer/-in

Meist reist der Trainer/die Trainerin schon am Vorabend an. Er/sie erwartet Unterstützung bei der Seminarvorbereitung. Der Seminarraum und ein Mitarbeiter/eine Mitarbeiterin

---

Bedenken Sie, dass Seminare gut beschildert sein müssen. Verfassen Sie eine Begrüßungstafel für ein Seminar.

Überlegen Sie Räumlichkeiten für Kamingespräche.

Seminarraum

Verfassen Sie einen Tagesablauf für ein Eintagesseminar (von 08:30 bis 19:00 Uhr) inklusive Zeitangaben und allen nötigen Aufgaben.

sollen zur Verfügung stehen. Die letzten organisatorischen Fragen sind zu klären, der Hotelmitarbeiter/die -mitarbeiterin bespricht noch die Details der Veranstaltung und geht – so weit möglich – auf besondere Wünsche ein.

Eintreffen der Teilnehmer/-innen

Die Teilnehmer/-innen werden von dem zuständigen Mitarbeiter/der zuständigen Mitarbeiterin persönlich begrüßt und auf die Angebote des Hotels hingewiesen.

Tagesablauf	
Frühstück	Ein Frühstücksbuffet ist Voraussetzung für den guten Tagesbeginn.
Während des Seminars	Störungen sind unbedingt zu vermeiden. Die Seminarbetreuung des Hotels soll telefonisch erreichbar sein.
Pausen	Während der Pausen wird der Seminarraum gelüftet, die Papierkörbe entleert und fehlende Hilfsmittel ergänzt. Evtl. werden die Stühle auch neu gestellt. Die Seminargetränke werden ergänzt. Unterlagen der Teilnehmer/-innen dürfen **niemals** berührt werden.
Essenszeiten	Wichtig ist, dass die Essenszeiten flexibel gehalten werden können. Rechnen Sie mit Verzögerungen von 15–30 Minuten.
Verpflegung	Diese kann als Buffet oder als Menü erfolgen. Bei mehreren Menüs zur Wahl empfiehlt es sich, beim Frühstück oder zu Seminarbeginn eine Liste aufzulegen, in der jeder Teilnehmer/jede Teilnehmerin seinen/ihren Menüwunsch bekannt geben kann. Diese Liste ist an die Küche weiterzuleiten.
Extras	Extras, die von den Teilnehmern selbst zu bezahlen sind, werden vom Gast auf einem Bon unterschrieben, um am Ende der Veranstaltung die Abrechnung zu vereinfachen.

Seminarende

Am Ende einer Veranstaltung empfiehlt sich ein kurzes Gespräch mit dem Trainer/der Trainerin und den Teilnehmern, um zu klären, ob alles in Ordnung war. Auch ein kurzer Fragebogen, der in die Seminarmappe gelegt wurde, ist zielführend. So erhalten Sie Hinweise für Verbesserungen.

Die Räumung der Gästezimmer sollte erst mit dem Seminarende erfolgen. Ist dies aus zeitlichen Gründen nicht möglich, soll ein Raum für die Unterbringung des Gepäcks angeboten werden. Die Information darüber soll bereits am Vorabend erfolgen. Die Rechnungen für die Teilnehmer/-innen liegen bei Seminarende bereit. Ein Mitarbeiter/eine Mitarbeiterin sollte dem Trainer bzw. der Trainerin beim Transport seines/ihres Equipments behilflich sein.

Nachbesprechung

Besprechen Sie nach jedem Seminar mit Ihren Mitarbeitern:
- Was war in Ordnung?
- Wo gab es Pannen?
- Was können wir besser machen?
- Welches Zusatzservice können wir bieten?

Vor dem Eintreffen der Teilnehmer muss alles vorbereitet sein

? An welche Abteilungen werden Sie die Informationen über das Seminar weiterleiten?

Was ist bei Veranstaltungsende festzuhalten?

Name der Veranstaltung _____

Datum _____

Firma _____

Ende der Veranstaltung _____

Leistung wird verrechnet mit	❑ Teilnehmer	❑ Veranstalter
Zimmer:	❑ Teilnehmer	❑ Veranstalter
Bewirtung Seminarraum:	❑ Teilnehmer	❑ Veranstalter
Bewirtung Restaurant:	❑ Teilnehmer	❑ Veranstalter
Pausenservice:	❑ Teilnehmer	❑ Veranstalter
Extras:	❑ Teilnehmer	❑ Veranstalter
Sonderleistungen:	❑ Teilnehmer	❑ Veranstalter
Package:	❑ Teilnehmer	❑ Veranstalter

(?) Arbeitsaufgaben

1. Zählen Sie die konventionellen Veranstaltungen auf und beschreiben Sie eine davon genauer.

2. Wie groß ist der Raumbedarf bei einem Festessen für 90 Gäste?

3. Beschreiben Sie den Mitarbeiterstab einer Bankettabteilung und seine Aufgaben.

4. Was enthält eine Informationsmappe?

5. Führen Sie ein Verkaufsgespräch für ein Seminar mit 30 Teilnehmern durch und füllen Sie anschließend das Functionsheet aus.

6. Skizzieren Sie den Aufbau eines Buffets für 150 Personen. Berechnen Sie die Raumgröße, teilen Sie die Buffetblöcke auf und beachten Sie die Zugangsmöglichkeiten und Servierwege.

7. Was sind die Vorbereitungen für ein Outside-Catering?

8. Welche Voraussetzungen braucht ein Betrieb, um Seminare professionell abwickeln zu können?

9. Beschreiben Sie den Ablauf einer Seminarveranstaltung.

Abrechnungssysteme

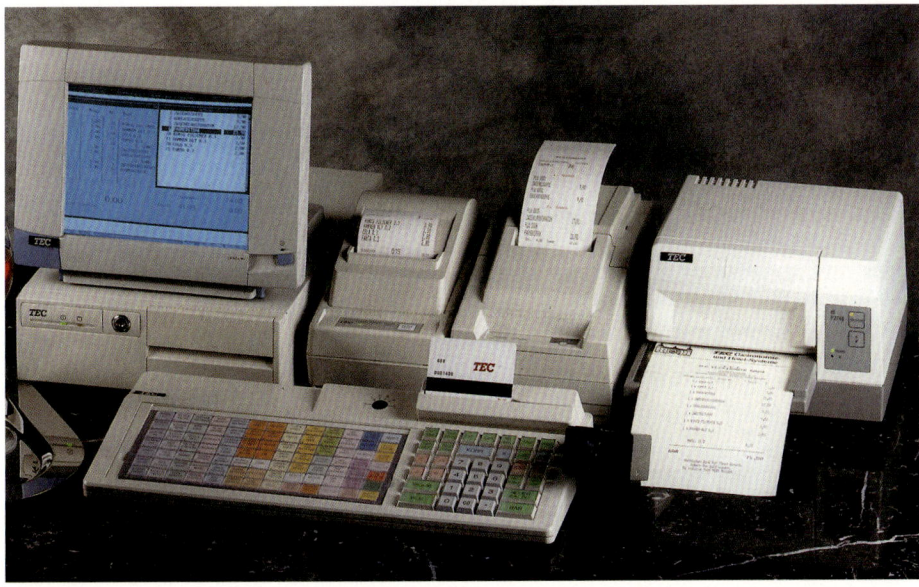

Wie in jeder anderen Branche gehören auch im Gastgewerbe Abrechnung und Kontrolle zu den wichtigsten Bereichen eines Betriebes. Und wie in allen anderen Branchen hat auch in der Gastronomie der Computer für die Abrechnung und die Kontrolle längst Einzug gehalten. Das System ist hier allerdings etwas anders als in den übrigen Sparten der Wirtschaft. Wie es im Einzelnen funktioniert und was zu beachten ist, zeigt das folgende Kapitel.

 Unsere Ziele

Nach Bearbeitung dieses Kapitels werden Sie

- Boniersysteme nennen und beschreiben können;
- eine Restaurantrechnung, eine Hotelrechnung und eine Kleinbetragsabrechnung ausstellen können;
- alle Zahlungsarten nennen und beschreiben können;
- die Abrechnung der Bar und der Minibar erklären können.

! Laut Preisregelungs- und Preisauszeichnungsgesetz ist für alle Sachgüter und Leistungen, die ein Betrieb gegen Entgelt verkauft, der Preis ersichtlich zu machen (Preisauszeichnungspflicht).

Unser Ziel

Nach Bearbeitung dieses Kapitelabschnittes werden Sie Bons, Restaurantkassen und Computerkassen kennen und ihre Funktionen beschreiben können.

Tragen Sie hier fünf wichtige Merkmale für richtiges Bonieren ein:

| |
| |
| |
| |
| |

Vorteil

▪ Es ist ein billiges System und von den Angestellten leicht erlernbar.

Nachteil

▪ Die Abrechnung ist umständlich und lässt sich schlecht kontrollieren.

1 Bonierung

Unter „Bon" versteht man einen Gutschein, der dem Geldwert einer Ware entspricht. Der Bon ist also ein innerbetriebliches Zahlungsmittel (Bon = Geld), ein interner Verrechnungsbeleg. Früher wurde er händisch geschrieben, heute kommen meist elektronische Boniersysteme zum Einsatz.

Er muss mindestens enthalten:

▪ Datum
▪ Tischnummer, Zimmernummer, Personenzahl
▪ Menge, Ware, Preis, Endsumme (in Bonbüchern nur bei À-la-carte-Bestellungen)
▪ Unterschrift oder Nummer des Servicemitarbeiters

Grundsätze für richtiges Bonieren

▪ Deutlich schreiben, unleserliche Bons werden nicht akzeptiert.

▪ Verschriebene Bons müssen storniert und abgegeben werden. Stornieren darf entweder der Restaurantfachmann selbst oder eine beauftragte Person.

▪ Keine Bons wegwerfen oder verlieren!

▪ Ebenfalls untersagt ist das Ausbessern oder Radieren auf Bons.

▪ Es sollen nur betriebsübliche Abkürzungen wie zB 1/3 Bier = ein Seidel Bier (kleines offenes Bier), 1/2 Bier = ein Krügel Bier (großes offenes Bier), Garnitur dj = Garniture du jour ... verwendet werden.

▪ Den ersten Bon mit „Anfang", Datum und Kurzzeichen des Restaurantfachmannes und den letzten Bon mit „Ende", Datum und Kurzzeichen beschriften.

▪ Speisen und Getränke werden niemals auf einem Bon gleichzeitig boniert, da Küche und Schank getrennte Ausgabestellen sind und in Österreich für Speisen und für Getränke unterschiedliche Steuern berechnet werden. In vielen Betrieben dürfen aus buchhalterischen Gründen alkoholfreie und alkoholische Getränke sowie Aufgussgetränke, wie Kaffee, Tee, Kakao, nicht gleichzeitig auf einem Bon vermerkt werden.

Bonblock

▪ Dieses System wird vorwiegend in Klein- und Mittelbetrieben, Gast- und Kaffeehäusern angewendet.
▪ Ein Block hat Bons mit durchlaufender Nummerierung (Seriennummer für die Buchhaltung), Lauf- und Zählnummern (zur Kontrolle, ob kein Bon fehlt).
Um mehrere Zahlplätze unterscheiden zu können, werden verschiedenfarbige Bonblöcke verwendet.
▪ Der Block besteht aus einem Schreibteil und einem Kopf- und Verrechnungsteil. Beide sind durch Perforation getrennt.
▪ Am Ende des Geschäftstages oder der Dienstzeit werden am verbliebenen Kopfteil alle Summen addiert. Die Summe ergibt die Tageslosung.
▪ Der Unternehmer rechnet ab, indem er zunächst die abgegebenen Bons nach Farbe und Zählnummern sortiert.
▪ Dann kontrolliert er die Preise und überträgt die Losung, Speisen und Getränke getrennt, auf den Schank- bzw. Küchenlosungsbogen.
▪ Die Summe aller Beträge ist die Tageslosung.

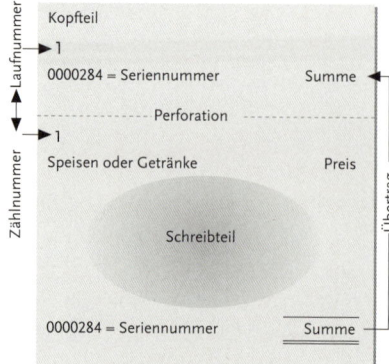

Paragonbon

- Der Paragonbon besteht aus 50 Bons mit einem Durchschlag oder mit zwei Durchschlägen und hat eine durchlaufende Nummerierung und eine Seriennummer für die Buchhaltung.
- Der ausgefüllte Originalbon geht zur Ausgabe in die Küche oder Schank (Servicebar).
- Der Durchschlag ist für die Restaurantkassa bestimmt und dient der Rechnungserstellung.

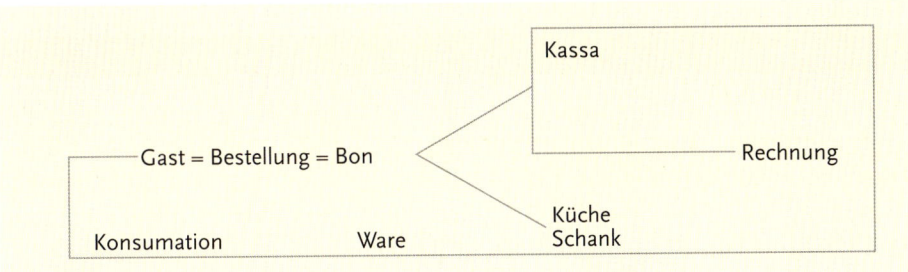

Restaurantkassen – elektronische Boniersysteme

Es gibt mehrere elektronische Boniersysteme, die einfach handhabbar sind und unterschiedlichste Funktionen – je nach Art des Betriebes – bieten. Diese werden jedoch kaum mehr eingesetzt, die meisten Betriebe verwenden Computerkassen.

Möglichkeiten und Funktionen

- Detaillierte Rechnungsausgabe bzw. Saldenabspeicherung
- Einzel-, Doppel- oder Aufrechnungsbon
- Währungsumrechnung
- Lagerkontrolle
- Arbeitszeiterfassung für das Personal
- Frei programmierbare Tastatur
- Pro Artikel bis zu acht Preise
- Austauschbare, wasserfeste Folientastatur
- Texteingabefunktion
- Fehleralarm, Eingabebestätigungssignal
- Modulare Thermo- oder Nadeldrucker; Ferndrucker zur Ausgabe für Bestellbons
- Internes oder modulares Kundendisplay
- Klare Rechnungslegung: Rechnungszusammenlegung oder Separierung
- Elektronisches Journal
- Verbundfähig – bis zu acht Terminals
- Modem- und PC-Anschluss
- Speicherschutzbatterie
- Datensicherung, auch täglich, mit Zeitsteuerung
- Übersichtliche Tastaturbelegung
- Geschnittener Bon (mit Firmenbezeichnung)
- Sofortstorno, Nachstorno, Bonabbruch
- Quittungsdruck
- Nachträgliche Bonausgabe
- Rabattfunktionen (mengenbezogene Rabatte, Staffelpreise)
- Kreditkundenverwaltung mit Saldenführung, Kreditlimit, Lieferscheindruck
- Detailliertes Berichtswesen
- Vielzahl von Schnittstellen: Kreditkarteninterface, Schankinterface ...
- UID-Nummer (ATU987654321)

Mehrplatzvariante

- Speicher für 4 000 Artikel und bis zu 99 Warengruppen
- Drei Preisebenen, drei Steuersätze
- Acht Fremdwährungen
- Für bis zu 82 Restaurantfachleute
- Standardschloss: kombiniertes Betriebsartenschloss
- Integrierter Thermodrucker

Vorteile

- Genaue Kontrolle.
- Repräsentatives Aussehen der Rechnung.

Nachteil

- Bei Rechnungstrennung, d. h., wenn mehrere Rechnungen für einen Tisch erforderlich sind, kommt es oft zu einer Überlastung der Restaurantmitarbeiter.

Falsches Portionieren, Diebstahl oder Unterlassen von Bonierungen werden durch ein kontrolliertes Ausschanksystem ausgeschlossen.

§ Barbewegungsverordnung

Seit 1. Jänner 2007 gelten neue Aufzeichnungspflichten für alle Bareinnahmen und -ausgaben. Sie sind täglich einzeln – also pro Geschäftsfall – festzuhalten. Eine Losungsermittlung durch Kassasturz ist damit nicht mehr zulässig. Ausgenommen sind Betriebe, deren Jahresgesamtumsatz unter EUR 150.000,00 (exkl. USt.) liegt, und Verkaufstische im Freien, offene Marktstände o. Ä. Die Form der Aufzeichnung (ob händisch, mit Bons oder elektronisch) bleibt dem Betrieb überlassen.

- Tisch-, Kunden-, Zimmerspeicher
- Umbuchen, Separieren, Eingabe von Gastanzahl und Gasttexten
- Nachträglicher Rechnungsdruck
- Lagerbestandsführung
- Arbeitszeiterfassung
- Elektronisches Journal
- Update und Datensicherung zeitgesteuert möglich
- Verbundfähig
- Kompatibel zu Orderman

Bons für Küche und Schank (getrennt nach Speisen und Getränken)

```
      RESTAURANT
***** K Ü C H E *****
 1 HANS
TI : 3/9          G.: 0

   4 COUVERT

RE# 1565     130KT '20.. 12:52
```

```
      RESTAURANT
***** K Ü C H E *****
 1 HANS
TI : 3/9          G.: 0

   2 GEM . ITAL . VOR
   1 STEINPILZRIS
   1 MEERESFR . SA
   ><><><><><><><><
   1 LAMMKOTEL . GE
   1 FILETSTEAK
     RARE
   1 GEBR . SEEZUNG
   1 KALBSLEBER

RE# 1565     130KT '20.. 13:00
```

```
      RESTAURANT
***** K Ü C H E *****
 1 HANS
TI : 3/9          G.: 0

   1 MOUSSE AU CH
   1 GEM . KAESETEL

RE# 1565     130KT '20.. 13:46
```

```
      RESTAURANT
***** S C H A N K *****
 1 HANS
TI : 3/9          G.: 0

   4 KIR

RE# 1565     130KT '20.. 12:52
```

```
      RESTAURANT
***** S C H A N K *****
 1 HANS
TI : 3/9          G.: 0

   5 GL . RIESL . STE
   1 FL . ROEMERQU .

RE# 1565     130KT '20.. 13:00
```

```
      RESTAURANT·
***** S C H A N K *****
 1 HANS
TI : 3/9          G.: 0

   1 FL . BLAUFRAEN
   1 FL . ROEMERQU .

RE# 1565     130KT '20.. 13:46
```

Orderman – elektronischer Bestellblock

Der Servicemitarbeiter gibt die Bestellungen direkt beim Gästetisch, sortiert nach Gruppen, über Bestellnummern ein. Die Daten werden dann durch Funkübertragung direkt an den vorgesehenen Küchen- oder Schankplatz übermittelt.
- Orderman mit Basisstation
- Router (Multiplexer)
- Ladestation
- Akku
- 8 Zeilen à 21 Zeichen
- Funkübertragung
- Keine Lichtempfindlichkeit
- Reichweite: 60 bis 100 Meter

Computerkassen

- Boniert wird wie bei der Registrierkasse. Falsches Bonieren ist nicht möglich.
- Mit der elektronischen Kassa können alle Varianten, wie Einfach- oder Doppelbon, Guestcheck …, bearbeitet werden.
- Es entfällt die Preisauszeichnung für den Servicemitarbeiter, da die Preise der Waren programmiert sind.
- Der Servicemitarbeiter muss beim Bonieren nur die Zahl und die Sparte abrufen und erhält den richtigen Bon.
- Alle Speisen und Getränke sind vom Unternehmer unter einem bestimmten Code der Kassa eingegeben worden, der Servicemitarbeiter braucht sie nur mehr abzurufen.
- Es kann storniert und auf Restanten gebucht werden.

Orderman

Vorteil

Die Rechnung kann schnell auf Abruf ausgestellt werden.

- Jeder Servicemitarbeiter kann seine Losung unter Benützung seines Codes während der Dienstzeit kontrollieren.
- Die Kassa speichert die Konsumation der einzelnen Tische und stellt bei Abruf eine fertige Rechnung aus.

Welches Bonsystem bzw. welche Kassa ein Betrieb wählt, hängt von der Art und Größe des Betriebes ab. Jedes System für sich ist gut, sofern alle Beteiligten, wie Geschäftsführung, Personal und Gäste, zufrieden sind.

2 Rechnung

Jede Rechnung, die der Gastwirt für den Gast ausstellt, muss ganz bestimmten gesetzlichen Vorschriften entsprechen. Es besteht eine allgemeine **Belegerteilungspflicht (Rechnungslegungspflicht).**

Die Rechnung ist der Abschluss jeder Konsumation. Die Rechnungserstellung erfordert Klarheit und Genauigkeit. Der Gast hat Anspruch auf eine Rechnung, z. B. für Reise- und Spesenabrechnungen, zur Vorlage beim Finanzamt oder bei einer anderen Behörde oder für seine persönliche Buchhaltung. Die Rechnung ist daher ein wichtiges Dokument.

2.1 Ausstellen einer Rechnung

Beim Ausstellen der Rechnung sind folgende Punkte zu beachten:
- Deutlich schreiben, vor allem die Zahlen
- Name und Adresse des Gastgewerbebetriebes
- Ausstellungsdatum
- Detaillierte Aufschlüsselung der Konsumation (Ware und Menge)
- Zahlungsbetrag
- Bezeichnung der einzelnen Posten
- Getränke mit 20 % Umsatzsteuer (USt.) Ausnahmen: heiße Schokolade, Milch, Speisen mit 10 % USt. getrennt anführen. Sammelbezeichnungen wie „Speisen und Getränke" sind nicht zulässig.
- Übersteigt der Rechnungsbetrag EUR 150,00, muss die Umsatzsteuer separat angeführt werden.
- Ein Rechnungszettel mit Zahlenkolonnen, wie z. B. ein Bierblock eines Gasthauses, dient nicht als Rechnung und ist daher wertlos.

Formale Bestimmungen für die Ausstellung von Rechnungen
Folgende Angaben muss eine Rechnung unbedingt enthalten, damit sie zum Vorsteuerabzug berechtigt (also dem Finanzamt vorgelegt werden kann):

- Name und Anschrift des Leistenden
- Name und Anschrift des Leistungsempfängers
- Menge und handelsübliche Bezeichnung der Leistung
- Tag oder Zeitraum, über den sich die Leistung erstreckt
- Entgelt (Rechnungsbetrag ohne Umsatzsteuer)
- den auf das Entgelt entfallenden Steuerbetrag
- den anzuwendenden Steuersatz bzw. Hinweis auf Steuerbefreiung
- Ausstellungsdatum
- fortlaufende Nummer, die nur einmalig vergeben wird
- Umsatzsteuer-Identifikationsnummer (UID-Nr.: ATU987654321)

Bei Kleinbetragsrechnungen (bis EUR 150,00 Gesamtbetrag) gelten folgende Vereinfachungen:
- Name und Anschrift des Kunden brauchen nicht genannt zu werden.

Unser Ziel

Nach Bearbeitung dieses Kapitelabschnittes werden Sie die verschiedenen Arten der Rechnungslegung kennen.

Tragen Sie hier fünf wichtige Merkmale für die Ausstellung einer Rechnung ein:

Diese Regelung gilt für alle Rechnungen, also auch für Anzahlungsrechnungen, Teilrechnungen und Gutschriften!

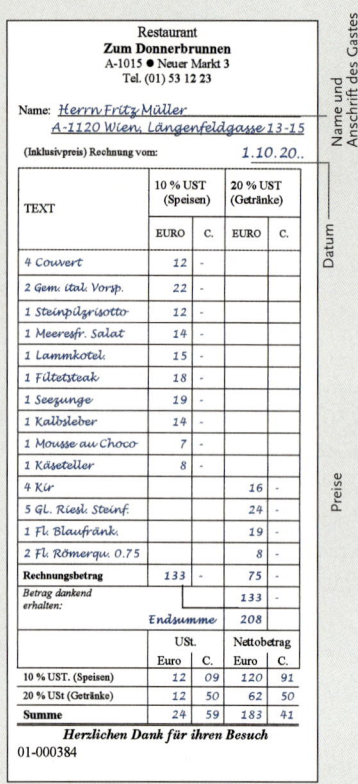

Handschriftliche Rechnung

RESTAURANTSYSTEM HUGIN * SWEDA
RESTAURANT
Zum Donnerbrunnen

1 HANS
Name/Firma:

- -
TI: 3/9   RE# .1573   G.: 4
           1.OKT'02
- -

4 COUVERT	12
2 GEM. ITAL. VORSP.	22
1 STEINPILZRISOTTO	12
1 MEERESFR.. SALAT	14
1 LAMMKOTEL. GEGR.	15
1 FILETSTEAK RARE	18
1 GEBR. SEEZUNGE	19
1 KALBSLEBER	14
1 MOUSSE AU CHOCO	7
1 GEM. KAESETELLER	8
4 KIR	16
5 GL. RIESL. STEINF.	24
1 FL. BLAUFRAENK.	19
2 FL. ROEMERQU. 0.75	8
ZU ZAHLEN EURO	**208**
** B A R	208
12.09 BMGL: 10 %	133
12.50 BMGL. 20 %	75
RECH. BETRAG	208
BEZAHLT	208

- - - - - - - 1 RE. ABGESCHL.- - - - - -

Rechnung von der Computer-kasse

■ Entgelt und Umsatzsteuer können in einer Summe ausgewiesen werden, sofern in diesem Fall der Steuersatz in der Rechnung angegeben wird bzw. sofern der Gast keine Umsatzsteuerrechnung verlangt.

2.2 Rechnungsarten

Einfacher Rechnungsblock

■ Der Anwendungsbereich des einfachen Rechnungsblocks mit und ohne Durchschlag, mit Firmenstempel oder Firmenaufdruck reicht vom einfachen Gasthaus bis zum Mittelbetrieb. Er wird händisch ausgefüllt.

■ Das Original bekommt der Gast, der Durchschlag bleibt beim Inkassanten.

■ Wichtig ist die Beachtung der unter 2.1 angeführten Punkte.

Der einfache Rechnungsblock wird kaum noch verwendet.

Guestcheck mit und ohne Durchschlag

■ Guestchecks werden immer in Verbindung mit Registrierkassen oder elektronischen Kassen verwendet.

■ Die ausgedruckten Bons kommen zur Ausgabe, während der Check als Rechnung für den Gast bestimmt ist → „Einfacher Guestcheck".

Einfacher Guestcheck mit Firmenstempel

■ Der Servicemitarbeiter benutzt den Schreibteil und gibt den Guestcheck in den Schlitz der Registrierkasse.

■ Die Maschine druckt gleichzeitig den Bon für die Ausgabe und die Rechnung.

Bankettrechnung

■ Diese Rechnung unterscheidet sich von den anderen Rechnungsarten nur durch Sammelkonten (z. B. 25 Menüs, im Detail angeführt, à EUR 15,50).

■ Bei dieser Rechnungsart soll auf jeden Fall die Mehrwertsteuer separat angeführt werden, da die Belege meist zur Vorlage beim Finanzamt dienen (Firmenessen, Jubiläen ...).

Hotelrechnung

■ Man unterscheidet die handgeschriebene Hotelrechnung in Verbindung mit einem amerikanischen Journal und die elektronisch ausgestellten Rechnungen der Hotelbuchungsmaschinen.

■ Jede dieser Rechnungen enthält immer folgende Sammelposten (Konten):
  - Logis: Zimmerpreis und Orts- und Kurtaxe
  - Frühstück: falls nicht im Zimmerpreis inbegriffen
  - Extras mit Unterteilung nach dem Konsumationsort: Restaurant, Bar, Roomservice, Kaffeehaus, Halle ...
  - Pensionsarrangements: in Ferienhotels
  - Wäsche
  - Telefon
  - Sauna, Massage, Solarium
  - Garage
  - Sonstiges

Ein gut geführter Betrieb hat ordentliche Rechnungsformulare und wird dem Gast immer eine Computerrechnung ausstellen.

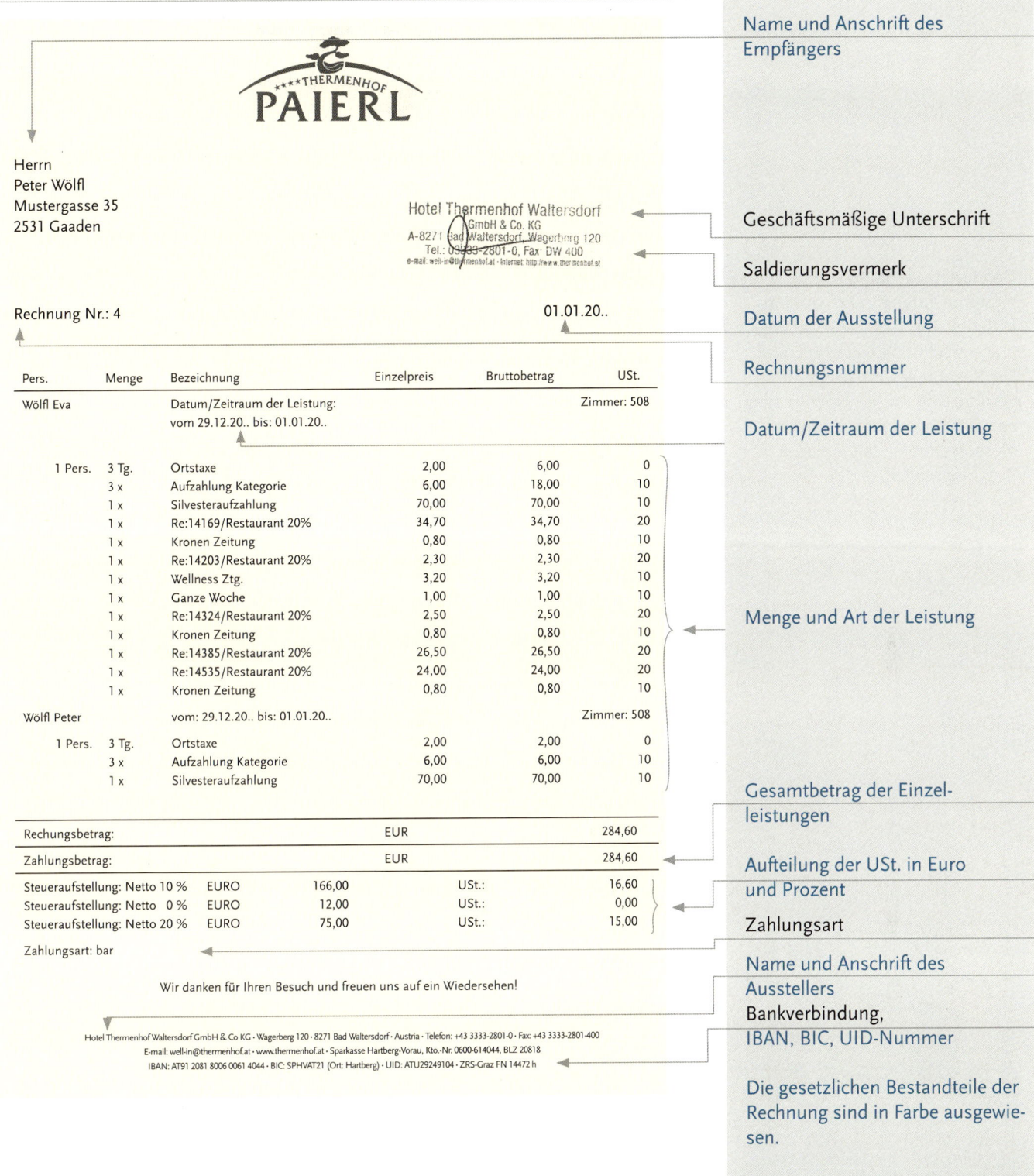

Pers.	Menge	Bezeichnung	Einzelpreis	Bruttobetrag	USt.
Wölfl Eva		Datum/Zeitraum der Leistung: vom 29.12.20.. bis: 01.01.20..			Zimmer: 508
1 Pers.	3 Tg.	Ortstaxe	2,00	6,00	0
	3 x	Aufzahlung Kategorie	6,00	18,00	10
	1 x	Silvesteraufzahlung	70,00	70,00	10
	1 x	Re:14169/Restaurant 20%	34,70	34,70	20
	1 x	Kronen Zeitung	0,80	0,80	10
	1 x	Re:14203/Restaurant 20%	2,30	2,30	20
	1 x	Wellness Ztg.	3,20	3,20	10
	1 x	Ganze Woche	1,00	1,00	10
	1 x	Re:14324/Restaurant 20%	2,50	2,50	20
	1 x	Kronen Zeitung	0,80	0,80	10
	1 x	Re:14385/Restaurant 20%	26,50	26,50	20
	1 x	Re:14535/Restaurant 20%	24,00	24,00	20
	1 x	Kronen Zeitung	0,80	0,80	10
Wölfl Peter		vom: 29.12.20.. bis: 01.01.20..			Zimmer: 508
1 Pers.	3 Tg.	Ortstaxe	2,00	2,00	0
	3 x	Aufzahlung Kategorie	6,00	6,00	10
	1 x	Silvesteraufzahlung	70,00	70,00	10

Rechungsbetrag:		EUR		284,60
Zahlungsbetrag:		EUR		284,60
Steueraufstellung: Netto 10 %	EURO	166,00	USt.:	16,60
Steueraufstellung: Netto 0 %	EURO	12,00	USt.:	0,00
Steueraufstellung: Netto 20 %	EURO	75,00	USt.:	15,00
Zahlungsart: bar				

Wir danken für Ihren Besuch und freuen uns auf ein Wiedersehen!

Hotel Thermenhof Waltersdorf GmbH & Co KG · Wagerberg 120 · 8271 Bad Waltersdorf · Austria · Telefon: +43 3333-2801-0 · Fax: +43 3333-2801-400
E-mail: well-in@thermenhof.at · www.thermenhof.at · Sparkasse Hartberg-Vorau, Kto.-Nr. 0600-614044, BLZ 20818
IBAN: AT91 2081 8006 0061 4044 · BIC: SPHVAT21 (Ort: Hartberg) · UID: ATU29249104 · ZRS-Graz FN 14472 h

Hinweise am rechten Rand:
- Name und Anschrift des Empfängers
- Geschäftsmäßige Unterschrift
- Saldierungsvermerk
- Datum der Ausstellung
- Rechnungsnummer
- Datum/Zeitraum der Leistung
- Menge und Art der Leistung
- Gesamtbetrag der Einzelleistungen
- Aufteilung der USt. in Euro und Prozent
- Zahlungsart
- Name und Anschrift des Ausstellers
- Bankverbindung, IBAN, BIC, UID-Nummer
- Die gesetzlichen Bestandteile der Rechnung sind in Farbe ausgewiesen.

3 Zahlungsarten

Wie der Gast die Rechnung begleicht, kann auf verschiedene Art und Weise geschehen. Grundsätzlich gibt es zwei Kategorien:
- Direktinkasso mit Barzahlung.
- Verschiedene bargeldlose Systeme.

Barzahlung
- Sie ist auch heute noch die häufigste Zahlungsart in der Gastronomie.
- Bei der Herausgabe des Wechselgeldes ist darauf zu achten, dem Gast zuerst das Wechselgeld zu übergeben, ehe die vom Gast übernommenen Geldscheine und Münzen in die Kasse gegeben werden. So können unangenehme Diskussionen über tatsächliches oder vermeintliches falsches Herausgeben vermieden werden.

Unsere Ziele

Nach Bearbeitung dieses Kapitelabschnittes werden Sie
- alle Zahlungsarten, die in Hotel- und Gastgewerbebetrieben möglich sind, kennen;
- jede Zahlungsart beschreiben und in der Praxis ausführen können.

Geschenkgutscheine

- In den letzten Jahren sind Geschenkgutscheine immer beliebter geworden.
- Sie lauten auf einen bestimmten Betrag und sind wie Bargeld zu handhaben.

Bons

- Firmen gewähren ihren Mitarbeitern häufig einen Zuschuss zum Mittagessen in Form von Bons.
- Beim Bezahlen ist zu überprüfen, ob der Bon auch für den betreffenden gastronomischen Betrieb gilt. Ansonsten sind Essenbons wie Bargeld zu handhaben.

Debitorenrechnung

Debitoren = Schuldner. Eine Debitorenrechnung in Restaurants bedeutet, ein Gast zahlt die Restaurantrechnung nicht im Lokal. Die Rechnung wird an die Firma gesandt und mittels Überweisung bezahlt. Für das Restaurant ist diese Rechnung daher bis zur Bezahlung offen.

- Bei Geschäftsessen ist es oft üblich, die Rechnung nicht sofort zu begleichen, sondern an die Firma zu schicken. Dazu bedarf es einer Absprache zwischen dem Gast und dem gastronomischen Betrieb.
- Die Rechnung muss vom Gastgeber unterschrieben werden.
- Häufig werden monatliche Sammelrechnungen geschickt.

Reisescheck – Travellerscheck

- Reiseschecks können in allen Währungen ausgestellt werden.
- Bei der Übernahme eines Reiseschecks ist darauf zu achten, dass der Aussteller vor den Augen desjenigen unterschreibt, der den Scheck übernimmt. Der Scheck wurde bereits einmal bei der Bank unterzeichnet. So können die Unterschriften verglichen werden.
- Vom Scheckaussteller muss ein Ausweisdokument verlangt werden.

Maestro-Bankomatkarte

Bezahlt wird bei dieser Zahlungsart mit einer Bankomatkarte (mit Code), was folgende Vorteile bietet:

- Weltweit bargeldlos zahlen und Bargeld beheben.
- Schnellere Zahlungsabwicklung.
- Sofortige Kontrolle der Zahlung bei Abbuchung vom Konto.
- Bei Geheimhaltung des Codes ist kein Missbrauch möglich.
- Bargeldbehebung an Bankomaten ist rund um die Uhr an allen Tagen möglich.

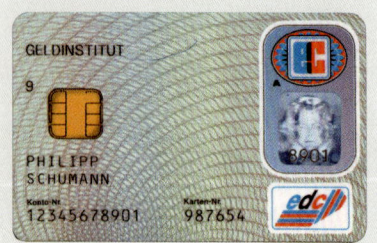

Quick – die elektronische Geldbörse

Mit der Bankomatkarte kann überall, wo das Quickzeichen zu sehen ist, z. B. auch bei Kaffeeautomaten, bezahlt werden. Besonders für Kleinbeträge eignet sich diese Zahlungsform. Aufgeladen wird die Karte bei den Geldinstituten.

Bekannte Kreditkartenfirmen:

American Express
Diners Club
Visa
Mastercard

Kreditkarte – Creditcard

Auch Kreditkartenunternehmen gehen immer mehr zu **Onlinesystemen** über, d. h., sie sind elektronisch direkt mit dem gastronomischen Betrieb verbunden (z. B. mit der Restaurantkassa). Dadurch können die Abrechnungen direkt vom Computer vorgenommen werden. Weitere Vorteile sind die automatische Überprüfung der Kreditkarte auf ihre Gültigkeit und die automatische Überprüfung des Kreditrahmens.

- Der Gast übergibt bei der Abrechnung im Restaurant, an der Rezeption etc. die Kreditkarte.
- Über das Kreditkartenterminal wird die Zahlung abgewickelt oder:
- Mithilfe eines **Imprinters** (Prägemaschine) wird die Kartennummer sowie Name und Anschrift des Gastes auf ein Kreditkartenformular (Billingform) übertragen (Der Imprinter wird heute nur mehr dort verwendet, wo es keine geeigneten Internetver-

Imprinter = Prägemaschine.

bindungen zur Installation eines Kreditkartenterminals gibt bzw. wenn aufgrund von Stromausfall oder Störungen keine Verbindung hergestellt werden kann.).

- Dabei kann gleichzeitig kontrolliert werden, ob die Nummer auf der sogenannten Sperrliste oder Stoppliste vermerkt ist. Diese Liste enthält alle Nummern von nicht mehr gedeckten Kreditkarten und wird einmal pro Monat von der Kreditkartenfirma verschickt. Das Kreditkartenterminal chekt dies automatisch.
- Darüber hinaus muss bei der Annahme der Kreditkarte darauf geachtet werden, ob die Karte noch gültig ist. Ende der Gültigkeitsdauer, manchmal auch der Beginn, sind auf der Karte angegeben. Die Gültigkeitsdauer kann ein oder zwei Jahre betragen. Auch das wird über das Terminal automatisch kontrolliert.
- Auf der **Billingform** werden nun Rechnungssumme und Datum eingesetzt.
- Das Formular wird dem Gast zur Unterschrift vorgelegt.
- Der Gast erhält eine Kopie der Billingform.
- Der Mitarbeiter vergleicht die Unterschrift auf dem Beleg mit der Unterschrift auf der Rückseite der Karte.
- Der Betrieb reicht die unterzeichnete Rechnung nun bei der Kreditkartenfirma ein und bekommt das Geld.
- Der Kreditkarteninhaber erhält von der Kreditkartenfirma einmal monatlich eine Gesamtabrechnung.

Elektronisches Lesegerät zur Abrechnung mit den verschiedenen Kreditkartengesellschaften (Kreditkartenterminal)

4 Abrechnung der Bar

Die Bar kann auf zwei Arten geführt werden, auf eigene Rechnung oder auf Rechnung des Hauses.

Bar auf eigene Rechnung – auf Stock

- Bei der Bar auf eigene Rechnung kauft der Barman beim Gastwirt alle Getränke zum Verkaufspreis ein. Er kauft den sogenannten Stock.
- In diesem Fall muss zwischen Barman und Gastwirt ein besonderes Vertrauensverhältnis bestehen. Der Barman übernimmt das Geschäftsrisiko (Risiko des Gewinnes und des Verlustes).
- Der Gastwirt gibt die Getränke zum Verkaufspreis ab und trägt kein Risiko.
- Beim Nachfassen muss der Barman seine Getränke ausschließlich vom Gastwirt beziehen.
- Bei der Abrechnung muss festgestellt werden, wie viele Gläser des betreffenden Getränkes in einer Flasche enthalten sind. Es wird pro Flasche üblicherweise fünf bis sieben Prozent Schwund (Marge) berechnet, das sind ca. zwei bis drei Glas.
- Der Gastwirt stellt eine Liste auf, in der alle Getränke, die in der Bar verwendet werden, aufscheinen.
  Die Liste enthält:
  – Art des Getränkes
  – Inhalt der Flasche
  – Maßeinheiten in g und cl
  – Schwund
  – Verkaufspreis pro Flasche und pro Glas
- Bei Beginn und am Ende der Saison wird eine Anfangs- und eine Schlussinventur gemacht, d. h., es wird der Inhalt aller Flaschen mit einem Messzylinder gemessen.

Bar auf Rechnung des Hauses

- Der Barman muss die Getränke bonieren und täglich mit dem Betrieb abrechnen.
- Istbestand, Anforderung und Tageslosung werden zur Kontrolle verglichen.
- Das Geschäftsrisiko liegt beim Wirt.
- Der Barman bezieht die Getränke mit einem Fassungsschein.

 Unser Ziel

Nach Bearbeitung dieses Kapitelabschnittes werden Sie die Unterschiede bei der Abrechnung der Bar auf eigene Rechnung und jener auf Rechnung des Hauses kennen.

Unser Ziel

Nach Bearbeitung dieses Kapitelabschnittes werden Sie die Bestückung und Abrechnung der Minibar kennen.

5 Abrechnung der Zimmerbar (Minibar)

Die Rentabilität der Zimmerbar ist von der Zahlungswilligkeit des Gastes und von der Genauigkeit und Ehrlichkeit der Mitarbeiter abhängig. Die Kontrolle und die Abrechnung werden nachstehend beschrieben.

Bestückung

- Die Bestückung ist vom Betriebstyp und vom Gästekreis abhängig. Meist enthält die Zimmerbar:
  - Mineralwasser
  - Fruchtsäfte und Limonaden
  - Bier
  - Spirituosen, wie Whisky, Cognac, Schnäpse
  - Wein: Rot- und Weißwein
  - Schaumwein
  - Evtl. Knabbergebäck, Nüsse, Schokolade, Sandwiches
- Alle nicht zu kühlenden Dinge werden in einem kleinen Fach oberhalb des Kühlschranks aufbewahrt.
- Die Artikel sind nach einem betriebseigenen System übersichtlich und leicht zählbar geschlichtet.
- Die Zimmerbar wird täglich frisch bestückt. So kann bei der Abreise des Gastes mit einem Blick das Fehlen von Speisen und Getränken festgestellt werden.

Kontrolle

- Die Kontrolle wird meist vom Roomservice oder vom Zimmersteward durchgeführt.
- Die Liste der Speisen und Getränke ist an der Innentüre des Kühlschranks befestigt.
- Für den Gast liegt ein mehrsprachiger Vordruck auf dem Kühlschrank.
- Bedient sich der Gast an der Zimmerbar, so trägt er das auf dem Vordruck ein oder kreuzt die konsumierten Artikel an.
- Der für die Zimmerbars eingeteilte Restaurantfachmann sammelt täglich die Scheine ein und trägt sie in die Rezeption oder zur Hotelkasse zur Verrechnung. Außerdem füllt er die Bar auf und stellt den Anfangsbestand wieder her.

Abrechnung

- Das Roomservice erhält vom Magazin mit dem Anforderungsschein die Waren zur Bestückung der Zimmerbar.
- Durch das Markieren des Artikels auf der Barliste (meist mit Durchschlag) wird das Roomservice entlastet.
- Der Etagenkellner gibt per Computer die Konsumation an die Rezeption weiter, der Betrag wird auf die Zimmerrechnung übertragen (Onlinesystem).
- Wichtig für den kontrollierenden Servicemitarbeiter ist die Abreiseliste, die departurelist, so kann er den Fehlbestand noch vor der Abreise des Gastes kontrollieren.

(?) Arbeitsaufgaben

1. Wie wird richtig boniert?
2. Stellen Sie eine Restaurantrechnung, eine Hotelrechnung und eine Kleinbetragsrechnung aus.
3. Zählen Sie die formalen Bestimmungen für das Ausstellen von Rechnungen auf. Welche gesetzlichen Bestandteile muss die Hotelrechnung beinhalten?
4. Welche Rechnungsarten gibt es?
5. Nennen Sie einige Zahlungsarten.
6. Wie erfolgt die Abrechnung der Bar auf eigene Rechnung?
7. Wie erfolgt die Abrechnung der Minibar?

Marketing

Im Begriff „Marketing" steckt das Wort „Markt". Der Markt ist jener Bereich, der von **Angebot** (touristische Leistungen) und **Nachfrage** (durch den Gast) bestimmt wird. Da das Angebot im Tourismus größer ist als die Nachfrage, bestimmt der Gast, was auf dem Markt geschieht – weil er die Möglichkeit hat, aus einem großen Angebot zu wählen. Wäre es umgekehrt – wäre die Nachfrage größer als das Angebot, könnte der Kunde nicht so wählerisch sein und müsste sich mit dem, was angeboten wird, zufrieden geben. In diesem Fall würde das Angebot den Markt bestimmen. Dies aber nur am Rande.

Der Konsument bestimmt heute im Tourismus also, was auf dem Markt geschieht. Das bedeutet für die Tourismusbranche, dass sie sich Strategien überlegen muss, „ihr Produkt" bzw. „ihre Dienstleistungen" an den Gast zu bringen, weil sich viele Anbieter auf dem Markt drängen. Der Gast muss in der Fülle von Angeboten auf das Angebot des Betriebes (oder der Region) aufmerksam gemacht werden. Die strategischen Maßnahmen und Aktivitäten eines Betriebes (oder einer Region), diese Aufmerksamkeit beim Kunden zu erreichen, nennt man Marketing.

Es ist nicht unsere Aufgabe, die Zukunft vorauszusagen, sondern auf sie gut vorbereitet zu sein.

PERIKLES, GRIECH. STAATSMANN

 Unsere Ziele

Nach Bearbeitung dieses Kapitels werden Sie

- in knapper Form das Wichtigste über Marketing erfahren haben;
- die Arbeitsschritte zur Erstellung eines Marketingkonzeptes kennen;
- die Möglichkeiten für eine Istanalyse kennen;
- Ideen und Beispiele für realistische Marketingziele nennen können;
- die Zusammenhänge der einzelnen Marketinginstrumente erkennen.

1 Grundlagen des Marketings

Da der Wettbewerb ständig zunimmt, muss der Markt systematisch bearbeitet werden. Die Strategien, mit denen der Markt bearbeitet wird, nennt man Marketing.

Marketing wird fälschlicherweise oft mit Werbung gleichgesetzt, aber die Werbung ist nur ein Teilbereich im gesamten Marketing.

Ziel des professionellen Marketings in der Tourismusbranche ist es,
- **die Wünsche und Bedürfnisse des Gastes frühzeitig zu erkennen,**
- **eine Beziehung zum Gast herzustellen und**
- **diese Beziehung zu pflegen.**

Das eigene Angebot muss genau darauf ausgerichtet werden, um die Zufriedenheit der Gäste und damit auch den Erfolg des Unternehmens sicherzustellen. Auch müssen die Strategien der Konkurrenz sowie die Entwicklung der gesamten Branche beobachtet und berücksichtigt werden.

Durch gezieltes Marketing wird es den Unternehmern möglich,
- ihr Angebot ständig auf die Bedürfnisse der Gäste anzupassen,
- sich von den Mitbewerbern abzuheben,
- die Gästenachfrage für den Betrieb zu steigern und
- den Gewinn zu verbessern.

💡 Der Kunde bzw. der Gast steht immer im Mittelpunkt aller unternehmerischen Planungen und Aktivitäten.

Marketing setzt Weitblick voraus

2 Erstellung eines Marketingkonzepts

Nur durch exakt geplante Aktivitäten und eine strategische Vorgehensweise kann Marketing funktionieren und die Unternehmensziele werden auch erreicht. Die Erstellung eines konkreten Marketingplanes ist dabei unerlässlich.

Die wesentlichen Schritte zur Erstellung eines Marketingkonzeptes (in vereinfachter Form):

Unternehmenserfolg – Gästezufriedenheit

5 Marketing-mix
4 Marketing-strategie
3 Marketingziele
2 Erhebung des Istzustandes
1 Vision/Leitbild des Unternehmens

Anhand dieses Schemas wird auf den folgenden Seiten die Erstellung eines Marketingkonzeptes beschrieben. Die Pyramide dient Ihnen dabei als Orientierungshilfe.

❓ Arbeitsaufgaben

1. Was versteht man unter Marketing?
2. Warum sollen sich Unternehmer mit Marketing beschäftigen?
3. Beschreiben Sie die Arbeitsschritte, die zur Erstellung eines Marketingkonzepts für Ihren Lehrbetrieb erforderlich sind.

2.1 Vision und Leitbild des Unternehmens

Die Vision

Die Erstellung des Marketingkonzepts für ein Unternehmen beginnt mit der Formulierung einer Vision. In jedem erfolgreich geführten Betrieb werden zunächst wichtige Leitgedanken formuliert. Ein Unternehmer braucht Visionen, um sich und seine Mitarbeiter zu begeistern.

- Eine Vision sagt aus, wo man in Zukunft stehen will.
- Eine Vision ist zunächst frei von einer konkreten Umsetzung bzw. Realisierbarkeit.
- Eine Vision ist nicht messbar, aber sie treibt voran und ermöglicht, ungeahnte Ergebnisse zu erzielen.
- Wer die Mitarbeiter regelmäßig an seinen Visionen teilhaben lässt, ermuntert sie auch, selbst neue, kreative Ideen einzubringen. Es entsteht ein Gefühl der Zusammengehörigkeit und der gemeinsamen Verantwortung für den Betrieb.

Für die Entwicklung von Visionen gibt es keine fertigen Rezepte.
Sie entstehen als

- spontaner Einfall oder Geistesblitz,
- in Gesprächen mit Gästen,
- durch ein gezieltes Brainstorming unter den Mitarbeitern oder
- dadurch, dass einfach etwas Herkömmliches, bisher Selbstverständliches infrage gestellt wird.

Unternehmensleitbild und Unternehmensphilosophie

Das **Unternehmensleitbild** ist die schriftlich festgelegte Basis für die Kommunikation nach Innen und Außen. Es trägt zu einer positiven Unternehmenskultur bei, die sich auf das Arbeitsklima und das Image des Betriebes auswirkt.

> **Ein Beispiel**
>
> Unser Betrieb wird modern, transparent und familiär geführt. Jede Mitarbeiterin und jeder Mitarbeiter kann sich nach seinen Fähigkeiten und Fertigkeiten in Entwicklungsprozesse einbringen.

Die **Unternehmensphilosophie** beschreibt, wie sich ein Unternehmen selbst sieht und wie es von Gästen, Mitarbeitern und Partnern gesehen werden will.

> **Ein Beispiel**
>
> Als einziges Bio-Hotel in der Region setzen wir mit unserem Angebot Maßstäbe für eine ökologische Zukunft. Die Gäste erkennen in unserer Betreuungsleistung vom Besitzer bis zum Angestellten die Herzlichkeit, mit der sie in unserem Hause willkommen sind. Unsere Mitarbeiter sind in die familiäre Struktur unseres Hauses integriert und leben diese Familiarität auch nach Außen. Dies ist für unsere Gäste spür- und erlebbar.

Kennzeichen eines erfolgreichen Unternehmens ist seine unverwechselbare Identität = **Corporate Identity = CI** (z. B. Ausstattung, Gestaltung und Speisenangebot von Hilton).

Zur eindeutigen Wiedererkennung in der Öffentlichkeit nutzt man die Möglichkeiten von **Corporate Design = CD** (z. B. die Gestaltung des Schriftzugs von Coca Cola).

Unternehmenserfolg – Gästezufriedenheit

5 Marketing-mix
4 Marketing-strategie
3 Marketingziele
2 Erhebung des Istzustandes
1 Vision/Leitbild des Unternehmens

Beispiele für Visionen bzw. Leitsätze

- Flyniki: The Passenger comes First!
- Swatch: Zeit und Innovation.
- Interalpenhotel Tyrol: Von allem ein bisschen mehr!

Machen Sie zuerst ein Brainstorming und formulieren Sie anschließend eine Vision für Ihren Lehrbetrieb:

**Unternehmenserfolg –
Gästezufriedenheit**

Mithilfe der externen Informationsquellen macht sich der Unternehmer auch ein Bild der Gesamtsituation der Branche.

**Unternehmenserfolg –
Gästezufriedenheit**

Von seinen Gästen weiterempfohlen zu werden (Mundpropaganda), ist die wirkungsvollste und preisgünstigste Form der Gästeneugewinnung. Gäste sollten daher höflich gebeten werden, das Haus auch aktiv an Freunde und Bekannte weiterzuempfehlen.

Hier erkennt man die Bedeutung einer ordentlich geführten Gästedatei.

2.2 Erhebung des Istzustandes – die Istanalyse

Nachdem die Vision bzw. das Leitbild des Betriebes klar beschrieben sind, erfolgt die Istanalyse. In einer **umfangreichen Bestandsaufnahme** werden alle für den Betrieb wesentlichen Fakten und Daten aufgelistet.

Folgende Bereiche sind bei dieser Istanalyse zu durchleuchten:
- Gast
- Betrieb
- Mitbewerber
- Umfeld

Beispiele, an welchen Stellen wichtige Fakten und Daten für ein Marketingkonzept erhoben werden können:

Interne Informationsquellen	Externe Informationsquellen
<ul><li>Gästedatei</li><li>Reservierungsstatistik</li><li>Gästekorrespondenz</li><li>Kostenrechnung</li><li>Umsatzanalysen</li><li>Buchhaltung</li><li>Reklamationsstatistik</li><li>Gästefragebögen</li><li>Mitarbeitergespräche</li><li>Berichte der Verkaufsabteilung</li></ul>	<ul><li>Veröffentlichungen der Tourismusverbände</li><li>Prospekte der Mitbewerber</li><li>Informationen der Österreichwerbung</li><li>Publikationen der Österreichischen Hoteliervereinigung</li><li>Fachzeitschriften</li><li>Wirtschaftskammer</li><li>Betriebsbesuche</li><li>Testgäste (mystery guests)</li></ul>

2.2.1 Gast

Gast	Betrieb	Mitbewerber	Umfeld
<ul><li>Struktur</li><li>Bedürfnisse</li><li>Erwartungen</li></ul>	<ul><li>Ausstattung</li><li>Angebote und Preise</li><li>Auslastung</li><li>Stärken und Schwächen</li><li>USP</li><li>Mitarbeiter</li><li>Image</li><li>Kooperationen</li></ul>	<ul><li>Ausstattung</li><li>Leistungen</li><li>Wettbewerbsvorteile</li></ul>	<ul><li>Aktuelle Wirtschaftslage</li><li>Rechtsvorschriften</li><li>Bevölkerungsentwicklung</li><li>Trends</li><li>Beschäftigungsmarkt</li><li>Ökologie</li><li>Politische Situation</li></ul>

Gästestruktur

Aus der **bestehenden Gästedatei** können Herkunft, Alter, Beruf, Reisezeit und Aufenthaltsdauer der Gäste entnommen werden.

Wichtig bei dieser Erhebung ist auch die Art des Aufenthaltes, z. B. Geschäftsreise, Familien-, Wellness-, Einzel- oder Gruppenreise etc., bzw., mit welchem Verkehrsmittel die Gäste anreisen.

Exkurs

Stammgäste und weiterempfehlende Gäste sind pures Gold für den Betrieb. Es wird aber immer schwieriger, diese Stammgäste auch langfristig zu halten.
Gäste, die regelmäßig Leistungen eines Hotels oder Restaurants in Anspruch nehmen, senken die Marketing- und Betriebskosten, sie steigern den Umsatz und stärken die Marktposition.

Diese Stammgäste sollten daher für ihre Treue besonders belohnt werden, z. B. mit
- frühzeitigen Informationen über Veränderungen im Betrieb,
- Exklusivangeboten,
- handgeschriebenen Dankkarten,
- individuellen Geschenken,
- Geschenkgutscheinen oder einem Geburtstagspräsent,
- einem Aperitif oder Digestif, einem Amuse gueule etc.
- interessantem Zusatznutzen durch Zusammenarbeit mit lokalen Partnern, z. B. eine Tagesskikarte,
- Stammkundenevents oder exklusiven Einladungen, die käuflich nicht zu erwerben sind,
- einer kleinen Aufmerksamkeit für die Empfehlung eines neuen Gastes.

Gästebedürfnisse

Wichtige Gästebedürfnisse können sein: Kulinarik, umfangreiches Gesundheitsangebot, Möglichkeit für neue Bekanntschaften, Prestige, gutes Preis-Leistungs-Verhältnis, interessante Freizeit- und Urlaubsaktivitäten etc.

Diese Gästebedürfnisse können u. a. durch schriftliche oder mündliche Gästebefragungen erhoben werden.

Welche Bedürfnisse hat der Gast?

Themen eines Gästefragebogens sollten sein
- Qualität der Ausstattung/Ambiente.
- Preis-Leistungs-Verhältnis.
- Freundlichkeit.
- Qualität der Speisen und Getränke.
- Sauberkeit.
- Wie wurde der Gast auf den Betrieb aufmerksam?
- Warum hat sich der Gast gerade für diesen Betrieb entschieden?
- Was stört ihn, was fehlt ihm?
- Verbesserungsvorschläge des Gastes.
- Familienstand, Alter, Geschlecht.

Tipps für die mündliche Gästebefragung
- Überlegen Sie vor dem Gespräch, was Sie vom Gast wissen wollen.
- Halten Sie wichtige Aussagen jedes Gastes nach dem Gespräch schriftlich fest, z. B. den Gästefragebogen nach dem Gespräch selbst ausfüllen.

Dem Gast soll ein Stift zum Ausfüllen des Fragebogens zur Verfügung stehen

Tipps für die schriftliche Gästebefragung
- Anonym, nicht einsehbarer Briefkasten.
- Maximal zwei Seiten (ein Blatt).
- Benotung von eins bis vier oder von eins bis sechs (verhindert Mittelwerte)
- Rücklaufsteigerung der Fragebögen durch kleine Aufmerksamkeiten oder Verlosungen.

Erwartungen der Gäste

Erwartungen des Gastes = Grundnutzen	Unerwartet erlebte Leistungen = Zusatznutzen
<ul><li>Ruhe, Erholung, Sicherheit</li><li>Gutes Image des Betriebes</li><li>Kompetenz der Mitarbeiter</li><li>Ausgewogenes Preis-Leistungs-Verhältnis</li><li>Charmante Gästebetreuung</li><li>Schnelles Service</li></ul>	<ul><li>Günstige Lage des Betriebes</li><li>Besonderheit im Angebot des Hauses</li><li>Eingehen auf spezielle Gästewünsche</li><li>Großzügigkeit</li><li>Rasche Lösungen bei Problemen</li></ul>

Welche besonderen Wünsche haben die Gäste in Ihrem Betrieb?

Zwischen den Erwartungen des Gastes und den vom Betrieb erbrachten Leistungen können immer wieder große Lücken sein, z. B.:
- Dem Unternehmer sind die Gästewünsche nicht bekannt.
- In der Werbung versprochene Angebote werden nicht oder nur teilweise erfüllt.
- Betrieblich bedingte Schwierigkeiten haben Vorrang vor der Erfüllung der Gästewünsche.

**Unternehmenserfolg –
Gästezufriedenheit**

5 Marketing-mix
4 Marketing-strategie
3 Marketingziele
2 Erhebung des Istzustandes
1 Vision/Leitbild des Unternehmens

Bei der Istanalyse des eigenen Betriebes erfolgt auch eine kurze Beschreibung folgender Themen: geschichtliche Entwicklung, Besitzverhältnisse, Betriebsart, Lage, Erreichbarkeit, Parkplätze etc.

USP = Unique Selling Proposition; Wettbewerbsvorteil.

Entspricht die Ausstattung der Zimmer der Erwartung des Gastes?

2.2.2 Betrieb

Gast	Betrieb	Mitbewerber	Umfeld
■ Struktur ■ Bedürfnisse ■ Erwartungen	■ Ausstattung ■ Angebote und Preise ■ Auslastung ■ Stärken und Schwächen ■ USP ■ Mitarbeiter ■ Image ■ Kooperationen	■ Ausstattung ■ Leistungen ■ Wettbewerbs-vorteile	■ Aktuelle Wirtschaftslage ■ Rechtsvor-schriften ■ Bevölkerungs-entwicklung ■ Trends ■ Beschäftigungs-markt ■ Ökologie ■ Politische Situation

Ausstattung

Zimmer	Anzahl, Größe, Ausstattung, Lage
Genzimmer	
Gasträume	Art, Sitzplatzanzahl, Öffnungszeiten
Sonstige Räume	Kapazität für Tagungen, technische Ausstattung
Freizeitmöglichkeit	Fitness- bzw. Wellnessbereich, Tennis, Sportgeräte etc.
Sonstiges	Aufzüge etc.

Angebote und Preise

Womit wird derzeit bereits versucht, Gäste für das Haus zu gewinnen?

Zimmer	Schnuppertermine, Packages fürs Wochenende bzw. die Nebensaison
Gastronomie	Spezialitätenwochen, Gourmet- und Tagesmenüs, Seniorenkaffee, Weinverkostungen, Kochkurse, Klublokal für Vereine, Treuepass
Sonstiges	Gutscheine

Auslastung

Die Auslastung wird mit sogenannten Kennzahlen (Benchmarks) mess- und vergleichbar gemacht. Beispiele für Kennzahlen zur Bewertung sind die Erhebung der Auslastung in Prozent, die Ermittlung der Vollbelegstage

$$\text{Zimmerauslastung in \%} = \frac{\text{Belegte Zimmer pro Zeitraum (z. B. Juli)} \times 100}{\text{Gesamtzimmeranzahl} \times \text{Tage (z. B. 31 für Juli)}}$$

Die **Zimmerauslastung** wird vor allem von Ganzjahresbetrieben ermittelt und in Kettenhotels mit den Zahlen der Partnerbetriebe verglichen.

$$\text{Vollbelegstage} = \frac{\text{Anzahl der Zimmernächte für Zeitraum (z. B. 15. 12. bis 31.3.)}}{\text{Zimmeranzahl}}$$

Die **Vollbelegstage** sagen aus, an wie vielen Tagen des Berechnungszeitraumes der Betrieb zu 100 % ausgelastet war, also alle Zimmer verkauft wurden. Dies ist vor allem für Saisonbetriebe von Bedeutung.

$$\frac{\text{Umsatz pro}}{\text{Sitzplatz und Tag}} = \frac{\text{Gesamtumsatz für Ermittlungszeitraum (z. B. Juli + August)}}{\text{Anzahl der Sitzplätze} \times \text{Betriebstage (z. B. 62 für Juli + August)}}$$

Stärken und Schwächen

Jeder Betrieb hat Stärken und Schwächen, die die Wettbewerbsstellung (Marktposition) ausmachen. Diese müssen herausgearbeitet und schriftlich festgehalten werden.

Ein Beispiel aus der Praxis

Auszug aus einer Stärken-Schwächen-Analyse eines Saisonbetriebes mit 50 Betten	
Stärken	**Schwächen**
■ Eigenes Strandbad, exklusiv für Hausgäste.	■ À-la-carte-Geschäft stört den Hausgast.
■ 2 Sand-Tennisplätze beim Haus.	■ Angebot ist gut, aber in der Werbung zu wenig profiliert.
■ Persönlicher Kontakt zum Gast.	■ Telefonverkauf und Direktwerbung wurden vernachlässigt.
■ Wanderwege direkt vom Haus weg in das Landschaftsschutzgebiet.	■ Gästebetreuung braucht neue Impulse.
■ Frühstücksbuffet mit Bioecke.	■ Die Gästekartei und das Adressenmaterial sind ungeordnet.
■ Familiär geführter Betrieb.	
■ Beeren- und Kräuterwanderung mit der Oma.	■ 20 % der Zimmer sind nicht mehr zeitgemäß ausgestattet.
■ Kleiner Ort, kein Massentourismus.	■ Mangelnde Lesebeleuchtung in den Gästezimmern.
■ Chefin kocht regionale Gerichte.	■ Zu wenig Platz für Busgruppen.
■ Gesicherter zeitgemäßer Kinderspielplatz.	
■ Kinderbetten und -sessel, Kindermenüs.	

Bei der Analyse der **Stärken** und **Schwächen** wird der Betrieb in erster Linie intern analysiert. Für die betriebliche Entwicklung ist es jedoch wichtig, die Stärken und Schwächen auch in Relation zu den **Chancen** und **Risiken** auf dem Markt zu bewerten. Chancen und Risiken ergeben sich aus den Trends und Veränderungen im betrieblichen Umfeld, auf die der Betrieb jedoch keinen direkten Einfluss hat.

Unique Selling Proposition (USP)

Die USP ist das einzigartige Verkaufsargument eines Betriebes (oder für ein bestimmtes Produkt). Es ist jenes Leistungsmerkmal, mit dem sich ein Angebot deutlich von dem der Mitbewerber abhebt. Welche einzigartige Besonderheit bietet der Betrieb als Wettbewerbsvorteil gegenüber anderen Unternehmen? Diese Besonderheit ist die sogenannte Unique Selling Proposition (USP).

Beispiele

■ Ist es das einzige Schlosshotel an der Strandpromenade?
■ Wird Fleisch ausschließlich aus dem eigenen Schlachtbetrieb verwendet?
■ Ist es jenes Hotel, das durch eine Filmserie Berühmtheit erlangt hat?
■ Gehört zum Lokal ein schattiger Gastgarten mit altem Baumbestand?
■ Ist das Haus traditioneller Ausgangspunkt für spezielle Klettertouren?

Mitarbeiter

Die beste Ausstattung eines Hauses kann Mängel im Umgang mit den Gästen nicht wettmachen. Umgekehrt können tüchtige Mitarbeiter den betrieblichen Erfolg maßgeblich positiv beeinflussen.

Jeder Mitarbeiter ist in seinem Bereich für die Qualität der Leistung verantwortlich. Die Entwicklung des Qualitätsbewusstseins bei den Mitarbeitern ist für die Gesamtqualität eines Hauses unerlässlich.

Mitarbeiterdaten im Marketingkonzept

■ Anzahl der Mitarbeiter pro Abteilung
■ Ausbildungsstand
■ Betriebszugehörigkeit
■ Arbeitszeiten
■ Organigramm

? Nennen Sie je drei Stärken bzw. Schwächen Ihres Betriebes.

➡ Analyse der Speisen- und Getränkekarte siehe S. 189.

? Was ist die Einzigartigkeit Ihres Lehrbetriebes?

Mitarbeiter-Organigramm		
Direktor (Generalmanager)		
Beherbergungsabteilung (Hotel)	**Verpflegungsabteilung** (Gastronomie)	**Verwaltungsabteilung** (Administration)
Rezeption ▪ Empfangschef ▪ Rezeptionist ▪ Sekretär	**Küche** ▪ Küchenchef ▪ Saucier ▪ Rôtisseur ▪ Gardemanger ▪ Entremetier ▪ Pâtissier ▪ Hilfsköche ▪ Apprenti	**Kaufmännischer Bereich** ▪ Hauptbuchhaltung ▪ Personalbüro **Technik** ▪ Tischler ▪ Installateur ▪ Elektriker
Halle ▪ Concierge ▪ Portier ▪ Türsteher ▪ Page ▪ Lohndiener ▪ Fahrer ▪ Telefonist	**Service** ▪ Restaurantdirektor ▪ Maître d´Hôtel ▪ Sommelier ▪ Chef de Rang ▪ Commis de Rang ▪ Chef de Bar ▪ Apprenti	**Nebenbetriebe** ▪ Masseur ▪ Sportlehrer ▪ Animateur ▪ Chef de Rang
Etage ▪ Hausdame ▪ Etagengouvernante ▪ Zimmermädchen ▪ Wäschebeschließer		

Die Servicequalität muss in allen Abteilungen stimmen

Fragen, die beim Einstellungsgespräch, bei regelmäßigen Mitarbeitergesprächen und in der Istanalyse des Marketingkonzeptes beantwortet bzw. geklärt werden müssen, sind:

▪ **Fachkompetenz:** Haben die Mitarbeiter das erforderliche Wissen und das fachliche Geschick?
▪ **Freundlichkeit:** Sind die Mitarbeiter den Gästen gegenüber freundlich, höflich, rücksichtsvoll und respektvoll eingestellt?
▪ **Diskretion:** Sind die Mitarbeiter gegenüber Gästen diskret?
▪ **Loyalität:** Sind die Mitarbeiter dem Betrieb gegenüber loyal und machen sie einen vertrauenswürdigen Eindruck?
▪ **Kompetenz:** Machen die Mitarbeiter einen vertrauenswürdigen Eindruck und geben sie nützliche Antworten und Ratschläge?
▪ **Zuverlässigkeit:** Erledigen die Mitarbeiter die Arbeiten für den Gast pünktlich, korrekt und in der erwarteten Qualität?
▪ **Persönliche Einstellung:** Reagieren die Mitarbeiter umgehend auf Probleme und Anfragen der Gäste?
▪ **Kommunikation:** Sind die Mitarbeiter stets bemüht, den Gast und seine Bedürfnisse genau zu verstehen? Können sie mit dem Gast entsprechend kommunizieren?
▪ **Erscheinungsbild:** Entspricht das Erscheinungsbild dem definierten Corporate Design des Betriebes?

Stellenbeschreibungen und dokumentierte Ablauforganisationen sind dabei wichtige Erfolgsfaktoren. Je größer ein Betrieb ist, desto notwendiger sind schriftlich festgelegte, klare Normen. Sie dienen der:
▪ Qualitätssicherung aller Leistungen im Betrieb,
▪ Verbesserung der Arbeitsbedingungen der Mitarbeiter,
▪ optimalen Auslastung der Arbeitszeit der Mitarbeiter,
▪ maximalen Nutzung der technischen Ausstattung.

Einflussfaktoren auf die Motivation der Mitarbeiter

Mitsprache

Materielle Anreize

Information was, wann, wo

Immaterielle Anreize

Motivation

Führungsstil, Dialogfähigkeit

Arbeitsbedingungen

Arbeitsaufgabe

Arbeitsorganisation

Was motiviert die Mitarbeiter?

Image

■ Wie groß ist der Bekanntheitsgrad des Betriebes im Ort, in der Region, im Land?

■ Wofür ist der Betrieb bekannt?

■ Wie denken/sprechen Gäste, Einheimische, Mitbewerber, Lieferanten aber auch Mitarbeiter über den Betrieb?

Kooperationen

■ Gibt es eine Zusammenarbeit mit Betrieben mit gleichem bzw. ähnlichem Angebot, z. B. Angebotsgruppen wie Seminarhotels, Golfhotels?

■ Kostenersparnis und höhere Effizienz durch gemeinsame Marketingaktivitäten?

2.2.3 Mitbewerber

Gast	Betrieb	Mitbewerber	Umfeld
■ Struktur ■ Bedürfnisse ■ Erwartungen	■ Ausstattung ■ Angebote und Preise ■ Auslastung ■ Stärken und Schwächen ■ USP ■ Mitarbeiter ■ Image ■ Kooperationen	■ Ausstattung ■ Leistungen ■ Wettbewerbsvorteile	■ Aktuelle Wirtschaftslage ■ Rechtsvorschriften ■ Bevölkerungsentwicklung ■ Trends ■ Beschäftigungsmarkt ■ Ökologie ■ Politische Situation

Zunächst wird der Kreis der Mitbewerber festgelegt, die im Ort, in der Region oder in einem anderen Bundesland angesiedelt sein können. Auch jene Betriebe, die nur Teilleistungen (Bewirtung, Catering, Unterhaltung) anbieten, können in diesen Bereichen für den eigenen Betrieb eine Konkurrenz darstellen.

Ausstattung

Bei der Analyse der Mitbewerber werden dieselben Punkte erfasst, die auch im eigenen Betrieb erhoben werden. In einer detaillierten Checkliste können dabei die Vergleichswerte der einzelnen Mitbewerber eingetragen werden. In welchen Bereichen bietet der Mitbewerber mehr oder eine bessere Qualität?

Leistungen

■ Was wird den Gästen während ihres Aufenthaltes im Betrieb des Mitbewerbers geboten?

■ Womit gelingt es dem Mitbewerber, seine Gäste immer wieder aufs Neue zu begeistern?

Unternehmenserfolg – Gästezufriedenheit

5 Marketing-mix
4 Marketing-strategie
3 Marketingziele
2 Erhebung des Istzustandes
1 Vision/Leitbild des Unternehmens

Was macht der Mitbewerber? Der Blick über den eigenen Tellerrand ist für gutes Marketing unerlässlich.

Sidebar

Nennen Sie fünf Wettbewerbsvorteile Ihres Betriebes:

Unternehmenserfolg – Gästezufriedenheit

5 Marketing-mix
4 Marketing-strategie
3 Marketingziele
2 Erhebung des Istzustandes
1 Vision/Leitbild des Unternehmens

Nennen Sie jeweils ein aktuelles Thema zu den folgenden Punkten:

Main Content

Wettbewerbsvorteile

- Standort, Ausstattung, Qualitätsmerkmale.
- Warum bevorzugen Gäste gerade jenen Betrieb?
- In welchen Punkten ist mir der Mitbewerber überlegen?

Die Beobachtung der Konkurrenzbetriebe kann auch für eigene Mitarbeiter besonders nützlich sein. Bei Betriebsbesuchen können sie

- gute Ideen der Konkurrenz kennen lernen und diese eventuell auch gleich im eigenen Betrieb umsetzen,
- selbst in die Rolle des Gastes schlüpfen und so Schwachstellen leichter erkennen und
- ein besseres Bewusstsein für die Leistungen des Mitbewerbers bekommen.

2.2.4 Umfeld

Gast	Betrieb	Mitbewerber	Umfeld
- Struktur - Bedürfnisse - Erwartungen	- Ausstattung - Angebote und Preise - Auslastung - Stärken und Schwächen - USP - Mitarbeiter - Image - Kooperationen	- Ausstattung - Leistungen - Wettbewerbsvorteile	- Aktuelle Wirtschaftslage - Rechtsvorschriften - Bevölkerungsentwicklung - Trends - Beschäftigungsmarkt - Ökologie - Politische Situation

Viele betriebliche Entscheidungen werden auch durch äußere Faktoren beeinflusst. Diese sind:

Aktuelle Wirtschaftslage

- Gibt es massive Veränderungen im Herkunftsland der Gäste z. B. Streiks, Arbeitslosigkeit, Katastrophen?
- Gibt es dadurch ausgelöst Veränderungen am Urlaubsverhalten von Gästen?
- Bleiben die Gäste daher lieber in ihrem Heimatland oder sind wesentliche Kürzungen beim Urlaubsbudget zu beobachten?

Wohin führt der Weg? Auch die Aktuelle Wirschaftslage ist bei der Marketingplanung zu berücksichtigen.

Rechtsvorschriften

- Welche Auswirkungen haben Einschränkungen der Öffnungszeiten für Schanigärten (Sperrstunden) im Bereich der Innenstadt?
- Ist durch eine Änderung der Gesetzeslage mit teuren baulichen Veränderungen zu rechnen?
- Kann die vom Gast gewünschte Leistung unter Einhaltung aller Dienstnehmervorschriften noch erbracht werden?

Bevölkerungsentwicklung

- Wie weit ist die immer größer werdende Anzahl der Generation 50plus für den eigenen Betrieb nutzbar?
- Sind gravierende Veränderungen in der Altersstruktur der Gäste zu bemerken?

Trends

- Welche Veränderungen bei den Gästewünschen sind im eigenen Haus feststellbar?
- Kann das eigene Angebot mit den geänderten Gästebedürfnissen noch Schritt halten?
- Welche Zukunftsprognosen haben sicherlich Auswirkungen auf den eigenen Betrieb?

Beschäftigungsmarkt

- Kann der Bedarf an erfahrenen Fachkräften vollständig gedeckt werden?
- Gibt es für Spitzenzeiten ausreichend geeignete Personalreserven auf Abruf?
- Werden spezielle Förderaktionen bei der Neueinstellung von Mitarbeitern genutzt?

Ökologie

- Welchen Stellenwert hat das Umweltbewusstsein im eigenen Haus, bei den Mitarbeitern?
- Wird im Haus in umweltschonende Technologie investiert?
- Werden möglichst viele Lebensmittel aus regionaler, artgerechter bzw. biologischer Herkunft verwendet?

Politische Situation

- Gibt es durch geänderte Visabestimmungen einen Rückgang bei bestimmten Gästegruppen?

? Arbeitsaufgaben

1. Welche Fakten sind bei der Erhebung des Istzustandes wichtig?
2. Erstellen Sie einen Stärken-Schwächen-Katalog für Ihren Betrieb.
3. In welchen Bereichen ist Ihr Betrieb besonders stark?
4. Was ist die Besonderheit in Ihrem Betrieb? Wofür ist der Betrieb bekannt?
5. Wie können Mitarbeiter motiviert werden?
6. Wie ist ein Gästefragebogen aufzubauen?

2.3 Marketingziele

Nach der sehr umfangreichen Bestandsaufnahme (Istanalyse) können im Marketingkonzept nun konkrete Ziele formuliert und festgelegt werden. Ohne klare Zielsetzungen kann auf Dauer niemand erfolgreich sein!

Unternehmenserfolg – Gästezufriedenheit

Grundsätze bei der Festlegung von Zielen	
Formulieren Sie stets klare – **smarte** – Ziele:	
s = streching	**Anspruchsvoll:** Die festgelegten Ziele sollten über dem Maß des täglichen Umsatzes liegen.
m = measurable	**Messbar:** Angabe von konkreten Zahlen, die auch überprüfbar sind.
a = agreed	**Vereinbart:** Die Ziele sollen mit den Mitarbeitern besprochen und schriftlich fixiert werden.
r = realistic	**Realistisch:** Die Ziele müssen erreichbar sein. Zu hoch gesteckte Ziele führen zu Motivationsverlust.
t = time	**Zeitlich begrenzt:** Bis wann sollen welche Ziele erreicht werden?

Beispiele für Zielformulierungen eines Tourismusbetriebs

Quantitativ messbare Ziele

Senkung der Kosten, Umsatzsteigerungen, Verbesserung der Gewinne, Veränderungen im Umsatzmix (Food and Beverage, Logis), Anhebung des Durchschnittserlöses pro Gästenächtigung, Verminderung von Reklamationen etc.

Durch welche Ziele lässt sich die Servicequalität für den Gast noch verbessern?

✏ Welche Zielgruppen kommen für Ihren Lehrbetrieb infrage?

Beispiele

■ Der Umsatz pro Sitzplatz im Café soll sich innerhalb von sechs Monaten von derzeit EUR 12,30 pro Tag auf insgesamt EUR 15,00 erhöhen. (Was? In welchem Zeitraum?).

■ Innerhalb von zwei Monaten sollen an Wochentagen mindestens 20 Mittagsmenüs verkauft werden. (Wann? Was?).

Qualitative Ziele

Verbesserung der Zimmer bzw. Gasträume, Umstellung auf Frischprodukte, bequeme Reservierungsmöglichkeit übers Internet etc.

Beispiele

■ Die Zimmerauslastung von Freitag bis Sonntag soll innerhalb des nächsten Geschäftsjahres um 10 % gegenüber dem heurigen Jahr gesteigert werden. (Was? Wann?).

■ In drei Monaten soll es jedem Gast möglich sein, das gewünschte Zimmer direkt übers Internet zu buchen. (Wann? Was?).

Persönliche Ziele

Aus- und Weiterbildung für den Unternehmer und für die Mitarbeiter, mehr Freizeit etc.

Beispiele

■ Durch die Renovierung der letzten 30 Gästezimmer soll mit Ende des Jahres die Voraussetzung geschaffen sein, als Viersternebetrieb eingestuft zu werden. (Was? Wann?).

■ Jeder Mitarbeiter mit direktem Gästekontakt soll innerhalb eines Jahres einen Italienischkurs im Ausmaß von mindestens 40 Stunden absolviert haben. (Was? Wann?).

Zielgruppen

Zielgruppen sind Personenkreise mit gleichen Merkmalen und Bedürfnissen, denen eine bestimmte Leistung angeboten bzw. verkauft werden soll. Nur wer seine Gästezielgruppe genau beschreiben kann, wird auch dafür passende Angebote erstellen können. Allgemeine Formulierungen wie „Urlauber" oder „Einheimische" sind dabei nicht sehr hilfreich.

Es hat keinen Sinn, jede Zielgruppe um jeden Preis anzusprechen. Manche Zielgruppen passen auch nicht zueinander, z. B. gleichzeitige Beherbergung von Senioren und Jungfamilien mit Kindern.

Kriterien für die Einteilung der Zielgruppen

■ **Demografische Merkmale:** Herkunft, Geschlecht, Alter, Familienstand, Einkommen, Lebensstil, Beruf, Bildung, Hobby.

■ **Reiseverhalten:** Reisehäufigkeit, Reisezeit, benutzte Verkehrsmittel, Buchungsgewohnheiten, Einzel-, Gruppenreisende.

■ **Reiseanlass:** Urlaub, Gesundheit, Kultur, Hochzeit, Kulinarik, Geschäftsreise.

? Arbeitsaufgaben

1. Was beachten Sie bei der Festlegung von Zielen?

2. Nennen Sie je zwei Beispiele für quantitativ messbare Ziele, qualitative Ziele und persönliche Ziele.

3. Nach welchen Kriterien können Zielgruppen eingeteilt werden?

2.4 Marketingstrategie

Strategien dienen dazu, die gesetzten Ziele zu erreichen. Sie bilden für den Unternehmer eine Art Marschroute. (Was? Womit? Warum?). Meist werden für den Betrieb gleich mehrere Strategien überlegt und verfolgt:

- Mit welcher Leistung soll welcher Markt bearbeitet werden: Kurzreisen, All-inclusive-Reisen, Bustourismus, Gourmetaufenthalte?
- Welche Absatzgebiete sollen gezielt bearbeitet werden: Region, Inland, benachbartes Ausland, Asien etc.?
- Wie differenziert soll der gesamte Tourismusmarkt bearbeitet werden: Seminare, Wellness, Familienurlaube, Fast Food, Outside-Catering etc.?
- Mit welcher Gästeschicht können die gesteckten Ziele am ehesten erreicht werden (Zielgruppendefinition)? Soll das angestrebte Ziel alleine oder in einer Partnerschaft (Angebotsgruppen) erreicht werden?

Unternehmenserfolg – Gästezufriedenheit

5 Marketing-mix
4 Marketing-strategie
3 Marketingziele
2 Erhebung des Istzustandes
1 Vision/Leitbild des Unternehmens

2.5 Marketingmix – Marketinginstrumente

In der nächsten Stufe des Marketingkonzeptes wird versucht Wege zu finden, um die gesteckten Ziele zu erreichen. Dabei bedient man sich der Marketinginstrumente (der „4 Ps"), die gut aufeinander abgestimmt eine Garantie für die Erreichung der Marketingziele sind.

Unternehmenserfolg – Gästezufriedenheit

5 Marketing-mix
4 Marketing-strategie
3 Marketingziele
2 Erhebung des Istzustandes
1 Vision/Leitbild des Unternehmens

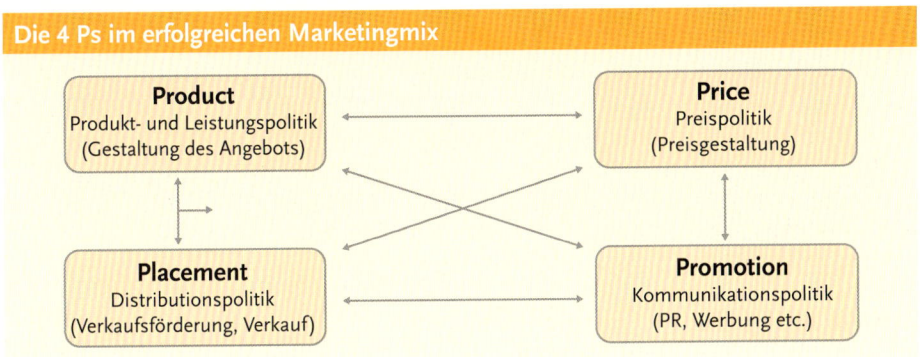

Die 4 Ps im erfolgreichen Marketingmix

Product
Produkt- und Leistungspolitik
(Gestaltung des Angebots)

Price
Preispolitik
(Preisgestaltung)

Placement
Distributionspolitik
(Verkaufsförderung, Verkauf)

Promotion
Kommunikationspolitik
(PR, Werbung etc.)

2.5.1 Product: Produkt- und Leistungspolitik

Die **Gestaltung des Angebotes** ist ein wesentlicher Marketingbaustein. Neue Angebote müssen nicht automatisch mit Zusatzkosten verbunden sein. Eine Veränderung des Angebotes ist aber nicht immer von heute auf morgen umsetzbar. Wer jedoch in der Zukunft erfolgreich sein will, muss sein Angebot rechtzeitig den sich ständig ändernden Gästebedürfnissen anpassen.

Dabei sind vor allem **eigenständige, unverwechselbare Angebote** gefragt. Die Leistungen sollen sich deutlich von denen des Mitbewerbers abheben, optimal für die Zielgruppe sein, aber auch zum Betrieb passen.

Bei der Auswahl der Angebote suchen Gäste stets nach dem besten Preis-Leistungs-Verhältnis – unabhängig der Kategorie des Betriebes. Die Angebote müssen stets attraktiv, einzigartig und klar sein:

- **Attraktivität:** Ob ein Angebot auch attraktiv ist, hängt letztlich von seinem Nutzen für den Gast ab. Hat der Gast dadurch einen besonderen Vorteil? Was ist die USP des Betriebes?
- **Einzigartigkeit:** Mit positiven Überraschungen oder Leistungen kann man verblüffen. Solche Erlebnisse bleiben dem Gast am besten in Erinnerung.
- **Klarheit:** Die Beschreibung des Angebotes muss klar, leicht verständlich und sofort erkennbar sein.

Formulieren Sie weitere Beispiele, die das Angebot eines Betriebes betreffen:

Im Beherbergungsbereich:

Im Verpflegungsbereich:

Sonstige Aufmerksamkeiten:

Beispiele für Marketingaktivitäten in Bezug auf Angebot und Leistung

Im Beherbergungsbereich
- Modernisierung und Erweiterung der Zimmerausstattung.
- Gästeservice über Hotel-TV-Kanal (z. B. zur Kontrolle der Zimmerrechnung oder zur Durchführung eines Quick-Check-outs).
- Attraktive Freizeitmöglichkeiten für Schlechtwetter.
- All-inclusive-Pauschalen für Familien.
- Zeitgemäße Freizeitprogramme für Kleinkinder.
- Einführung einer Regions-Gästekarte.
- Upgrading bei Einbettzimmer-Reservierungen.
- Packages für die Nebensaison.
- Late-Check-out am Abreisetag (z. B. bis 18:00 Uhr).

Im Verpflegungsbereich
- Neue Gerichte in der Speisenkarte.
- Täglich frische Kuchenauswahl aus eigener Produktion.
- Vermehrter Einsatz regionaler Lebensmittel.
- Speisenzubereitung vor dem Gast.
- Lunchbuffets oder Sonntagsbrunch.
- Spezialitätentage oder -wochen.
- Frühstücksbuffet für À-la-carte-Gäste.
- Menüpass für Stammgäste.
- Tagesmenükarte, verfasst in der Muttersprache des Gastes.
- Essen zum Mitnehmen (Take-away).
- Amuse gueules zu jedem dreigängigen Menü.
- Erweiterung des Angebotes um ausländische Flaschenweine.
- Kommentierte Weinverkostungen.
- Offener Ausschank von Bouteillenweinen.

Sonstige Aufmerksamkeiten, die den Aufenthalt des Gastes verschönern können
- Namentliche Begrüßung des Gastes.
- Angebot an Musik-CDs für die Dauer des Aufenthaltes.
- Im Winter Reinigung der Autoscheiben für abreisende Gäste.
- Tageszeitungen zur Überbrückung eventueller Wartezeiten.

Im Mitarbeiterbereich
- Durchführung gezielter Mitarbeitertrainings (z. B. Fremdsprachen).
- Regelmäßige Teilnahme an Fortbildungsveranstaltungen.
- Vorübergehende Beschäftigung von ausländischen Köchen bei Spezialitätenwochen.

(?) Arbeitsaufgaben

1. Welche Marketinginstrumente kennen Sie?
2. Was sollte beim Angebot in Ihrem Lehrbetrieb geändert werden?

2.5.2 Price: Preispolitik

Die Preisgestaltung eines Betriebes soll
- den Bedürfnissen und Erwartungen der Gäste entsprechen,
- den Markt mit seinen Mitbewerbern nicht aus den Augen verlieren,
- die langfristige Rentabilität des Betriebes sichern.

Wichtig bei der Preisgestaltung ist, dass für den Kunden in erster Linie die Leistung im Vordergrund steht. Jedes Produkt hat seinen Preis. Der vom Gast erwartete Nutzen muss höher sein als der für diese Leistung geforderte Preis. Der Preis sagt aber auch einiges über das Produkt aus. Für viele Gäste heißt es: „Was nichts kostet, ist nichts wert."

Möglichkeiten der Preisgestaltung	
Hochpreispolitik	Sie zielt auf zahlungskräftige Gäste und bietet ein entsprechendes teures Angebot.
Niedrigpreispolitik	Kann zur besseren Auslastung bzw. zur Gewinnung neuer Zielgruppen eingesetzt werden. (Schnupperpreise in Zeiten schwächerer Zimmerauslastung).
Kalkulatorischer Ausgleich	Die Preise werden z. B. bei Speisen niedriger gehalten und durch höhere Getränkepreise ausgeglichen.

Die Festlegung des Preises ist eine bedeutende Angelegenheit

Preisdifferenzierung

Die Preisdifferenzierung ist eine besondere Maßnahme der Preispolitik, d. h., dass für ein und dieselbe Leistung verschiedene Preise vorgesehen sind, z. B.:

- Spezialpreise bei einer größeren Zahl von Reiseteilnehmern (Gruppenreisen).
- Geburtstagskinder zahlen die Hälfte.
- Preis je nach Zeitpunkt der Gästebuchung nach den Kriterien des Yield Management: Die Nachfrage bestimmt den Preis.
- Lockangebote für bestimmte Reisezeiten (Nebensaison).
- Unterschiedlicher Preis je nach Aufenthaltsdauer (z. B. bei nur einer Nacht).
- Last-Minute-Buchungen mit Preisvorteil.
- Günstige Packages für Aufenthalte zwischen Montag und Donnerstag in der Ferienhotellerie bzw. zwischen Freitag und Sonntag in der Stadt- oder Seminarhotellerie (in der jeweils auslastungsschwächeren Zeit).
- Happy Hour bei Getränken.
- Mehlspeisen des Tages nach 18:00 Uhr mit 50 % Nachlass.

Yield Management = Ertragsmanagement; der Preis wird jeweils so der Nachfrage angepasst, dass man die höchstmögliche Auslastung mit höchstmöglichem Erlös erzielt (hohe Nachfrage → Preis steigt; geringe Nachfrage → Preis sinkt).

Umgekehrt kann statt einer Preisdifferenzierung auch ein Fixpreis festgelegt und das Angebot variiert werden. Man bezahlt beispielsweise ein Glas Limonade und kann beliebig oft nachholen. Damit können eine bessere Auslastung erreicht und neue Zielgruppen angesprochen werden.

Preispolitik bedeutet auch eine **ständige Kontrolle des Speisenangebotes.** Damit verbunden ist die gründliche Analyse der Speisenkarte. Man unterscheidet dabei vier Kategorien von Produkten (Speisen bzw. Getränken):

Verkaufsanalyse für Speisen und Getränke	
Der Sieger	Ist gut kalkuliert und verkauft sich auch sehr gut. Dieses Produkt sollte möglichst nicht verändert werden.
Der Renner	Ist schlecht kalkuliert, erfreut sich aber großer Beliebtheit bei den Gästen und verkauft sich gut. Hier könnte der Preis ein wenig erhöht werden.
Der Schläfer	Ist gut kalkuliert, verkauft sich aber nicht. Eine bessere Platzierung auf der Speisenkarte ist vorzunehmen bzw. eine gezielte Verkaufsförderung durchzuführen.
Der Verlierer	Ist schlecht kalkuliert und lässt sich auch nicht verkaufen. Das Produkt muss von der Karte genommen werden.

? Welches Gericht ist der Renner in Ihrem Haus?

Weitere Möglichkeiten der betrieblichen Preispolitik

- Kennenlernpreise anbieten.
- Einen psychologischen Preis, z. B. € 49,00, festlegen.
- Special-Event-Preise für z. B. Hochzeitsnacht, Silvester o. Ä.
- Gratisunterbringung einer dritten Person im Zimmer von zwei voll zahlenden Gästen.
- Zur Abdeckung der Inflationsrate die Preise jährlich anpassen.
- Preisstaffelungen nicht nach Saison, sondern entsprechend der Belegung des Hauses anbieten. Hochsaison ist dann, wenn das Haus am besten belegt ist und nicht, wenn es der Kalender vorschreibt.
- Belohnung für längere Aufenthalte: Wohne sieben, zahle nur sechs Tage.

✎ Formulieren Sie weitere Beispiele betrieblicher Preispolitik:

Wichtig bei Packages: Das Pauschalangebot muss dem Gast einen messbaren Vorteil bringen. Entweder gibt es für eine bestimmte Leistung in der fraglichen Zeit einen Preisnachlass oder – und das ist die bessere Variante – es gibt für denselben Preis in dieser Zeit zusätzliche Leistungen.

- Besondere Zahlungskonditionen: Frühzahlerbonus, inkludierte Stornoversicherung etc.
- Pauschalen, z. B. Kaffee und Kuchen (inklusive Geschenk der Tasse).
- Packages oder Pauschalen für Zeiten, die schwer zu verkaufen sind (z. B. für Aufenthalte von Sonntag bis Donnerstag).

Achtung – alle Preise sind zu kalkulieren!

Preise für Leistungen dürfen nicht vom Nachbarbetrieb übernommen werden. Da die Anforderungen unterschiedlich sind (z. B. höhere Pacht, höhere Betriebskosten, höhere Anzahl an Mitarbeitern, exklusivere Ausstattung etc.), kann eine Preisübernahme von der Konkurrenz für den Betrieb fatal enden. In der Kalkulation ist auch die eigene Arbeitsleistung und eine Abgeltung für die Abnutzung von Einrichtungen und Haus zu berücksichtigen.

(?) Arbeitsaufgaben

1. Nennen Sie für den Gast attraktive Beispiele der Preisgestaltung.
2. Wie könnte der Verkauf in Ihrem Betrieb verbessert werden?
3. Warum müssen alle Preise kalkuliert werden?

2.5.3 Placement: Verkaufsförderung und Verkauf

Betriebsintern erfolgt Verkaufspolitik in erster Linie durch die Mitarbeiter im Empfang, in der Bankettabteilung, im Service, durch die Verkaufsabteilung und über den Onlineverkauf im Internet.

Verkaufsförderung (Sales Promotion)

Darunter versteht man alle Maßnahmen, die direkt oder indirekt zur Steigerung der Verkaufszahlen führen können.

Beispiele für verkaufsfördernde Maßnahmen

Im Beherbergungsbereich
- Probewohnen.
- Incentives.

Im Verpflegungsbereich
- Ansprechende Speisenkarte.
- Attraktive Tischaufsteller oder bedruckte Tischsets.
- Kochkurse mit dem Küchenchef.
- Schauküche.
- Displaytische, Kuchenvitrinen, Buffets.
- Kostproben neuer Gerichte oder Getränke.
- Informationen rund um den Wein in den Getränkekarten.
- Cocktailmixen vor dem Gast.
- Kuchendüfte im Kaffeehaus.
- Kochrezepte zum Mitnehmen.

Sonstiges
- Ansprechende Hauszeitung.
- Stilvolle Beleuchtung und Stimmungsmusik.
- Professionelle Reklamationsbearbeitung.
- Gezieltes Rhetoriktraining für Mitarbeiter.
- Stets aktualisierte Gästekartei.

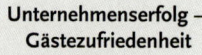

Unternehmenserfolg – Gästezufriedenheit

5 Marketing-mix
4 Marketing-strategie
3 Marketingziele
2 Erhebung des Istzustandes
1 Vision/Leitbild des Unternehmens

Incentive = Anreiz; Firmen belohnen und motivieren ihre Mitarbeiter, indem sie ihnen eine Reise und alle Aufenthaltskosten zahlen.

✎ Welche sonstigen Maßnahmen der Verkaufsförderung kennen Sie?

Verkauf

Erfolgreiche Verkaufsgespräche basieren auf der AIDA-Formel:	
Attention	Aufmerksamkeit des Kunden erregen
Interest	Interesse am Angebot wecken
Desire	Drang (Wunsch) zum Kauf auslösen
Action	Abschluss des Geschäftes

Erfolgreicher Verkauf gelingt durch

■ eine positive Grundeinstellung.
■ ein einladendes Lächeln.
■ eine nette Begrüßung.
■ aktives Zuhören.
■ eine bildhafte Sprache.
■ bewusstes Einsetzen der Stimme.
■ Konzentration auf den Gesprächspartner.
■ konkrete Angebote.
■ gezielte Fragestellung.
■ Aufzeigen von Alternativen.
■ aktives Anbieten von Zusatzprodukten bzw. -leistungen.
■ Wecken eines positiven Gefühls beim Gast.
■ positive, freundliche Gesprächsabschlüsse mit einem ehrlichen Danke.

Externer Verkauf – interner Verkauf

Interner Verkauf sind alle indirekten und direkten Verkaufsmaßnahmen, die der Betrieb innerhalb des Hauses für seine Kunden wahrnimmt. Der interne Verkauf beginnt beim ersten Kontakt mit dem Gast (z. B. über Telefonat oder E-Mail) und setzt sich später fort bei der Betreuung des Gastes im Haus während seines Aufenthaltes.

Vom **externen Verkauf** spricht man, wenn der Betrieb mit Verkaufsaktivitäten nach außen auftritt, also wenn der Betrieb aktiv auf den Kunden zugeht.

Folgende Möglichkeiten des externen Verkaufs bieten sich an
■ Direct Mailing (Stammkundenpflege)
■ Zusammenarbeit mit Tourismusorganisationen
■ Verkaufsbesuche durch Hotelrepräsentanten
■ Präsentation auf Tourismusmessen
■ Hotelkooperationen (Angebotsgruppen)
■ Zusammenarbeit mit Reiseveranstaltern und Reisebüros
■ Internetbuchungssysteme
■ Vereine

Direct Mailing

Direct Mailings sind Werbeaussendungen an ausgewählte Adressen. **Die Daten der eigenen Gästekartei** werden dabei für die gezielte Bewerbung von Spezialangeboten genutzt. Adressen können aber auch von Adressverlagen zugekauft werden. Einige Tage nach dem Versand ist ein telefonisches Follow-up bei den Adressaten sinnvoll.

Zusammenarbeit mit Tourismusorganisationen

Tourismusorganisationen übernehmen die Positionierung und Vermarktung einer Region. Eine Unterstützung ist nur dann möglich, wenn das Tourismusbüro auch aktuelle Informationen des Betriebes hat. Daher ist eine **gute Kommunikation** die Basis, um von den Aktionen der Tourismusorganisation als einzelner Betrieb zu profitieren.

Freie Zimmerkapazitäten müssen den Tourismusbüros umgehend gemeldet werden, damit diese aktiv angeboten werden können. Aber auch über Neuerungen im Betrieb, Spezialangebote, neue Folder und Werbemittel sind die Büros sofort zu informieren.

✎ Welche Verkaufsaktivitäten gibt es derzeit in Ihrem Lehrbetrieb?

Freundlichkeit ist das Um und Auf im Verkauf

Follow-up = ein Nachfassen, Nachhaken.

Nur durch eine exakte Vorausplanung und eine professionelle Nachbearbeitung ist die Teilnahme an einer Messe auch wirkungsvoll und die meist hohen Kosten gut investiert.

➡ Siehe auch „Betriebe der Hotellerie und Gastronomie – Betriebe nach Zusammenschlüssen, Themenhotels", S. 81.

Verkaufsbesuche durch Hotelrepräsentanten

Bestens geschulte Mitarbeiter vereinbaren Gesprächstermine bei Firmenkunden, Reisebusunternehmen und Reisebüros und bieten passende Leistungspakete an.

Präsentation auf Tourismusmessen

Je nach Art und Größe des Betriebes wird man sich für die Teilnahme an einer Fachmesse oder einer Freizeitmesse mit Publikumsbeteiligung entscheiden. Um Kosten zu sparen, kann ein Messeauftritt auch in Kooperation mit anderen Betrieben organisiert werden.

Messen
Bekannte Fachmessen für Tourismusbetriebe
MITCAR in Paris, WORLD TRAVEL MART in London, RDA in Deutschland, ITB in Berlin, BIT in Mailand, ATB in Österreich.
Bekannte Freizeitmessen
Internationale Reisemesse „Tourist" in Linz, Ruefa Reisemesse in Wels, Ferienmesse in Wien, aber auch Hochzeitsmessen, z. B. die „Trau dich" in Wien oder Freizeitmessen (z. B. eine Reitsportmesse, wenn man einen Reiterhof betreibt, oder die Viennagolf für Golfhotels) können geeignete Plattformen für die Präsentation des Betriebes sein.

Hotelkooperationen

Betriebe mit klar definiertem Angebot können sich mit gleichartigen Unternehmen zu Angebotsgruppen zusammenschließen. Gemeinsame Werbeauftritte und Verkaufsaktivitäten können so kostengünstig durchgeführt werden (z. B. Romantikhotels, Reitarena Austria, Austria Kuschelhotels).

Zusammenarbeit mit Reiseveranstaltern und Reisebüros

Gewöhnlich wird dabei von den Reisebüropartnern ein Kontingent von Zimmern bzw. Pauschalleistungen zum Verkauf übernommen. Für tatsächlich getätigte Buchungen ist an das Reisebüro eine Provision zu entrichten.

Internetbuchungssysteme

Immer mehr Betriebe bieten dem Gast die Möglichkeit, über das Internet Zimmer, aber auch Restaurantleistungen zu buchen. Die Reservierung kann dabei direkt an den Betrieb gehen oder es wird eine Buchungsplattform (z. B. Tiscover) dazwischengeschaltet.

Vereine

Der Verkauf spezieller Angebote erfolgt über Vereine, z. B. Kegelverein, Seniorenbund, Golfclub.

? Arbeitsaufgaben

1. Was versteht man unter Verkaufsförderung?
2. Beschreiben Sie Möglichkeiten des externen Verkaufs.

2.5.4 Promotion: Öffentlichkeitsarbeit (Public Relations), Werbung, Sponsoring, Beschwerdemanagement

Öffentlichkeitsarbeit (Public Relations – PR)

Sie besteht darin, ein positives Erscheinungsbild des Betriebes aufzubauen. Das Motto dafür lautet: „Tue Gutes und sprich darüber!"

Die Öffentlichkeitsarbeit umfasst sämtliche Maßnahmen eines Unternehmens, das Vertrauen ausgewählter Zielgruppen zu gewinnen. Gezielte Aktionen können den Bekanntheitsgrad und durch das gehobene Image auch die Motivation der Mitarbeiter steigern.

Unternehmenserfolg – Gästezufriedenheit

5 Marketing-mix
4 Marketingstrategie
3 Marketingziele
2 Erhebung des Istzustandes
1 Vision/Leitbild des Unternehmens

Wer ist die „Öffentlichkeit"?	
Intern	**Extern**
▪ Mitarbeiter	▪ Bisherige und potenzielle neue Gäste
▪ Angehörige der Mitarbeiter	▪ Presse
▪ Eigentümer, Gesellschafter, Aktionäre	▪ Einheimische, Nachbarn
▪ Gäste im Haus	▪ Tourismusorganisationen
	▪ Reiseveranstalter und -mittler
	▪ Taxifahrer
	▪ Unternehmen
	▪ Behörden, Wirtschaftsverbände
	▪ Hausbanken

Interne Öffentlichkeitsarbeit

Öffentlichkeitsarbeit beginnt im Betrieb selbst. Voraussetzung für ein erfolgreiches Unternehmen ist zunächst ein funktionierender Informationsfluss unter den Mitarbeitern. Die Mitarbeiter müssen vom Zweck und von den Zielen des Unternehmens (siehe S. 185) überzeugt sein und sich mit diesen **identifizieren.**

Sobald eine spezielle Aktion geplant wird, müssen alle Mitarbeiter über den Inhalt informiert werden. Auf diese Weise werden Mitarbeiter motiviert und die Identifikation mit dem Betrieb und seinen Leistungen steigt.

Beispiele für interne Öffentlichkeitsarbeit
- Hauszeitungen
- Aktionen zur Mitarbeitermotivation (z. B. Belohnung bei Erreichen einer bestimmten Leistung)
- Auszeichnung von Mitarbeitern
- Strukturierte Mitarbeitergespräche
- Aushang von Presseartikeln
- Information über Unternehmensziele
- Regelmäßige Mitarbeitermeetings
- Weiterleitung von Gästelob
- Fotogalerie prominenter Gäste
- Öffentliches Gästebuch
- Fotobuch mit Eindrücken gelungener Veranstaltungen

Erhöhung des Bekanntheitsgrades durch externe Öffentlichkeitsarbeit
- Einladungen für Pressevertreter
- Versand von Pressemitteilungen und Pressemappen
- Betriebsbesichtigungen und Hausführungen
- Stammtische
- Einladungen für VIPs
- einen Tag der offenen Tür
- Versand von Newsletters an Stammgäste
- eine professionelle Behandlung von schriftlichen Gästebeschwerden
- Förderung öffentlicher Veranstaltungen
- Förderung von Wohltätigkeitsveranstaltungen (Sponsoring)
- Organisation von Events
- Engagement des Unternehmers in örtlichen Vereinen

Vorteile der externen Öffentlichkeitsarbeit
- Einbindung in Aktivitäten des Ortes und der Region
- Steigerung des Stellenwertes in der Gemeinde und Region
- Bessere Akzeptanz der Anliegen und Interessen bei Gemeinde und Tourismusverband
- Vermehrte Berücksichtigung bei künftiger Gästevermittlung
- Steigerung der eigenen Motivation

Regelmäßige Mitarbeitermeetings sind ein wichtiges Werkzeug der internen Öffentlichkeitsarbeit

✎ Welche Form der externen Öffentlichkeitsarbeit gibt es in Ihrem Betrieb?

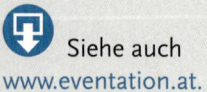

Verfassen Sie eine Presse-information über ein aktuelles Thema Ihres Lehrbetriebes:

⬇ Siehe auch
www.eventation.at.

Pressemitteilungen

Eine Information an Tageszeitungen ist nur dann sinnvoll, wenn über ein wirklich außergewöhnliches Angebot oder Ereignis berichtet werden kann. Für die Arbeit mit der überregionalen Presse ist auch die Einbindung der Gemeinde, der Region oder der Kooperationsgruppe sinnvoll.

Tipps zum Schreiben von Pressemeldungen

- Mit griffigen Überschriften das Interesse wecken.
- Einleitungen mit schlagwortartiger Darstellung des nachfolgenden Inhaltes.
- Im ersten Absatz das Wer? Was? Wann? Wo? Warum? Wie? formulieren.
- Qualität vor Quantität: Kürzere Texte sind oft sinnvoller.
- Nur über Fakten, die jeder Nachprüfung standhalten, berichten.
- Der Schreibstil sollte klar, sachlich und fachlich korrekt sein; keine Wir-Sätze verwenden.
- Achtung: korrekte Namen (Titel, Vor- und Zunamen, evtl. berufliche Position) in einer durchgängigen Schreibweise; Namen ohne Anrede.
- Eigenlob, Fachbegriffe, Abkürzungen und Fremdwörter möglichst vermeiden.
- Zahlen bis inklusive zwölf ausschreiben, ab 13 Darstellung mit Ziffern.
- Mindestens einmal im Text den vollständigen Namen des Betriebes erwähnen.
- Die Texte auf die Zielgruppe der Medien abstimmen, z. B. Unterschiede bei Tages- und Fachzeitungen.
- Die Aktualität der Informationen ist Vorraussetzung für eine Berichterstattung in der Zeitung.
- Texte so gestalten, dass sie zum Ende hin gekürzt werden können, sie aber trotzdem verständlich bleiben.
- Weißes Blatt im A4-Format, maximal 2 Seiten, Texte in der Schriftart Arial, Verdana oder Times.
- Flattersatz mit 1 1/2 fachem Zeilenabstand, maximal 55 Zeichen pro Zeile.
- Vermeidung von Anführungszeichen, Kursiv- oder Fettschrift, Großbuchstaben bzw. Unterstreichungen.
- Bilder mit einer maxmialen Auflösung von 300 dpi; im JPG-Format für E-Mails oder im TIFF-Format für die Weitergabe auf CD oder für Fotogalerien im Internet zum kostenlosen Download.
- Bildunterschrift (wer, was, wie, wo, warum?).
- Abgebildete Personen v. l. n. r. mit Vor- und Nachnamen und dem Namen des Fotografen (Urheberrecht).
- Datum, Firmenadresse und Kontaktperson für Rückfragen anführen.

Eventmarketing

Ein Event ist ein besonderes, außergewöhnliches Ereignis, das in einem begrenzten zeitlichen und räumlichen Umfang stattfindet und von einem Unternehmen inszeniert wird.

Seit ca. 20 Jahren wird verstärkt auf Eventmarketing gesetzt. Außergewöhnliche Veranstaltungen sollen Gäste in eine Region locken. So werden z. B. in der Gemeinde Ischgl im Tiroler Paznauntal immer wieder Events organisiert, die auch international großes Aufsehen erregen – wenn beispielsweise Elton John ein Top-of-the-Mountain-Konzert gibt. Die Gästenachfrage konnte dadurch stark gesteigert werden.

Ein weiteres Beispiel ist der Life Ball in Wien, der jährlich tausende Besucher anlockt.

Werbung

Gute Werbung im Tourismus soll bei potenziellen Gästen Bedürfnisse wecken und z. B. Lust auf Urlaub oder gutes Essen machen. In der Werbung sind Wahrheit, Wirksamkeit und Wirtschaftlichkeit besonders wichtig.

Grundsätze für Werbeaktivitäten	
Was soll die Werbung erreichen?	**Ziele setzen:** ■ Soll zunächst nur Neugier geweckt werden? ■ Wie viele Reservierungen will man erzielen?
Wen will man damit erreichen?	**Zielgruppen festlegen:** ■ Stammgäste, Familien, Wanderfreunde, Seminarveranstalter etc.
Wie sollen die Werbeaussagen gestaltet sein?	**Überzeugende Argumente verwenden:** ■ Durch die Werbung müssen die Vorteile für den Gast deutlich werden. ■ Die Stärken des Betriebes besonders betonen. ■ Mit ansprechenden Bildern Emotionen beim Gast wecken. ■ Geeignete Werbemittel auswählen.
Wo und wann **wird** geworben?	■ Die Region für Aussendungen bzw. Inserate genau festlegen. ■ Idealen Zeitraum für die Werbung auswählen.
Wer macht was und wie wird es kontrolliert?	Die Weise, wie die Umsetzung des Werbeplanes organisiert und kontrolliert wird.

Arten der Werbung

Direktwerbung
Hier wird die Zielgruppe vom Betrieb direkt angesprochen. Sie kann per E-Mail oder per Post erfolgen. Damit werden dem Beworbenen Prospekte, Preislisten, Einladungen, regelmäßige Gästeinformationen, Neuigkeiten etc. übermittelt.

Vorteile der Direktwerbung
■ Schnell und preiswert. ■ Dem potenziellen Gast liegen Vereinbarungen, Preise etc. schriftlich vor. ■ E-Mails können in einer Datenbank gespeichert werden und eine Nachbearbeitung ist leicht möglich.

Indirekte Werbung
Die Werbung erfolgt nicht direkt, sondern durch **Mundpropaganda** über andere Gäste.

Ziele der Werbung
■ Werbebotschaften sollen die Zielgruppen möglichst ohne Streuverlust erreichen.
■ Die Werbemaßnahme soll bewusst wahrgenommen werden.
■ Der angesprochene Gast soll durch die Werbebotschaft informiert werden.
■ Die aufgenommene Werbebotschaft muss beim Gast Emotionen wecken.
■ Wesentliche Inhalte der Werbung sollen im Gedächtnis gespeichert bleiben.
■ Die in der Werbung versprochene Leistung soll für den Gast einen größeren Nutzen in Aussicht stellen.
■ Bei dem umworbenen Gast soll das Kaufinteresse an der angesprochenen Leistung geweckt werden.
■ Der angeregte Kaufwunsch des Gastes soll in die Tat umgesetzt werden.
■ Das positive Image des Betriebes soll verstärkt werden.
■ Ein zufriedener Gast soll den Betrieb an potenzielle Kunden in seinem Bekanntenkreis weiterempfehlen.

! Werbung ist nur ein Teil des Marketingmix!

Gut gestaltete Werbemittel machen Lust auf Urlaub

Die Entscheidung, welche Marketingaktivitäten im Unternehmen gesetzt werden, hängt in erster Linie vom gesteckten Marketingziel ab. Mit einem geschickten Mix mehrerer Marketinginstrumente werden die Ziele eher erreicht.

Streuverlust = Eine Werbung wird im optimalen Fall so gestreut, dass sie genau ihre Zielgruppe anspricht. Werden mit der Aktion viele nicht interessierte Empfänger angesprochen, spricht man von Streuverlust.

✎ Welche Werbemittel sind für Ihren Lehrbetrieb sinnvoll?

Werbemittel

- Drucksorten wie Briefpapier, Visitenkarten, Ansichtskarten, Antwortkarten etc.
- Hausprospekte mit wesentlichen Informationen über den Betrieb.
- Plakate zur raschen Vermittlung einer Werbebotschaft.
- Inserate.
- Leuchtreklame, z. B. Lasershows.
- Transparente bei Großveranstaltungen.
- TV- oder Rundfunkspots.
- Flugblätter für den Einsatz in der näheren Umgebung (Bezirk, Region) für kurze, aktuelle Informationen.
- Messestände als Außenstelle des Betriebes.
- Werbegeschenke (Give-aways), z. B. Kalender, Kugelschreiber, Streichhölzer, Süßigkeiten etc.
- Speisen- und Getränkekarten.
- T-Shirts, Schirme, Reisetaschen etc.
- Tischsteher, bedruckte Tischsets
- Beschilderung für außen und innen
- Schaukästen
- Hauszeitung
- Preisausschreiben
- Homepage
- Newsletter

Jede Art der Werbung muss zum Gesamtbild passen und daher nach den Richtlinien des **Corporate Design** (CD, siehe S. 177) des Betriebes gestaltet werden.

Werbung im Internet	
Homepage	Die angebotenen Leistungen können aktuell und kurzfristig präsentiert werden. Die direkte Informations- und Buchungsmöglichkeit für den interessierten Gast spielt dabei eine wichtige Rolle.
Bannerwerbung	Klassische Text-Bild-Gestaltung auf einem Banner, das als Werbefläche auf häufig frequentierten Websites eingeblendet wird.
Audio- und Video-spots	Zur klassischen Bannerwerbung gibt es immer häufiger applizierte Audio- und Videospots, die auf Mausklick ablaufen.
Digitale Postkarten	Hotels und Tourismusregionen bieten ihren Gästen die Möglichkeit, über das Internet virtuelle Postkarten zu versenden.
Newsletter	Eine kostengünstige, schnelle und sichere Möglichkeit, über E-Mail Informationen an Interessierte weiterzuleiten.
Webcams	Stets aktuelle Life-Bilder informieren über Wetter, Schneelage etc.

Die Beschilderung des Hauses zählt zu den Werbemitteln – hier ein eindrucksvolles Beispiel

💡 Eine Online-Anfrage muss innerhalb von zwei Stunden beantwortet werden, dann liegt die Buchungswahrscheinlichkeit bei 70 %. Wird die Anfrage erst am nächsten Tag oder noch später beantwortet, hat der Kunde in der Regel bereits woanders gebucht. Mit einer möglichst kurzen **Responsezeit** (also der Zeitspanne, bis auf eine Anfrage ein Angebot übermittelt wird) kann daher ein echter Wettbewerbsvorteil erzielt werden. Dies bedeutet aber, dass die Kommunikationskanäle über die elektronischen Medien gepflegt und betreut werden müssen (z. B. automatische Information bei Eintreffen eines E-Mails oder einer Online-Anfrage).

Die Homepage

Für einen modernen, zukunftsorientierten Betrieb ist ein professioneller Internetauftritt ein selbstverständliches Werbemittel. Um aus der Fülle der Informationsseiten im World Wide Web hervorstechen zu können, sind grundlegende Anforderungen zu beachten:

- Die Planung und Gestaltung des Internetauftrittes ist einem Profi mit Erfahrung für Tourismusseiten zu übergeben.
- Es ist zu überlegen, unter welchen Suchbegriffen die Webseite in den einzelnen Suchmaschinen zu finden sein soll.
- Das Hochladen der Seite sollte möglichst schnell gehen.
- Die Homepage des Betriebes muss auf die Erfordernisse der Suchmaschinen Rücksicht nehmen und mit Hotelreservierungssystemen bzw. Onlinebuchungsportalen kompatibel sein. Zimmer sollen direkt über die Homepage gebucht werden können.
- Die Seite muss übersichtlich gestaltet und benutzerfreundlich sein. Kunden verlassen sofort genervt eine Seite, wenn sie sich nicht zurechtfinden – und landen bei der Konkurrenz.
- Der Ankauf von Suchbegriffen („Keyword-Advertising") ist zu überlegen.

Was beim Verfassen von Newslettern und E-Mails zu beachten ist

- Kurze, leicht verständliche Sätze ohne Verschachtelungen formulieren.
- Nebensätze, Fremdwörter, Abkürzungen und Fachbegriffe vermeiden.
- Keine Hilfsverben wie können, möchten, sollen, dürfen etc. verwenden.
- Auf Phrasen und überflüssige Details verzichten.
- Auf alle vom Gast in der Anfrage formulierten Informationsbedürfnisse eingehen und ergänzende Informationen geben; Alternativen anbieten.
- Bilder in den Köpfen des Empfängers entstehen lassen.
- Auf negative Formulierungen verzichten, z. B. fernab von Lärm und Durchzugsverkehr.
- Positive Begriffe als Verstärker verwenden: ... unsere vielen Stammkunden schätzen besonders; Sie können bequem ...; ... sicher; ... Qualität; Ihr Nutzen etc.
- Den Gast ansprechen: Sie, Ihnen, Ihrer ...; und nicht: wir, unser, ich.
- Emotionale Ebene des Empfängers ansprechen: „Ihre beiden Kinder Sarah und Philipp ...".
- Immer wieder verwendete Textbausteine von Zeit zu Zeit verbessern bzw. erneuern.
- Adresse der Homepage als Link bereits in den Text einbauen.
- Signatur am Ende der Nachricht einfügen. Sie sollte nicht länger als der Text sein und die E-Mail-Adresse sowie die Telefonnummer enthalten. In Österreich müssen auch die Firmennummer und der Gerichtsstand enthalten sein.

Exkurs: Rechtliche Situation für E-Mails

Im § 107 TKG 2003 heißt es: (2) Die Zusendung einer elektronischen Post – einschließlich SMS – an Verbraucher im Sinne des §1 (...) ohne vorherige Einwilligung des Empfängers ist unzulässig, wenn

- die Zusendung zu Zwecken der Direktwerbung erfolgt oder
- an mehr als 50 Empfänger gerichtet ist.

Eine vorherige Zustimmung für elektronische Post gemäß Abs. 2 ist dann nicht notwendig, wenn

- der Absender die Kontaktinformation für die Nachricht im Zusammenhang mit dem Verkauf oder einer Dienstleistung an seine Kunden erhalten hat und
- diese Nachricht zur Direktwerbung für eigene ähnliche Produkte oder Dienstleistungen erfolgt und
- der Kunde klar und deutlich die Möglichkeit erhalten hat, eine solche Nutzung der elektronischen Kontaktinformation von vornherein bei deren Erhebung und zusätzlich bei jeder Übertragung kostenfrei und problemlos abzulehnen.

TKG = Telekommunikationsgesetz. Es ist seit 2003 inkraft.

❓ Arbeitsaufgaben

1. Erstellen Sie einen kurzen Werbetext für Ihren Betrieb.
2. Nennen Sie die für Ihren Betrieb geeigneten Werbemöglichkeiten.
3. Welche Art der Werbung ist für Restaurants sinnvoll?
4. Erstellen Sie ein Anforderungsprofil für eine professionelle Homepage für Ihren Betrieb.

Sponsoring

Personen, Organisationen oder Veranstaltungen im sportlichen, kulturellen, sozialen oder im Medienbereich werden durch Geld-, Sach- oder Dienstleistungen unterstützt. Die dadurch erreichte **positive Öffentlichkeitswirkung** hilft dem Betrieb bei der Erreichung seiner Marketing- und Unternehmensziele.

Beschwerdemanagement

Eine Beschwerde ist die Äußerung einer Unzufriedenheit an einer Leistung. Äußert der Gast eine Beschwerde oder eine Kritik, erwartet er entweder die Wiedergutmachung oder eine Änderung des Verhaltens im Betrieb. Fehler können immer wieder auftreten. Es darf eine vorgebrachte Beschwerde nicht als nebensächlich abgetan werden, sondern sie kann helfen, aus den Fehlern zu lernen.

Beschwerden sind Chancen.

💡 Die Mundpropaganda nach einer positiv erledigten Beschwerde ist ein unbezahlbares Werbemittel.

Wie mit Reklamationen umgegangen wird, entscheidet darüber, ob sich der Gast gut betreut fühlt oder nicht

🗨 Was will der Gast bewirken, wenn er Ihnen seine Unzufriedenheit mitteilt?

Beugen Sie künftigen Fehlern vor: Überdenken Sie nach erfolgreicher Erledigung einer Reklamation, was die Ursache für diesen Fehler gewesen sein könnte. Nur wenn es Ihnen gelingt, die Ursache und nicht das Symptom zu beheben, werden in Zukunft weniger Fehler auftreten.

Darüber hinaus können Gäste, deren Reklamation zufriedenstellend gelöst wurde, zu wichtigen Werbeträgern für den Betrieb werden, indem sie es weitererzählen (Mundpropaganda).

Das sollte man über Beschwerden wissen

- Nur etwa 10 % der unzufriedenen Kunden sprechen ihre Unzufriedenheit im Betrieb auch aus. Alle anderen sagen vorerst nichts, bleiben dem Betrieb in Zukunft aber fern oder äußern an anderer Stelle ihren Ärger.
- Es ist wesentlich leichter (und vor allem kostengünstiger), aus einem reklamierenden Gast einen Stammgast zu machen, als einen neuen Gast zu gewinnen.

Zehn Punkte für das richtige Verhalten bei Beschwerden

1. **Entschuldigen Sie sich** für den Fehler und versuchen Sie nicht, sich auf Kollegen auszureden.
2. **Bleiben Sie höflich und bedanken Sie sich** beim Gast für die ausgesprochene Beschwerde und die damit verbundene Chance zur Qualitätsverbesserung.
3. **Nehmen Sie den Kunden ernst und zeigen Sie Verständnis.** Dem Gast ist es gleichgültig, wer für den Fehler verantwortlich ist. Mit Verständnis kann dem verärgerten Gast meist der Wind aus den Segeln genommen werden. Geben Sie dem Gast das Gefühl, dass Sie seine Situation nachempfinden können.
4. **Hören Sie dem Gast aufmerksam zu** und lassen Sie ihn ausreden, denn er will zunächst seinen Ärger loswerden. Geben Sie ihm dazu Gelegenheit und machen Sie sich evtl. Notizen. Fassen Sie das Gehörte noch einmal kurz zusammen.
5. **Bleiben Sie ruhig und sachlich** und fühlen Sie sich nicht persönlich angegriffen. Versuchen Sie sich nicht zu verteidigen und bedenken Sie, dass meist eine Sache beanstandet wird und nicht eine Person.
6. **Diskutieren Sie mit dem Gast nicht über das Problem:** Der Gast hat in diesem Moment Recht, auch dann, wenn er einmal im Unrecht ist. Durch Streit wird weder das Problem gelöst noch der Frust abgebaut, der Ärger wird eher größer. Auch wenn Sie dem Gast beweisen können, dass er im Unrecht ist, wird er zu keinem zufriedenen Gast. Nur er entscheidet, wann bzw. womit er zufrieden ist.
7. **Reagieren Sie sofort:** Zeigen Sie dem Gast – unabhängig von Ihrer Kompetenz – dass Sie sich dieser Reklamation annehmen. Tun Sie sofort etwas: aufschreiben, reparieren, austauschen, aktiv hinhören etc. Informieren Sie den Gast, wie lange die Behebung des Missstandes dauern wird. So gewinnt er den Eindruck: „Die kümmern sich um mich."
8. **Sie sind aus der Sicht des Gastes für die Lösung des Problems zuständig,** da Sie die Beschwerde entgegengenommen haben. Entweder Sie beheben den Fehler daher selbst oder Sie sorgen dafür, dass dies unverzüglich geschieht.
9. **Lösen Sie das Problem möglichst großzügig:** Eine Entschädigung (Kaffee) genügt nicht, wenn die gewünschte Speise nicht den Vorstellungen des Gastes entsprochen hat! Ein Gericht (Getränk), das nicht zufriedenstellend war, muss sofort ausgetauscht oder von der Rechnung genommen werden.
10. **Bedanken Sie sich beim Gast noch einmal für die Äußerung seiner Beschwerde** und belohnen Sie ihn dafür mit einer kleinen Aufmerksamkeit.

(?) Arbeitsaufgaben

1. Wie kann Öffentlichkeitsarbeit ohne großen finanziellen Aufwand betrieben werden?
2. Nennen Sie einige Gründe, warum ein Gast seine Unzufriedenheit nicht gleich ausspricht.
3. Was können Sie tun, damit Sie vom Gast möglichst schnell über Fehler im Betrieb informiert werden?

3 Erfolgskontrolle

Nach Ablauf der mit den Marketingzielen festgelegten zeitlichen Fristen ist zu überprüfen, ob die eingesetzten Marketinginstrumente auch den gewünschten Erfolg gebracht haben. Diese neuen Daten sind wieder die Ausgangsbasis für das nächste Marketingkonzept.

Ergibt die Kontrolle, dass die gewünschten Ziele kaum oder nicht erreicht wurden, müssen die Marketingziele bzw. -instrumente im nächsten Konzept entsprechend geändert werden.

? Arbeitsaufgaben

1. Wozu dient die Erfolgskontrolle?
2. Was passiert mit den erhobenen Daten?
3. Warum ist ein Marketingkonzept immer wieder aufs Neue zu erstellen und zu überarbeiten?

Der Weg zum eigenen Unternehmen – Betriebsgründung, Betriebsstilllegung

§ „Selbstständigkeit liegt vor, wenn die Tätigkeit auf eigene Rechnung und Gefahr ausgeübt wird." §1 (3) GewO

Reglementierte Gewerbe, z. B.
- Frühstückspension
- Gasthof
- Gasthaus
- Hotel
- Restaurant
- Kaffeehaus
- Bar

Freie Gewerbe, z. B.
- Schutzhütten
- Würstelstand
- Kebabstand
- Schnitzelstand

Die gesetzliche Grundlage für die Gründung und die Stilllegung eines Betriebes ist die Gewerbeordnung 1994 (Bundesgesetz) mit den dazugehörigen Novellen von 2002 und 2007. Für jede gewerbliche Tätigkeit braucht man eine Gewerbeberechtigung von der Gewerbebehörde. Eine Tätigkeit wird gewerbsmäßig ausgeübt, wenn sie selbstständig, regelmäßig und mit Ertragsabsicht betrieben wird. Die Gewerbeordnung unterscheidet zwischen vier Arten von Gewerben:

Arten von Gewerben	Ausübungsbeginn
1. Reglementierte Gewerbe 2. Teilgewerbe 3. Freie Gewerbe	mit Gewerbeanmeldung.
4. Reglementierte Gewerbe (Rechtskraftgewerbe)	mit Erteilung des rechtskräftigen Bescheides der Gewerbebehörde.

◎ Unsere Ziele

Nach Bearbeitung dieses Kapitels werden Sie
- reglementierte und freie Gewerbe beschreiben können;
- die Voraussetzungen für die verschiedenen Betriebsarten nennen können;
- den Behördenweg zur Erlangung des Gewerbescheins darstellen können;
- die Rechte und Pflichten, die zu den einzelnen Betriebsarten gehören, nennen können;
- die Möglichkeiten, die zum Ende einer Gewerbeberechtigung führen, darlegen können.

1 Voraussetzungen für den Erhalt einer Gewerbeberechtigung

1.1 Allgemeine Voraussetzungen

Eigenberechtigung

Das ist die Berechtigung, sein Vermögen selbst zu verwalten und voll rechts- und handlungsfähig zu sein. Sie tritt grundsätzlich mit Vollendung des 18. Lebensjahres ein.

Österreichische Staatsbürgerschaft oder EU- bzw. EWR-Staatsangehörigkeit

Österreichische Staatsbürger können bei Einhaltung der Auflagen jederzeit ein Gewerbe ausüben, dasselbe gilt für EU-Staatsbürger, wenn keine Gewerbeausschließungsgründe vorliegen. Angehörige von Drittstaaten müssen über einen Aufenthaltstitel in Österreich verfügen, der die Ausübung einer Selbstständigkeit zulässt.

Ausschließungsgründe sind z. B.
- gerichtliche Verurteilung (betrügerische Krida, Schädigung fremder Gläubiger o. Ä.).
- Verfolgung wegen Finanzdelikten.
- Konkursabweisung mangels kostendeckenden Vermögens.

Geeigneter Standort und allenfalls Betriebsanlagengenehmigung (siehe 2.2)

Diese muss allerdings zum Zeitpunkt der Gewerbeanmeldung noch nicht vorliegen.

1.2 Besondere Voraussetzungen für reglementiertes Gewerbe

Befähigungsnachweis

Das Gastgewerbe ist ein reglementiertes Gewerbe und erfordert zwar keine Zuverlässigkeitsprüfung, wohl aber einen **Befähigungsnachweis.** Dieser kann durch Vorlage von Zeugnissen wie folgt erreicht werden:

Voraussetzungen für den Erhalt eines Befähigungsnachweises

- Erfolgreicher Abschluss einer Fachakademie für Tourismus.
- Erfolgreicher Abschluss einer Studienrichtung an einer Universität oder eines Universitätslehrganges, der zur Verleihung eines international gebräuchlichen Mastergrades führt.
- Erfolgreicher Abschluss eines Fachhochschulstudienganges, Schwerpunkt Tourismus.
- Erfolgreicher Abschluss einer höheren Lehranstalt für Tourismus oder deren Sonderformen und Schulversuche, sofern im Rahmen der Schulausbildung ein Praktikum von insgesamt mindestens drei Monaten absolviert wurde.
- Erfolgreich abgelegte Lehrabschlussprüfung in einem gastgewerblichen Lehrberuf (Koch/Köchin, Restaurantfachmann/-frau, Hotel- und Gastgewerbeassistent/-in, Systemgastronomiefachmann/-frau) oder in einem kaufmännischen Lehrberuf, sofern die kaufmännische Berufsausbildung im Rahmen eines Gastgewerbebetriebes absolviert wurde.
- Erfolgreicher Abschluss einer mindestens dreijährigen berufsbildenden mittleren Schule, sofern im Rahmen der Schulausbildung ein Praktikum von insgesamt mindestens drei Monaten absolviert wurde.
- Erfolgreicher Abschluss eines mindestens zweijährigen Speziallehrganges oder Lehrgangs, in dem schwerpunktmäßig gastgewerbliche Fertigkeiten und Kenntnisse vermittelt werden, sofern im Rahmen des Ausbildungsganges ein Praktikum von insgesamt mindestens drei Monaten absolviert wurde.
- Ununterbrochene dreijährige Tätigkeit in leitender Stellung im Gastgewerbe.

Unser Ziel

Nach Bearbeitung dieses Kapitelabschnittes werden Sie den Weg der Berufsausbildung zur Erlangung des Befähigungsnachweises für das Gastgewerbe kennen.

 www.jusline.at

 § 8 GewO

 § 18 GewO

- Erfolgreich abgelegte Lehrabschlussprüfung im Lehrberuf Konditor/-in (Zuckerbäcker/-in) und eine nachfolgende, mindestens eineinhalbjährige Tätigkeit als Selbstständige/r oder als Betriebsleiter/-in im Gastgewerbe.
- Erfolgreich abgelegte Lehrabschlussprüfung im Lehrberuf Konditor/-in (Zuckerbäcker/-in) und eine nachfolgende ununterbrochene, mindestens zweieinhalbjährige Tätigkeit in leitender Stellung im Gastgewerbe.
- Erfolgreich abgelegte Befähigungsprüfung.

Bei Nichterfüllung einer dieser Voraussetzungen gibt es die Möglichkeit, bei der Gewerbebehörde (Magistrat oder Bezirkshauptmannschaft) eine Überprüfung der **individuellen Befähigung** zu veranlassen oder einen **gewerberechtlichen Geschäftsführer** zu bestellen.

 Arbeitsaufgaben

1. Darf ein belgischer Staatsbürger in Österreich ein Gastgewerbe ausüben?
2. Kann man nach einem Ausgleich ein Gewerbe anmelden?
3. Was müssen Sie tun, um einen Befähigungsnachweis zu erlangen?

2 Gewerbeanmeldung

Die Anmeldung für reglementierte und auch für freie Gewerbe erfolgt bei der für den Standort des Betriebs zuständigen Bezirkshauptmannschaft (Magistrat) beim Gewerbereferat.

Die Anmeldung kann schriftlich, persönlich oder auch elektronisch erfolgen. Sie muss folgende Punkte beinhalten:
- Genaue Bezeichnung des Gewerbes, z. B. Hotel, Gasthof.
- Standort der Gewerbeausübung.
- Persönliche Angaben.

2.1 Vorzulegende Dokumente

- Geburtsurkunde.
- Meldezettel.
- Staatsbürgerschaftsnachweis bzw. Aufenthaltsberechtigung bei Drittstaatsangehörigen.
- Evtl. Heiratsurkunde, Scheidungsurkunde oder Bescheid über die Namensänderung bei Änderung des Namens.
- Evtl. urkundlicher Nachweis akademischer Titel.
- Evtl. Befähigungsnachweis oder Bescheid über die Feststellung der individuellen Befähigung.
- Bestätigung der zuständigen Wirtschaftskammer nach dem NeuFÖG im Falle einer Neugründung.
- Evtl. Firmenbuchauszug (nicht älter als sechs Monate).

Der Befähigungsnachweis entfällt beim freien Gewerbe (siehe S. 204).

Aufgrund der Gewerbeanmeldung hat die Bezirksverwaltungsbehörde zu prüfen, ob die gesetzlichen Voraussetzungen für die Ausübung des angemeldeten Gewerbes durch den Anmelder/die Anmelderin in dem betreffenden Standort vorliegen. Über das Ergebnis dieser Feststellung hat die Behörde binnen drei Monaten einen Bescheid zu erlassen. Wenn alle Voraussetzungen vorliegen und in dem aufgrund der Gewerbeanmeldung

---

 Unser Ziel

Nach Bearbeitung dieses Kapitelabschnittes werden Sie alle notwendigen Schritte für die Gewerbeanmeldung kennen.

 www.gruenderservice.net
www.help.gv.at

§ 339 GewO

NeuFÖG = Neugründungsförderungsgesetz. Es erwirkt einen Befreiungsschein von allen Gründerkosten. Bei erstmaliger Gründung sind Gründung und Gewerbeschein gratis. Dies gilt auch für Gesellschaften.

 § 340 GewO

durchzuführenden Verfahren keinem Dritten ein Berufungsrecht zusteht, hat die Gewerbebehörde einen **Gewerbeschein** auszustellen.

Als Tag der Gewerbeanmeldung gilt jener Tag, an dem alle erforderlichen Nachweise bei der Behörde eingelangt sind.

Die Schritte zum Erhalt eines Gewerbescheins
1. Weg zur Wirtschaftskammer wegen NeuFÖG
2. Anmeldung des Gewerbes bei der ersten Instanz (Gewerbereferat der Bezirkshauptmannschaft oder des Magistrats)
3. Verständigung der Behörde, dass alle Unterlagen vorhanden sind
4. Prüfung durch die Behörde, ob alle Voraussetzungen gegeben sind
5. Ausstellen des Gewerbescheins

2.2 Betriebsanlagengenehmigung

Zusätzlich zur Gewerbeanmeldung ist für gastgewerbliche Betriebe im Regelfall eine Betriebsanlagengenehmigung erforderlich. Die Zuständigkeit liegt ebenfalls bei der Bezirksverwaltungsbehörde.

Die Genehmigung wird **nicht erteilt,** wenn Betriebsanlagen wegen der Verwendung von Maschinen und Geräten, aufgrund ihrer Betriebsweise, der Ausstattung oder sonstiger Gegebenheiten
- das Leben oder die Gesundheit des Gewerbetreibenden, der Nachbarn oder der Kunden, das Eigentum oder sonstige dingliche Rechte der Nachbarn gefährden,
- die Nachbarn durch Geruch, Lärm, Staub, Erschütterungen oder in anderer Weise belästigen,
- die Sicherheit, Leichtigkeit und Flüssigkeit des Verkehrs wesentlich beeinflussen
- oder eine nachhaltige Einwirkung auf die Beschaffenheit der Gewässer herbeiführen.

Die Betriebsanlagengenehmigung erfordert eine **Augenscheinsverhandlung,** zu der Genehmigungswerber, Nachbarn (mit Parteienstellung), Gemeinde und Arbeitsinspektorat eingeladen werden.

Das **vereinfachte Verfahren** (hier haben Nachbarn nur das Anhörungsrecht) kann bei folgenden Betrieben angewendet werden:
- Maximal 100 Betten.
- Maximal 200 Verabreichungsplätze.

3 Gewerbeausübung

3.1 Gewerbeberechtigung für reglementiertes Gastgewerbe

Eine Gewerbeberechtigung für das **reglementierte Gastgewerbe** laut § 111 der Gewerbeverordnung ist erforderlich für
- **die Beherbergung von Gästen,**
- **die Verabreichung von Speisen** jeder Art und den **Ausschank von Getränken.**

Die Ablehnung eines Bescheides ist eine Entscheidung der Behörde in einem Einzelfall. Grundlage ist das entsprechende Gesetz.

§ § 74–83 GewO: Verweigerung der Genehmigung

Unsere Ziele

Nach Bearbeitung dieses Kapitelabschnittes werden Sie
- wissen, für welche gastgewerblichen Tätigkeiten für das reglementierte Gastgewerbe eine Gewerbeberechtigung erforderlich ist;
- die Nebenrechte des Gastgewerbes kennen;
- über die Gewerbeausübung Bescheid wissen;
- wissen, wie die Gewerbeausübung beendet wird und warum es zum Entzug der Gewerbeberechtigung kommen kann.

 § 111 GewO

💡 Unter **Verabreichung** und unter **Ausschank** ist jede Vorkehrung oder Tätigkeit zu verstehen, die darauf abgestellt ist, dass Speisen und Getränke **an Ort und Stelle verzehrt** werden.

Gastgewerbetreibende, die alkoholische und nichtalkoholische Getränke ausschenken, müssen mindestens zwei Sorten kalter nichtalkoholischer Getränke zu einem nicht höheren Preis ausschenken als das am billigsten angebotene, kalte alkoholische Getränk (ausgenommen Obstwein).

Der Preisvergleich hat jeweils auf der Grundlage des hochgerechneten Preises für einen Liter der betreffenden Getränke zu erfolgen.

💡 Das Halten von Geldspielautomaten ist Landessache.

Ein Nebenrecht ist ist das Einstellen von Fahrzeugen der Gäste

Die hier angeführten Rechte entsprechen nicht dem Gesetzestext im Originallaut.

Keinen Befähigungsnachweis benötigt man zum Betreiben einer Schutzhütte

Auch ein Würstelstand kann ohne Befähigungsnachweis betrieben werden

3.2 Nebenrechte des Gastgewerbetreibenden

- Halten von Spielen.
- Einstellen von Fahrzeugen der Gäste.
- Soweit Gäste beherbergt werden, die Veranstaltung von Ausflugsfahrten ohne Übernachtung mit der Dauer von höchstens 24 Stunden.
- Verkauf folgender Waren während der Betriebszeiten:
  - Reiseproviant
  - Toilette- und Badeartikel
  - Fotoverbrauchsmaterial, Ansichtskarten
  - Lektüre
  - Reiseandenken
  - Geschenkartikel

Gastgewerbetreibende, die Speisen verabreichen und warme und angerichtete kalte Speisen verkaufen, sind zum Verkauf von nicht angerichteten kalten Speisen, von halbfertigen Speisen, von Lebensmitteln, die in ihrem Gastgewerbebetrieb verwendet werden, und von **Reiseproviant** berechtigt.

3.3 Freies Gastgewerbe ohne Nachweis einer Gewerbeberechtigung

Schutzhütten – Rechte
- Beherbergung von Gästen.
- Verabreichung von Speisen jeder Art und Verkauf von warmen und angerichteten kalten Speisen.
- Ausschank alkoholischer Getränke und Verkauf dieser Getränke in unverschlossenen Gefäßen.
- Ausschank nichtalkoholischer Getränke und Verkauf dieser Getränke in unverschlossenen Gefäßen.

Diese Rechte dürfen im Rahmen eines einfach ausgestatteten Betriebs, der in einer für den öffentlichen Verkehr schlecht erschlossenen Gegend gelegen ist, ausgeübt werden.

Imbissstand– Rechte
Verabreichung von Speisen in einfacher Art und Ausschank von nichtalkoholischen Getränken und von Bier in handelsüblichen verschlossenen Gefäßen mit nicht mehr als acht Verabreichungsplätzen (zum Genuss von Speisen und Getränken bestimmte Plätze), z. B. Würstelstand, Kebabstand, Schnitzelstand, Pizzastand, Grillhendlstand etc.

Automatenverkauf – Rechte
Verkauf und Ausschank von nicht alkoholischen Getränken in unverschlossenen Gefäßen über Automaten.

Privatzimmervermietung – Rechte

Erlaubt ist die Beherbergung von Gästen, wenn nicht mehr als zehn Fremdenbetten bereitgestellt werden, und die Verabreichung des Frühstücks und kleiner Imbisse. Weiters dürfen nichtalkoholische Getränke und Bier in handelsüblich verschlossenen Gefäßen ausgeschenkt werden.

Buschenschank – Rechte

Die Genehmigung für die Führung einer Buschenschank fällt in die Kompetenz der Landeshauptfrau, des Landeshauptmanns und wird durch Verordnungen geregelt.

3.4 Andere Branchen mit gastgewerblichen Nebenrechten

Lebensmittelhandel (§ 154 GewO)

Dem Kleinhandel mit Lebensmitteln steht das Recht zu, Speisen in einfacher Art zu verabreichen und nicht alkoholische Getränke und Bier auszuschenken, wenn dazu nicht mehr als acht Verabreichungsplätze bereitgestellt werden. Weiters sind sie berechtigt, vorparierte Stücke Frischfleisch von nicht mehr als zehn Kilogramm zu zerteilen und zu verkaufen.

Bäckergewerbe (§ 150 GewO)

Bäcker sind berechtigt, in den Verkaufsräumen ihre Erzeugnisse – auch garniert als Imbisse – zu verabreichen und nicht alkoholische Getränke und Bier in handelsüblichen verschlossenen Gefäßen auszuschenken. Bei Ausübung der Verabreichungs- und Ausschankrechte muss der Charakter des Betriebes als Erzeugungsbetrieb gewahrt bleiben.

Konditorgewerbe (§ 150 GewO)

Konditoren (Zuckerbäcker) sind berechtigt in ihren Verkaufsräumen kleine kalte und warme Speisen zu verabreichen sowie Getränke auszuschenken. Der Charakter als Konditorerzeugungsbetrieb muss gewahrt bleiben.

Fleischergewerbe (§ 150 GewO)

Den Fleischern stehen auch folgende Rechte zu:
- Zubereiten von Fleisch, Fleischwaren, Geflügel in einfacher Art, Brotaufstriche, belegten Brötchen und Salat.
- Verabreichung der Speisen in den Verkaufsräumen.
- Ausschank von nicht alkoholischen Getränken und Bier in verschlossenen Gefäßen in den Verkaufsräumen.

Tankstellen (§ 157 GewO)

Verkauf während der Betriebszeiten der Tankstelle: vorverpackt gelieferte Lebensmittel, löslicher Kaffee, alkoholfreie Getränke und Bier in handelsüblichen verschlossenen Gefäßen. Soweit es sich um Getränke handelt, dürfen diese nur in Kleinmengen abgegeben werden.

Viele Tankstellen haben zusätzlich noch das freie Gastgewerbe angemeldet und sind daher zum Verkauf von Produkten gemäß § 111 GewO berechtigt.

3.5 Gewerbeausübung in Gastgärten

Gastgärten, die sich **auf öffentlichem Grund** befinden oder an öffentliche Verkehrsflächen angrenzen, dürfen von **08:00–23:00 Uhr** betrieben werden, wenn sie ausschließlich der Verabreichung von Speisen und der Ausschank von Getränken dienen.

Gastgärten, die sich **weder auf öffentlichem Grund befinden noch an öffentliche Verkehrsflächen angrenzen,** dürfen von **09:00–22:00 Uhr** betrieben werden.

Die Gemeinde kann mit Verordnung abweichende Regelungen festlegen.

Die Bezeichnung „Buschenschank" wird oft durch die Bezeichnung „Heuriger" ersetzt, wobei dieser Begriff aber weder geschützt noch gesetzlich definiert ist. Heurige sind demnach als Buschenschanken zu führen.

Das Bäckergewerbe hat eigene rechtliche Bestimmungen betreffend Ausschank und Verpflegung

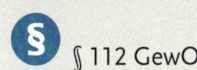 § 112 GewO

Lautes Sprechen, Singen und Musizieren ist untersagt.

Das Verbot muss beim Gastgarten ausgehängt sein.

Bei Sportveranstaltungen wie z. B. Skirennen gelten Sonderregelungen

§ 85 GewO
§ 87 GewO
§ 88 GewO

3.6 Gewerbeausübung außerhalb der Betriebsräume und Betriebsflächen

Diese Gewerbeausübung ist nur vorübergehend für bestimmte Anlässe erlaubt:

- Volksfeste
- Wohltätigkeitsveranstaltungen
- Sportveranstaltungen

Diese Veranstaltungen benötigen die Bewilligung der zuständigen Behörden. Bei einer Besucherzahl unter 5 000 ist die Bewilligung der Gemeinde notwendig, bei über 5 000 Besuchern ist die jeweilige Bezirkshauptmannschaft zuständig. Es müssen der Anlass, die Dauer und der Standort festgelegt werden.

Besonderes Augenmerk ist zu legen auf

- das Vorhandensein von Parkplätzen,
- die Einhaltung der Vorschriften gesundheitsrechtlicher, lebensmittelrechtlicher und wasserrechtlicher Art,
- die ordnungsgemäße Entsorgung von Abfällen.

4 Ende der Gewerbeausübung

Das Ende der Gewerbeausübung kann erfolgen durch

- Zurücklegung.
- Zeitablauf.
- Tod des Besitzers (natürliche Person).
- Untergang der Firma (juristische Person).
- Entziehung der Gewerbeberechtigung.
- Gerichtsurteil.

Der Entzug der Gewerbeberechtigung kann erfolgen durch

- Gewerbeausschließungsgründe: Konkursabweisung mangels Vermögens in den letzten drei Jahren.
- Nichtausübung des Gewerbes durch zwei Jahre und Nichtbezahlung der Kammerumlage durch zwei Jahre.
- Nichtausübung des Gewerbes durch fünf Jahre und unbekannten Aufenthalt des Gewerbeinhabers.
- Verlust der Eigenberechtigung.
- Verlust der Zuverlässigkeit.

? Arbeitsaufgaben

1. Für welche Gewerbe benötigen Sie keinen Befähigungsnachweis?
2. Kann man nach einem Ausgleich einen Gewerbeschein erhalten?
3. Wie kommen Sie zu einem Befähigungsnachweis?
4. Welche Rechte sind mit dem Gewerberecht Beherbergung verbunden?
5. Was versteht der Gesetzgeber unter Verabreichung und Ausschank?
6. Wie viele Betten daf ein/e Privatzimmervermieter/-in maximal betreiben?
7. Suchen Sie im Internet den Gesetzestext der Gewerbeordnung bezüglich „Sperrstunde und Aufsperrstunde" und über „Ausschank von Alkohol an Jugendliche".
8. Wann kann die Gewerbeberechtigung enden?

Stichwortverzeichnis

W

Y

Z

Literaturverzeichnis

1000 Jahre Gastlichkeit in Österreich, WIFI 285, Wirtschaftskammer, Wien

Amt der Veröffentlichungen der Europäischen Gemeinschaft, Luxemburg

Brunner, Österreichs Wirtschaft im Überblick 2003/2004, Orac Verlag, Wien, 2003

Buchinger, Gründen in Österreich – Leitfaden und Ratgeber, Bundesministerium für Wirtschaft und Arbeit, Wien, 2002

Business Today, Prentice Hall, New Jersey, 2001

Camphausen, Strategisches Management, Oldenbourg, München, 2003

Dax u. a., Haushaltsökonomie, Trauner Verlag, Linz, 4. Aufl. 2008

Dettmer (Hg.), Systemgastronomie in Theorie und Praxis, Verlag Handwerk und Technik, Hamburg, 3. Aufl. 2005

Europa Wanderhotels, Mandler, Irschen

Gabler Wirtschaftslexikon, Betriebswirtschaftlicher Verlag/Gabler Verlag, Wiesbaden, 2000

Grüll u. a., Betriebswirtschaft 3 HAS, Trauner Verlag, Linz, 2008

Grüll u. a., Betriebswirtschaft III HAK, Trauner Verlag, Linz, 2008

Hall, Business Studies, Causeway Press Ltd., Ormskirk, 2002

Henschl, Hotelmanagement/Dienstleistungsmanagement, Verlag Oldenbourg, Oldenbourg, 2002

Heucher u. a., Planen, gründen, wachsen, McKinsey & Company, 2002

Hödl u. a., Biologie, Ökologie und Warenlehre IV HAK, Trauner Verlag, Linz, 2. Aufl. 2008

Hoyler u. a., Die Hotel- und Gastromacher, Gastroenergy, Wien, 2003

Janker u. a., Die Theorie des Lieferantenmanagements

Kasper/Mayrhofer, Personalmanagement – Führung – Organisation, Linde Verlag, Wien, 2002

Kinder als Gäste, WIFI 228, Wirtschaftskammer, Wien

Kühle, Marke Team AG, Marketing der Gastfreundschaft, Interhoga, Bonn, 1992

Langer/Spreitzer, Österreichs Wirtschaft von A–Z, Linde Verlag, 2003

Macher u. a., Service, Getränke und Betriebsorganisation, Trauner Verlag, Linz, 6. überarbeitete Aufl. 2009

Matzka u. a., Kultur-Tourismus II, Trauner Verlag, Linz, 2003

Meffert u. a., Dienstleistungsmarketing, Gabler Verlag, Wiesbaden, 2000

ÖAMTC Touring Information und Produktion

Oberösterreich-Werbung

Österreich Werbung

Rossmann u. a., Die sieben Todsünden der Existenzgründung, BoD GmbH, Norderstedt, 2005

Roth u. a., Touristikmarketing, Verlag Franz Vahlen, München, 2003

Team Schlick, Führen leicht gemacht, Ueberreuter, Wien, 2003

Tourist Austria, Norden Verlag, 9. 1. 2004

Wiltberger u. a., Betriebs- und Volkswirtschaft 2 FW, Trauner Verlag, Linz, 2008

Wiltberger u. a., Betriebs- und Volkswirtschaft III HLW, Trauner Verlag, Linz, 2007

Bildnachweis

S. 23 (Stiftskirche Wilhering), S. 25 (Nockberge), S. 27 (Logo Reitarena), S. 75 (Josef Haydn), S. 82 (Logos), S. 165, S. 168, 173 (oben): Urheber unbekannt

S. 38 (Straßenkarte), S. 39 (Vignetten): Asfinag

S. 44 (unten): ÖBB, CI & M, Harald Eisenberger

S. 45 (oben): ÖBB

S. 48: Donauschiffahrt Wurm & Köck

S. 49: Traunseeschiffahrt Karl Heinz Eder GmbH

S. 59: (unten): Ars Electronica Center, Linz

S. 76: Karl Böö

S. 78, 125, 127 (unten), 179 (oben), 196: AVIVA

S. 80 (oben), S. 81, S. 100, 104, 113, 126, 129, 183 (unten): Kempinski

S. 96 (unten): © InterContinental Wien

S. 189 (Illustration): Ulf Kossak, Linz

Alle weiteren Bilder und Grafiken sind Eigentum der TRAUNER Verlag + Buchservice GmbH bzw. wurden von Bildagenturen zugekauft (MEV Verlag GmbH, fotolia.com, Corbis, gettyimages).